Hartmut Bossel

# Bürgerinitiativen entwerfen die Zukunft

Neue Leitbilder
Neue Werte
30 Szenarien

Ein Alternativ-Bericht
des Öko-Instituts Freiburg/Br.



Fischer
Taschenbuch
Verlag

fischer alternativ
Eine Reihe des Fischer Taschenbuch Verlages
1.–10. Tausend: Juni 1978
11.–15. Tausend: November 1978
Originalausgabe
Umschlagentwurf: Peter Hajnoczky (Zürich)
Fischer Taschenbuch Verlag GmbH, Frankfurt am Main

Satz: Otto Gutfreund & Sohn, Darmstadt
Druck und Einband: Clausen & Bosse, Leck/Schleswig
Printed in Germany
780-ISBN-3-596-24010-7

# INHALT

## 4 BILDER VON DER ZUKUNFT

# VORWORT

In unserer Gesellschaft kündigt sich ein Wandel, ja wahrscheinlich ein historischer Umbruch an: Alte Leitvorstellungen werden in Frage gestellt, neue gewinnen an Gewicht und beginnen, das Verhalten des einzelnen und der Gesellschaft zu prägen. Die Zukunft ändert sich.

In diesem Buch befasse ich mich vor allem mit dem Wandel von Leitvorstellungen, d. h. von Werten und von Vorstellungen über Zukunftsalternativen. Was ich dazu schreibe, gründet sich in einer längeren praktischen, wie auch theoretischen Beschäftigung mit dem Problemkreis.

Die Praxis verdanke ich einer mehrjährigen lockeren Zusammenarbeit mit dem *Bundesverband Bürgerinitiativen Umweltschutz (BBU)* in Fragen der Kernenergiekontroverse, mit der ich mich zunächst als Ingenieur befaßte. Mir wurde nach einiger Zeit klar, daß es hier auf beiden Seiten der Kontroverse im Grunde um weit mehr geht als um Megawatt und Millirem, nämlich um grundsätzliche Unterschiede der Wertvorstellungen und der Zukunftsbilder. Diese Unterschiede sind weit über den Bereich der Energiepolitik hinaus wirksam und werden an Bedeutung noch gewinnen. Um diese Unterschiede herauszuarbeiten, veranstalteten der Bundesverband Bürgerinitiativen Umweltschutz unter seinem damaligen Vorsitzenden *Hans-Helmuth Wüstenhagen* und die Evangelische Akademie Baden unter Studienleiter Pfarrer *Werner Beck* im Winter 1976/77 zwei Tagungen mit insgesamt etwa 150 Teilnehmern über »*Alternativen für die Zukunft*«. Die Teilnehmer waren vor der Veranstaltung gebeten worden, auf einem Fragebogen jeweils mindestens eine Alternative vollständig auszuarbeiten. Weitere Alternativen wurden während der Tagungen in kleinen Arbeitsgruppen erarbeitet; insgesamt gingen etwa 200 ausgearbeitete Vorschläge ein. Die Bearbeitung der Bögen verlangte gründliches Durchdenken, wie wohl aus den Fragen hervorgeht:

1. Kurzbezeichnung des Problems
2. Persönliche Angaben (nur falls gewünscht)
3. Beschreibung des Problems
4. Ursachen des Problems
5. Folgen für die Zukunft
6. Warum die Folgen bedenklich sind
7. Welche Alternativen oder bessere Lösungen sehen Sie?
8. Weshalb empfehlen Sie die Alternative?
9. Was sollten wir tun, um diese Alternative zu erreichen?
10. Welche positiven und negativen Nebenwirkungen sehen Sie?
11. Welche Interessen und Ziele dürfen durch Nebenwirkungen nicht bedroht werden?
12. Offene Fragen, die noch geklärt werden müssen

Kapitel 4 dieses Buches baut auf den eingegangenen Vorschlägen auf. Bei deren Durchsicht stellte sich allerdings heraus, daß wichtige Bereiche nicht abgedeckt waren. Ich habe daher das Bild durch Vorschläge aus der Alternativenliteratur (vgl. Literaturverzeichnis) und gelegentlich eigene Vorschläge soweit ergänzt, daß sich m. E. zumindest ein in Umrissen erkennbares, wenn auch mosaikhaftes Bild einer alternativen Zukunft ergibt.

Die theoretische Beschäftigung mit Fragen der Wertvorstellungen und des Wertwandels, die hier vor allem in Kapitel 2 und 3 angerissen sind, verdanke ich einem von der Stiftung Volkswagenwerk finanzierten und von mir geleiteten Forschungsprojekt zur »*Simulation von Wertsystemen und Wertwandel*«. Diese Untersuchung war von *Eduard Pestel* und *Mihajlo Mesarovic* zur Ergänzung ihrer Weltmodell-Untersuchungen angeregt worden. Beiden war die Bedeutung von Wertsystemen und Wertwandel für die gesellschaftliche Entwicklung aufgrund ihrer systemanalytischen Arbeiten klar. Der Arbeit an diesem Projekt, ganz besonders aber der fruchtbaren Zusammenarbeit mit meinen Kollegen, der Soziologin *Edelgard Gruber* und dem Informatiker und Theologen *Karl-Friedrich Müller-Reißmann* verdanke ich eine erhebliche Erweiterung meines ingenieurwissenschaftlichen Horizonts.

Allen Genannten und vielen Ungenannten danke ich an dieser Stelle für ihr Interesse, ihre Unterstützung, ihren persönlichen Einsatz und nicht zuletzt für manches ermutigende Wort zur rechten Zeit. Für kritische Durchsicht und Diskussion des Manuskripts danke ich Karl-Friedrich Müller-Reißmann, *Wolfgang Sternstein* und *Günter Altner* wie auch meiner Frau *Rike Gerlind*, die außerdem das Manuskript tippte.

Das Buch – im Sommer 1977 geschrieben und im Oktober 1977 abgeschlossen – mußte im Urlaub und in knapper Freizeit entstehen. Meiner Frau und meinen Kindern Derk, Karen und Kendrik danke ich für ihre geduldige Nachsicht.

Mit dem Buch will das 1977 gegründete *Öko-Institut* einer breiteren Öffentlichkeit einen Ausschnitt aus seiner Arbeit vorstellen. Das Öko-Institut (Institut für angewandte Ökologie e. V., Schwaighofstr. 6, D 7800 Freiburg i. Br.) ist von freiwilliger Arbeitsleistung und einer breitgestreuten Finanzierung durch Beiträge einzelner Mitglieder abhängig, um Unabhängigkeit von Staat, Industrie und einzelnen Umweltschutzorganisationen zu gewährleisten. Zu den Aufgaben des Öko-Instituts gehört neben der Gutachtenerstellung und -vermittlung auf dem Gebiet des Umweltschutzes vor allem auch die Erarbeitung von langfristig ökologisch und gesellschaftlich verträglichen Alternativlösungen in wichtigen Problembereichen.

*Hartmut Bossel*

# 1 GEDACHTE ZUKUNFT – GEMACHTE ZUKUNFT

## Fragen an die Gegenwart, Vorstellungen über die Zukunft

Wir beeinflussen die Zukunft durch unser Handeln heute; unser Handeln wird bestimmt durch unsere Vorstellungen darüber, wie die Welt ist, wie sie sein könnte und sein sollte; diese Vorstellungen ändern sich mit dem Verständnis der Gegenwart; dieses Verständnis schärft sich an den Zeichen der Gegenwart und an den Fragen und Zweifeln, die sie aufwerfen: So ändert sich die Zukunft bereits in der Gegenwart, und wir sind verantwortlich für diese Änderung. Diese Verantwortung fordert von uns, daß wir uns bemühen, die Zeichen der Zeit zu verstehen, Fragen zu stellen, Zweifel nicht beiseite zu schieben, Bilder möglicher Zukünfte zu entwerfen, Alternativen zu denken, uns über anzulegende Wertmaßstäbe klarzuwerden.

Zeichen, die nicht mehr zu übersehen sind: Verschwendung knapper und nicht erneuerbarer Ressourcen; nicht zu reparierende Eingriffe in natürliche Kreisläufe; Konsum um des Konsums willen auf Kosten anderer und der Zukunft; Experten und Politiker, die der Gesellschaft noch die Patentrezepte einer einfacheren Vergangenheit verkaufen wollen; erhöhte Krisenanfälligkeit durch Zentralisierung und Bürokratisierung, durch Groß- und Monosysteme; durch Sachzwänge vorprogrammierte Zukunft; Nahrungsmittelüberproduktion, die jährlich Millionen verhungern läßt; Wohlstand, der krank macht; Bildung, die Kreativität verschüttet; Arbeit, die Arbeitsplätze vernichtet; Berufe, die Menschen geistig, seelisch oder menschlich verkrüppeln; Güter, die nicht mehr dem Verbraucher dienen, sondern deren Verbrauch nur noch die Wirtschaft ankurbeln soll; Landschaften, von Hochbauten und Betonbändern zerrissen und zerschnitten; Staaten, die durch Mißachtung der Menschenrechte die Loyalität ihrer Bürger erzwingen wollen; Terrorismus, als ob es nie Menschlichkeit gegeben hätte; Waffensysteme, die kaum noch beachtet werden, weil Kosten und Zerstörungspotentiale das Vorstellungsvermögen übersteigen; Machtstrukturen, die in selbstgegebener Vormundschaft die Geschicke des einzelnen und ganzer Bevölkerungsteile bestimmen; Verlust an Überschaubarkeit und Mitbestimmung; Bevölkerungen am Rande des Existenzminimums oder darunter in Ländern, die noch auf Gedeih und Verderb von den Launen reicher Industrienationen abhängen.

Fragen, die nicht mehr überhört werden können: Wie ist es dazu gekommen? Wird es so weitergehen? Muß es so weitergehen? Sind wir vielleicht auf einem falschen Weg? Wenn ja, an welcher Stelle sind wir abgeirrt? Wohin wollen wir eigentlich? Welche Zukunft sollten wir wählen? Wie kommen wir dahin? Welche Konsequenzen hat unser heutiges Tun und Handeln für uns, unsere Nachkommen, unsere Umwelt? Inwieweit dürfen wir durch unser Handeln oder Nichthandeln heute die Existenz anderer hier und in fernen

Ländern, heute und in der Zukunft bestimmen? An welchen Maßstäben sollen wir überhaupt ›dürfen‹ und ›nicht dürfen‹ messen?

Vielfältige Antworten auf die Frage, wie es dazu gekommen ist, und was nun zu tun sei: Korrigierbarer ›Betriebsunfall‹ unseres Wirtschaftssystems, ausgelöst durch das unglückliche Zusammentreffen einiger nicht zusammenpassender Faktoren; Panikmache der Umweltschützer; Folge der Ölpreiserhöhung; vorübergehende Konjunkturkrise; Ergebnis schlecht beratener staatlicher Eingriffe; Industrialisierungsdefizit der dritten Welt; Investitionsschwäche; Folge der Verteufelung des Konsums; Exportschwäche durch zu hohes Lohnniveau; unzureichende Förderung des technischen Fortschrittes; das Wirtschaftswachstum muß angekurbelt werden; Konjunkturspritzen, Subventionen und Steuererleichterungen sind erforderlich; auf die Selbstheilungskräfte des freien Marktes vertrauen; der technische Fortschritt wird alle Rohstoff- und Energieprobleme rechtzeitig lösen: vor uns die guten Jahre.

Oder auch: Systemkrise; Anfang der Katastrophe; das System geht an seinen eigenen Widersprüchen zugrunde; die Lebensbasis wird unwiderruflich zerstört; der Mensch ist der Maschine hilflos ausgeliefert; die Maschine muß zerstört werden, bevor sie uns zerstört; was wir an ihre Stelle setzen, überlegen wir uns hinterher; vor uns erst die schlechten, aber dann die guten Jahre.

Aber auch: Zeichen ökologischer und gesellschaftlicher Unverträglichkeit gewisser Aspekte unseres sozio-techno-ökonomischen Systems; die Interessen des Wirtschaftssystems haben sich verselbständigt; die Orientierung am Menschen ist in Vergessenheit geraten; eine Neuorientierung an Mensch und Gesellschaft, Umwelt und Zukunft muß erfolgen; Umdenken und Umschwenken; mehr Mit- und Selbstbestimmung, dezentrale Strukturen, sanfte Technik, mehr Menschlichkeit; vor uns die bescheideneren, aber glücklicheren Jahre.

Entsprechend vielfältige Vorstellungen von der Zukunft, teils bizarr, teils erschreckend, teils verlockend: Städte aus Beton und Glas, in den Himmel wachsend und auf dem Meeresboden ausgebreitet; lautlos dahingleitende Fahrzeuge, auf Magnetschienen elektronisch gesteuert; Unterhaltung, Kommunikation, Einkauf über den dreidimensionalen Farbbildschirm; Roboter, die jede Arbeit übernehmen können; Computer, die den Menschen individuell betreuen und von monotoner Denkarbeit befreien; Rohstoffe aus dem Meer und von fernen Planeten; unbegrenzte Energiemengen aus Brüter- und Fusionskraftwerken; Nahrung aus atomar geheizten Algenbecken; Klimakontrolle durch Umlenkung von Meeresströmungen.

Oder auch: graue Menschen in grauen Städten; Menschen, deren Gesundheit durch Umweltgifte frühzeitig zerfressen wird; Menschen mit zerstörten Erbanlagen; Hunger, Krankheit und Tod auf einer übervölkerten Erde; abgestorbene Wälder, ausgestorbene Tierwelt; ein Moloch Wirtschaft, dem Mensch und Natur alles zu geben haben und der doch alles verzehrt, um sich selbst am Leben zu erhalten; eine Superbürokratie, die den Brennstoff für die

Dampfkessel der Maschine beschafft, koste es was es wolle, und die den Mangel nach ausgefeilten Richtlinien verteilt; Menschlichkeit, die in den nicht mehr öffentlich zugänglichen Zeugnissen der Vergangenheit in den Tresoren verstaubt.

Aber auch: Leben in kleinen, überschaubaren Gemeinschaften, die ein hohes Maß an Selbstbestimmung und Mitbestimmung gewährleisten und dem einzelnen Solidarität, Verständnis und Geborgenheit bieten; eine hochentwickelte, aber überschaubare ›sanfte‹ Technik, die sich an den Maßstäben von Mensch, Natur und Umwelt orientiert; weitgehende Verwendung von Sonnenenergie und biologischen Prozessen für die Energie- und Rohstoffgewinnung; hocheffiziente Nutzung aller Ressourcen; intakte ökologische Systeme und Nutzung natürlicher ökologischer Prozesse für Düngung und Schädlingsbekämpfung, Energiegewinnung und Rohstofferzeugung; Rückführung und Wiederverwertung gebrauchter Materialien; Langzeitgüter hoher Zuverlässigkeit und Zweckmäßigkeit; Menschen, die vieles können und sich in Handwerk, Kunst und Wissenschaft gleichermaßen gut auskennen; menschliche Beziehungen, die nicht mehr von Egoismus und Konkurrenz, sondern von echter Partnerschaft geprägt sind; Arbeit, die die echten Bedürfnisse des einzelnen und der Gemeinschaft deckt und die ihren Sinn und Bezug zum täglichen Leben und zur Natur wiedergewonnen hat.

Zeichen, die zu Fragen führen; Fragen, die Antworten herausfordern; Antworten, die sich zu Bildern zusammenfügen; Bilder, die neue Erkenntnisse bringen: die Vorstellungswelt ändert sich, der Mensch weiß mehr und anderes als vorher, er kann nicht mehr der gleiche sein wie zuvor, sein Verhalten muß sich ändern – Zukunft in seinen Vorstellungen formt von nun an mehr denn je seine reale Zukunft.

Wir können heute nicht wissen, wie diese Zukunft aussehen wird. Wir wissen, daß sie auf der einen Seite von der Entwicklung der materiellen Voraussetzungen auf der Erde bestimmt sein wird, auf der anderen Seite aber von der Entwicklung der Denk- und Wertvorstellungen der Menschen abhängig ist. Wenn man sich also über die weitere Entwicklung auf diesem Planeten Gedanken macht, muß man sich auch und vor allem mit den Faktoren beschäftigen, die menschliches Handeln bestimmen, d.h. mit den Denk- und Wertvorstellungen und ihrem möglichen Wandel. Hoffnung für die Zukunft kann allein aus diesem Wandel kommen: während die materiellen Voraussetzungen insgesamt zwangsläufig durch den steigenden Verbrauch nicht erneuerbarer Ressourcen ständig ungünstiger werden, kann Wandel im Wissen und in den Wertvorstellungen die Voraussetzungen dafür schaffen, daß wir uns trotz knapper werdender Naturgüter eine menschlichere Gesellschaft aufbauen können.

## Phasen des Wandels

Qualmende Schlote galten noch vor zwanzig Jahren allgemein als Triumphe der Technik, Zeichen des Fortschritts, Garanten für Wohlstand und eine glücklichere Zukunft. Sofern sie heute noch qualmen, veranlassen sie Bürger zum Protest, Behörden zum Einschreiten. Offensichtlich haben sich die auf qualmende Schlote anwendbaren Bewertungsmaßstäbe grundlegend gewandelt. Dies als Folge einer ›Umweltmode‹ oder gar ›Umwelthysterie‹ erklären zu wollen, die von ›Umweltspinnern‹ in die Welt gesetzt wurde, dürfte nicht ausreichen. Wenn dem so wäre, wäre damit zu rechnen, daß qualmende Schlote morgen wieder in großer Zahl nicht nur geduldet, sondern auch bewundert würden. Die Aussichten dazu scheinen mir gering: in der Zwischenzeit sind tiefgreifende Wandlungen sowohl in der realen Umwelt wie aber auch in den Denk- und Wertvorstellungen eingetreten, die nicht mehr rückgängig zu machen sind. Es lohnt sich, den Wandlungsvorgang kurz zu skizzieren, da er typisch ist auch für den Wandel, mit dem wir in Zukunft rechnen müssen, wie er in anderen Bereichen auch gegenwärtig zu beobachten ist, und der uns wahrscheinlich erst ein Leben in der Zukunft ermöglichen wird.

*Phase 1:* Erste Mahner erscheinen auf dem Plan, meist ohne wissenschaftliche Legitimation, harte Beweise oder logische Begründungen. Sie äußern ihre Befürchtungen und werden in dieser Phase nur von wenigen ernstgenommen. Nicht selten verschwinden sie wieder enttäuscht in der Versenkung. Aber unter Umständen haben sie doch einige andere zum weiteren Nachdenken und Nachforschen veranlaßt.

*Phase 2:* Meist aus isolierten wissenschaftlichen Betrachtungen kommend, identifizieren einzelne Wissenschaftler ein Problem und erforschen es. Die Ergebnisse werden in wissenschaftlichen Zeitschriften veröffentlicht und dort eventuell diskutiert und vertieft. Unter Umständen wird der Sache von anderen Forschern nur geringe wissenschaftliche Aufmerksamkeit gewidmet, und das Interesse schläft wieder ein.

*Phase 3:* Wissenschaftler selbst, öfter aber Außenstehende, die den Ernst der Problematik erkennen und den wissenschaftlichen Hintergrund überblikken, bringen sie der Öffentlichkeit über die Medien zur Kenntnis. Der Wissenschaftler, der diesen Weg geht, riskiert dabei oft Verunglimpfung und Verlust von Renommee und Forschungsunterstützung und – falls er abhängig beschäftigt ist – Stellung. Zum ungeschriebenen Kodex des Wissenschaftlers hierzulande gehört es, daß er sich zu öffentlichen Problemen nur äußern sollte, wenn er von ›maßgebender Stelle‹ gefragt worden ist. Gefragt wird nur, wer nicht kontrovers ist.

*Phase 4:* Die Diskussion in der Öffentlichkeit beginnt. Sie ermutigt unter Umständen andere Forscher zu weiterführenden Untersuchungen und deren Veröffentlichung. Fragen werden gestellt und Zweifel am bisherigen Weg setzen sich fest. Untersuchungen mit sich widersprechenden Ergebnissen werden bekannt. Unter den Wissenschaftlern herrscht Uneinigkeit, die oft in bitteren persönlichen Fehden ausgetragen wird.

*Phase 5:* Nach vielen Untersuchungen und Diskussionen schält sich langsam ein sehr viel genaueres Verständnis des Sachverhalts heraus. Eine wachsende Zahl angesehener Wissenschaftler vertritt die neuen Erkenntnisse. Sie sind inzwischen allgemeinverständlich dargestellt worden und können von den meisten begriffen werden. Dieses ist die wichtigste Phase. Die neuen Vorstellungen zur Problematik finden weite Verbreitung und werden von vielen in ihre Denkvorstellungen eingebaut. Damit ist der Prozeß bereits ›gelaufen‹; die weiteren Phasen sind kaum noch zu vermeiden. An dieser Stelle springen auch die Politiker auf den bereits fahrenden Zug, müssen dabei aber das fatale Gefühl haben, daß die Entwicklung – wieder einmal – ihrem Einfluß entglitten ist.

*Phase 6:* Abhilfemaßnahmen werden ersonnen und öffentlich diskutiert. Vorstellungen über mögliche Alternativen zur bisherigen Vorgehensweise werden entwickelt und durchdacht. Die möglichen zukünftigen Folgen werden abgeschätzt, mit den vorhandenen Ziel- und Wertvorstellungen verglichen und bewertet. Alternativen, die in der Bewertung schlecht abschneiden, werden ausgeschieden. Unter Umständen zeigt sich, daß eine Lösung des Problems die Umgewichtung von Werten voraussetzt (z. B. die Erhöhung des Rangs des Wertes ›Umwelt‹ gegenüber dem Wert ›Wohlstand‹).

*Phase 7:* Wissenschaft und vor allem Öffentlichkeit fordern nachhaltig Maßnahmen, die dazu geeignet sind, eine als günstig erkannte Alternative herbeizuführen. Der Gesetzgeber verabschiedet entsprechende Maßnahmen, die Behörden sorgen für ihre Durchführung. Die Ergebnisse werden kritisch beobachtet. Bei Rückschlägen und unerwünschten Nebenwirkungen werden die ursprünglichen Maßnahmen u. U. revidiert, selten aber wieder ganz rückgängig gemacht.

In diesem langwierigen Prozeß sind nacheinander

- Fragen aufgeworfen worden,
- Zweifel entstanden,
- neue Tatsachen erkannt und damit
- neue Vorstellungen geschaffen worden,
- Alternativbilder der Zukunft entwickelt worden,
- Bewertungen durchgeführt und dabei
- Bewertungsmaßstäbe verfeinert und verändert worden,
- Maßnahmen geplant, durchgeführt und in ihren Auswirkungen überprüft worden.

Teile dieses Prozesses sind eindeutig irreversibel, wie: das Erkennen neuer Tatsachen und das Entstehen neuer Vorstellungen, der Entwurf von Alternativbildern und die Verfeinerung oder Änderung der Bewertungsmaßstäbe. Damit aber haben sich die Denkvorstellungen und damit die kognitiven Voraussetzungen des Verhaltens verändert: die Zukunft kann jetzt nicht mehr eine einfache Extrapolation aus der Vergangenheit sein, selbst wenn die einmal eingeleiteten Maßnahmen irgendwann wieder rückgängig gemacht werden sollten: Konsequenzen des neuen Bewußtseins würden sich an anderer Stelle äußern.

Wandlungsprozesse dieser Art haben in jüngster Zeit mehrfach stattgefunden: in bezug auf die staatliche Einheit Deutschlands, das Verhältnis zu Osteuropa, die europäische Einigung, das Bildungssystem, die Energiepolitik, die Rolle der Frau, die Umwelt. Es scheint, als ob wir uns gegenwärtig in den Anfängen ähnlicher Wandlungsprozesse in bezug auf das Verhältnis zu Arbeit und Leistung, zum Wirtschaftswachstum und zu den Entwicklungsländern befinden.

Den sich neu entwickelnden Vorstellungen und Alternativbildern kommt bei diesem Wandlungsprozeß besondere Bedeutung zu, umreißen sie doch in etwa das Spektrum möglichen zukünftigen Verhaltens. Die entscheidende Rolle allerdings spielen die sich wandelnden Bewertungsmaßstäbe oder Wertvorstellungen, die ja erst über die Auswahl dieser oder jener Alternative als Leitvorstellung entscheiden.

## Bewertung und Wertsystem

Die Schlüsselrolle bei diesem Prozeß des gesellschaftlichen Wandels spielen Bewertungen und die Wertvorstellungen, auf denen sie beruhen. Wir wollen uns das am Beispiel der Kernenergie verdeutlichen. Wie bei jedem überlegten Handeln lassen sich auch hier vier wichtige Phasen unterscheiden:

Erstens, die Informationsaufnahme und Informationssuche, um zu einem Verständnis der Zusammenhänge zu kommen (Erkennung);
zweitens, die Analyse des Erkannten, um festzustellen, welche Bedeutung es für die Interessen des Handelnden haben könnte (Zustandsanalyse);
drittens, die Suche nach einer akzeptablen Lösung für ein erkanntes Problem (Plansynthese);
viertens, die Entscheidung, einen Plan auszuführen (Entscheidung).

In jeder dieser vier Phasen spielen Bewertungsvorgänge eine entscheidende Rolle:

Die Erkenntnis des Bürgers oder Politikers, der sich ein Bild über die Energieproblematik verschaffen möchte, wird in erster Linie davon abhängen, für welche Informationsquellen er sich entscheidet, bzw. welchen Informationen er Glauben schenkt. Beides setzt Bewertung voraus: Welche Zeitschrift lesen? Welchem Kommentator oder Politiker glauben? Bewußt nach weiterer oder genauerer Information suchen oder es beim Überfliegen einer Hochglanzbroschüre bewenden lassen? Der Wissenschaftler steht vor genau dem gleichen Bewertungsproblem, das auch in seinem Fall ›Wertneutralität‹ und ›Objektivität‹ von vornherein ausschließt: Welches Problem lösen? Wie das Problem abgrenzen? Welche Größen in die Untersuchung einbeziehen? Welche vernachlässigen? Welcher Versuchsaufbau? Welche Instrumente? Welcher theoretische Ansatz? Welche Fachzeitschriften lesen? Welche wissenschaftlichen Ergebnisse anderer übernehmen? Welchen Daten Glauben schenken? Seine Bewertungen wurden in seinen Ausbildungs- und Berufsjahren geprägt und sind ihm selten mehr bewußt: durch die Wahl des Studienfachs, der Hochschule, des Professors, bei dem er promovierte; durch seine erste Stelle; durch seine emotionelle Bindung an eigene Forschungsarbeit und die seiner Kollegen im In- und Ausland; durch die Träume, Wünsche und Hoffnungen, die sich mit seiner wissenschaftlichen Arbeit verbanden.

In der zweiten Phase, bei der Zustandsanalyse, ist die Rolle der Bewertung noch deutlicher. Der Bürger oder Politiker, der sich jetzt ein gewisses Bild von der Energieproblematik geschaffen hat, muß sich darüber klarwerden, ob und wie weit die Problematik ihn oder seine Interessen betrifft, ob er etwas unternehmen sollte, und in welcher Richtung seine Bemühungen gehen sollten. Wieder muß eine Bewertung erfolgen: Wie verträgt sich die Entwicklung mit meinen Interessen und mit den Interessen anderer, für die ich mich verantwortlich fühle? Ist das geringe Risiko einer nuklearen Katastrophe akzeptierbar oder nicht? Läßt es sich eventuell durch gewisse Vorteile aufwiegen? Wie lassen sich Risiko und möglicher Nutzen aus einem Energiezuwachs vergleichen und abwägen? Der Atomforscher oder Entwicklungsingenieur muß ähnliche Bewertungen vornehmen: Ist ein physikalischer Vorgang genügend genau bekannt, um technische Verwendung zu finden? Lassen sich noch vorhandene Risiken vertreten? Könnte es sein, daß es noch andere Lösungen gibt? Sind die Erkenntnisse vollständig und reproduzierbar?

Auch in der dritten Phase – der Plansynthese – sind Bewertungen nicht zu umgehen. Der Politiker oder Bürger, der sich über Primärenergieverbrauch, Risiken der Kernenergie, Zusammenhänge mit Wirtschaftswachstum, Arbeitsplätzen usw., Möglichkeiten zur Energieeinsparung usw. informiert hat und nun z.B. zu dem Schluß gelangt ist, sich für einen vorläufigen Baustopp bei Kernkraftwerken einzusetzen, muß sich seine Schritte überlegen: Welche Art der politischen Einflußnahme? Politische Arbeit in den Parteien? Aufklärung anderer? Demonstrationen? Gewaltfreie Aktionen? Druck über Interessengruppen auf die Regierung? Bei welcher Aktion ergeben sich günstigere Konsequenzen? Bewerten muß in dieser Phase auch der Wissenschaftler und Ingenieur, der sich etwa überlegt, ob und wie er eine Forschungsarbeit weiterführen soll, welche Mittel er wo beantragen soll, ob er Ergebnisse veröffentlicht oder in der Schreibtischschublade beläßt, ob er eine Anlage bauen soll, ob er in einer als unfruchtbar oder potentiell gefährlich erkannten Forschungs- oder Entwicklungsrichtung weitermachen soll, oder ob er sich einer anderen Alternative widmen soll, ob er der Öffentlichkeit die Weiterentwicklung eines Reaktortyps empfehlen kann.

Die vierte Phase – die Entscheidung – kommt ebenfalls nicht ohne Bewertung aus. Hier geht es darum festzulegen, ob und wann ein als durchführenswert und durchführbar erkannter Plan ausgeführt werden soll. Der Entscheider muß noch einmal die erwarteten Folgen seines Handelns mit denen des Nichthandelns vergleichen und sich nach Abwägen von Nutzen und Kosten und der Bewertung der Konsequenzen entscheiden: der Bürger etwa dazu, einen Leserbrief zu schreiben oder zu einer Demonstration zu gehen, der Politiker dazu, für oder gegen ein Energieprogramm der Regierung zu stimmen, der Wissenschaftler dazu, Forschungen auf einem neuen Gebiet anzukurbeln, der Ingenieur dazu, eine neue Sicherheitseinrichtung vorzusehen.

Alle diese Bewertungen setzen voraus, daß Bewertungsmaßstäbe vorhanden sind, oder zumindest aus vorhandenen Bewertungsmaßstäben abgeleitet werden können. Diese Maßstäbe können sehr konkret sein (z.B.: ›geringstmögliche Anlagekosten‹), sie können aber auch sehr unscharf und vage und trotzdem für Verhalten entscheidend sein (z.B.: ›Wahrung der Interessen zukünftiger Generationen‹). Wichtig ist die Einsicht, daß es kein überlegtes Handeln gibt, bei dem nicht Bewertungsmaßstäbe, d.h. die Wertvorstellungen aus dem ›Wertsystem‹ des Handelnden einfließen. Damit wird jedes Handeln, auch das des redlichsten Wissenschaftlers, abhängig vom Wertsystem, das er anwendet; es wird damit subjektiv eingetönt. Die Debatte um die Kernenergie ist hierfür ein hervorragendes Beispiel: Der Wissensstand der Kontrahenten über Sachfragen ist inzwischen praktisch identisch, und trotzdem kommt jede Seite zu gänzlich entgegengesetzten Schlüssen. Der Unterschied erklärt sich vor allem aus den verschiedenen Wertsystemen. Vorläufig aber noch wird die Diskussion der Wertfragen – die allein weiterhelfen könnte – umgangen: aus Angst, als ›subjektiv‹ oder ›irrational‹ disqualifiziert zu werden. Sollten wir uns aber einer Pseudorationalität anvertrauen, die den entscheidenden Faktor der Wertvorstellungen aus der Diskussion von vornherein verbannt?

## Werte und Wertwandel

Nicht selten wird behauptet, daß Wertmaßstäbe und Bewertungen ›irrational‹ seien und unvorhersehbarem Wandel unterlägen. Dagegen sprechen alltägliche Beobachtungen: Jeder von uns weiß z.B. in etwa, welches Verhalten im täglichen Umgang mit anderen Menschen er von diesen erwarten kann. Ja, wir können auch mit recht guter Treffsicherheit abschätzen, wie sich eine Person, eine Interessengruppe, eine Firma oder Regierung, d.h. ein ›gesellschaftlicher Akteur‹[1] in einer für ihn neuen Situation etwa verhalten wird; vor allem können wir eine große Zahl von Verhaltensmöglichkeiten von vornherein als unwahrscheinlich ausscheiden. Schwieriger wird es allerdings, wenn der Akteur aus einer uns nicht vertrauten sozialen oder kulturellen Umwelt stammt. Diese Beobachtung zeigt, daß wir intuitiv die Wertsysteme anderer Akteure mehr oder weniger gut kennen und im Bedarfsfall daraus fast ebensogut wie der Akteur selbst ableiten können, wie er sich etwa verhalten wird: die ganze Bewertungslogik scheint also relativ einfachen und überschaubaren Regeln zu folgen. Mit ähnlicher Treffsicherheit können wir meist auch das Verhalten eines anderen nachträglich verstehen.

Was den Wandel von Wertvorstellungen betrifft, so gelten ähnliche Beobachtungen: Falls die äußeren Bedingungen bekannt sind, ist die Richtung des Wertwandels mit einiger Treffsicherheit im voraus abschätzbar und im nachhinein nachvollziehbar und begründbar. Nehmen wir wieder die Wertverschiebung im Bereich ›Umwelt‹ als Beispiel: Solange kein erkennbarer oder zumindest kein glaubwürdiger Zusammenhang zwischen den Emissionen der qualmenden Schlote und der eigenen Gesundheit bestand, galt nur die Vorstellung, daß qualmende Schlote eine blühende Wirtschaft und damit eigenen Wohlstand bedeuten. Damit ergab sich für diese eine hohe positive Bewertung. Sobald die Umweltverschmutzung aber in glaubwürdige Verbindung mit der eigenen Gesundheit gebracht werden konnte, änderte sich die Bewertung wegen der hohen Gewichtung von ›Gesundheit‹ drastisch ins Negative, da offensichtlich ›Wohlstand‹ weniger hoch bewertet wird und den negativen Einfluß der Umweltverschmutzung auf die Gesundheit nicht aufwiegen kann. Eine Umkehr der Bewertung ist dann möglich, wenn z.B. der eigene Arbeitsplatz direkt durch eine Betriebsschließung bedroht wäre, da die Existenzsicherung durch den eigenen Arbeitsplatz sicher höher bewertet wird als eine (sowieso individuell kaum nachweisbare) Beeinträchtigung der Gesundheit. Die Werteordnung aber kann sich natürlich noch einmal umkehren, wenn der Beweis für eine solche Beeinträchtigung tatsächlich erbracht würde.

Wertwandel erfolgt also dann, wenn durch Weiterverfolgung bestehender Wertvorstellungen wichtigere Werte verletzt würden, wenn diese Vorstellungen sich also als überholt und neuen Verhältnissen nicht mehr entsprechend erweisen. Das deutet bereits darauf hin, daß es wichtigere und unwichtigere Werte gibt, und daß unwichtigere Wertvorstellungen so geändert und angepaßt werden, daß wichtigere Belange nicht oder nur so wenig wie möglich beeinträchtigt werden. Was sind diese ›wichtigeren Belange‹? Im obigen Beispiel sind wir bereits auf die Begriffe ›Gesundheit‹ und ›Existenzsicherung‹ gestoßen, die wir als ›Leitwerte‹ erkennen können.

Wenn wir das wahrscheinliche Verhalten anderer in ungewohnten Situationen oder auch deren Wertwandel als Reaktion auf äußere Zwänge abschätzen, so sind uns offensichtlich diese Leitwerte intuitiv vertraut, ohne daß wir sie im Einzelfalle konkret benennen können. Wir wissen aber z.B. mit hoher Wahrscheinlichkeit, daß der andere Akteur sich ›nicht ins eigene Fleisch schneiden‹ wird, solange er das jedenfalls vermeiden kann. Er wird also in erster Linie seine eigene Selbsterhaltung zu sichern versuchen, dann aber vor allem auch darauf achten, daß seine normale Funktionsfähigkeit nicht beeinträchtigt, sondern eher noch verbessert wird. Zu dieser Absicherung der normalen Funkionsfähigkeit gehören: die Erfüllung der normalen physischen Lebensbedürfnisse (Nahrung, Schlaf, Unterkunft usw.); die Erfüllung gewisser psychischer Bedürfnisse (Liebe, Geborgenheit, Zugehörigkeit, Anerkennung, Bedürfnis nach Erfüllung sozio-kultureller Normen usw.); die Sicherheit, daß grundlegende Bedürfnisse auch in der absehbaren Zukunft erfüllt sein werden; eine Handlungsfreiheit, die einen gewissen individuellen Spielraum läßt; die Gewißheit, daß eigene Handlungen auch eine gewisse Wirksamkeit zeigen; und die Möglichkeit, sich insbesondere durch Informationsbeschaffung und die Ausbildung entsprechender Fähigkeiten neuen Entwicklungen soweit erforderlich anzupassen. Ähnliche Leitwerte lassen sich auch bei anderen ›Akteuren‹ wie Gruppen, Institutionen, Regierungen usw. feststellen. Da diese Leitwerte (physische und psychische Bedürfnisse, Sicherheit, Handlungsfreiheit, Wirksamkeit, Adaptivität) einen wichtigen Schlüssel für das Verständnis von Verhalten und den Wandel von Wertvorstellungen darstellen, werden wir uns mit ihnen im nächsten Kapitel ausführlicher befassen.

Wertvorstellungen steuern auf der einen Seite direkt überlegtes Handeln, auf der anderen Seite dienen sie aber auch zur Beurteilung und Bewertung heutiger Situationen oder von Vorstellungen über mögliche künftige Zustände und damit zur indirekten Steuerung von Verhalten: Als unangenehm oder unerträglich erkannte Zustände werden nach Möglichkeit vermieden, angenehme oder besonders erwünschte Zustände werden angestrebt werden. Kenntnis der Wertvorstellungen und ihres Wandels erlaubt es deshalb auch, Beurteilungen und Bewertungen der heutigen Verhältnisse wie auch von alternativen zukünftigen Entwicklungen vorzunehmen und damit Anhaltspunkte für Verhaltenstendenzen zu gewinnen.

## Bilder der Zukunft

Hier gewinnen Vorstellungen über die Zukunft besondere Bedeutung. Menschen und gesellschaftliche Gruppen stürzen sich nur selten – und dann auch nur gezwungenermaßen – ›blind‹ in die Zukunft: Im allgemeinen lassen sie sich von Vorstellungen über diese ihre Zukunft leiten. Diese Bilder der Zukunft entwickeln sich allmählich aus den Bildern der Vergangenheit und Gegenwart, aus Wissen über die Möglichkeiten und Grenzen und aus Wünschen, die wieder auf Wertvorstellungen gründen. Für die Abschätzung von Verhaltens- und Entwicklungstendenzen interessieren aber erst *bewertete* Bilder der Zukunft: Je positiver die Bewertung vom Standpunkt des Handelnden, und je eher die Durchführung möglich erscheint, um so eher ist auch damit zu rechnen, daß diese Alternative bewußt angestrebt wird.

Wenn auch die zukünftigen Entwicklungsmöglichkeiten des einzelnen oder gesellschaftlicher Akteure durch die materiellen Bedingungen, durch die eigenen Denk- und Wertvorstellungen und Verhaltensweisen und durch das Verhalten anderer Akteure eingegrenzt sind, so ergeben sich innerhalb dieses Entwicklungsspielraums doch immer noch eine große Zahl möglicher Zukünfte. Auch heute, wo wir immer wieder über echte oder eingebildete Sach- und Systemzwänge stöhnen, stehen uns noch viele Wege offen. Was zu fehlen scheint, ist allerdings, daß alternative Bilder der Zukunft systematisch entworfen werden, auf ihre Durchführbarkeit und Konsequenzen untersucht werden, und daß sie vor allem auch von den verschiedenen gesellschaftlichen Gruppen bewertet werden. Eine derartige Analyse der Zukunft würde uns helfen, besser zu bestimmen, in welche Richtungen wir eigentlich gehen *können,* und vor allem: In welche Richtungen wir eigentlich gehen *wollen.*

In diesem Buch werden eine Anzahl von Skizzen über mögliche künftige Entwicklungen wiedergegeben, bewertet und verglichen: Zukunftsbilder, die auf der einen Seite einer eher technokratischen, wachstumsorientierten ›ökonomistischen‹ Perspektive entstammen, und Zukunftsbilder, die eher den Denkvorstellungen partnerschaftlich und ökologisch orientierter gesellschaftlicher Gruppen entsprechen. Vergleicht man die Bewertungsergebnisse, so zeigt sich sehr deutlich, daß die Unterschiede vor allem auf unterschiedliche Gewichtungen der Interessen anderer Gruppen, der Interessen der Dritten Welt, der Natur und zukünftiger Generationen (›Umwelt, Mitwelt, Nachwelt‹) zurückzuführen sind. Hier stoßen wir auf tiefsitzende Unterschiede in ethischen Auffassungen, die auch die emotionale Heftigkeit erklären, mit der oft andere Zukunftsbilder angegriffen bzw. eigene verteidigt werden.

Setzen wir einmal eine funktionierende Demokratie voraus, so wird in diesem Streit um die Zukunft diejenige Zukunftsperspektive den größeren Einfluß gewinnen, die vorherrschenden Wertvorstellungen eher entspricht. Wenn sich diese Wertvorstellungen wandeln, wandeln sich auch die Zukunftsleitbilder und damit die Orientierungen für Verhalten. Es hat heute den Anschein, daß ein Wandel der Wertvorstellungen in Richtung auf die partnerschaftliche und ökologische Alternative stattfindet, so daß mit sich verstärkendem gesellschaftlichem Druck in diese Richtung zu rechnen ist, mit allen seinen Konsequenzen für die Entwicklung unserer Gesellschaft. Es ist meine Überzeugung, daß allein dieser Wandel uns vor den bedrohlichen Konsequenzen sich verschlechternder materieller Voraussetzungen bewahren kann.

## Überblick über die weiteren Kapitel

In dieser Einführung hat sich die entscheidende Bedeutung des Wertsystems für die Bewertung von Zukunftsalternativen und damit für zukunftsrelevantes Handeln herauskristallisiert. Wir werden daher in Kapitel 2 versuchen, die verhaltensbestimmenden Aspekte des Wertsystems weiter herauszuarbeiten, seinen Aufbau und insbesondere die Rolle von Leitwerten zu durchdenken, den Einfluß der Interessensphären anderer und des Zukunftshorizonts einzubeziehen und insbesondere auf die steuernde Rolle der Wertgewichtungen hinzuweisen.

In Kapitel 3 wird der Vorgang des Wertwandels umrissen und der Einfluß ethischer Normen diskutiert. Aus den Vorstellungen über das Wertsystem läßt sich ein Bewertungsverfahren entwickeln, das uns in Kapitel 4 zur Bewertung und damit zum systematischen Vergleich verschiedener Alternativen für die Zukunft dienen soll. Wem Kapitel 2 und 3 zu technisch erscheinen, und wer sich vor allem für die Alternativen interessiert, der sollte diese Kapitel (zunächst) getrost überspringen und in Kapitel 4 weiterlesen.

In Kapitel 4 werden Entwicklungsalternativen nach Lebensbereichen getrennt skizziert und systematisch vergleichend bewertet. Als Lebensbereiche wurden die OECD-Kategorien[2] der Lebensqualität (Gesundheit, Bildung und Ausbildung, Arbeitsleben, freie Zeit und Freizeit, Verfügbarkeit von Gütern und Dienstleistungen, physische Umwelt, persönliche Sicherheit und Rechtsschutz, soziale Umwelt, Mensch und Gesellschaft) gewählt. Zusätzlich werden noch zwei weitere Bereiche (Umwelt als Lebensbasis und sozio-technisches System) betrachtet. In jedem Bereich wird der heute absehbaren Entwicklung eine Alternative gegenübergestellt, die aus Einzelvorschlägen insbesondere aus dem Bereich der Bürgerinitiativen Umweltschutz sowie aus der inzwischen reichlich vorhandenen Alternativenliteratur herausdestilliert wurde. Bei der Auswertung heute vorgetragener Alternativvorschläge überraschen dabei das relativ enge Spektrum und die Ähnlichkeit dieser Vorschläge. Die hier vorgelegten Skizzen dürften also den vorherrschenden Alternativansichten einigermaßen gut entsprechen. Wer sich lediglich einen Überblick verschaffen will, der sollte einige Alternativenpaare herausgreifen, die ihn besonders interessieren, und außerdem den tabellarischen Überblick am Ende des Kapitels studieren.

In Kapitel 5 werden die Bewertungen der Alternativen in Kapitel 4 verglichen. Es zeigt sich, daß Bewertungsunterschiede zwischen den Befürwortern des Status quo und den Befürwortern der Alternativen durch relative Unterschiede der Gewichtung der Interessensphären anderer erklärt werden können: Die Befürworter der ›ökologischen‹ Alternativen offenbaren mit ihren Bewertungen ein mehr partnerschaftlich orientiertes Wertsystem; die Befürworter der Fortschreibung des Status quo eine eher ökonomistische Orientierung. Auf der anderen Seite lassen sich aus empirischen sozialwissenschaftlichen Untersuchungen der letzten Jahre für die Bevölkerung insgesamt Verschiebungen in Richtung auf eine eher partnerschaftliche Orientierung nachweisen. Da die relative Bewertung von Alternativen letztlich über deren Annahme oder Ablehnung entscheidet, muß angenommen werden, daß die skizzierten ›ökologischen‹ Alternativen tendenziell den zukünftigen Wertgewichtungen zunehmend besser entsprechen als die Fortschreibung der heutigen Entwicklungen. Daraus folgt, daß diese Alternativbilder der

Zukunft wesentlich ernster zu nehmen wären, als das heute meist geschieht. Kapitel 5 schließt mit einem Plädoyer für die partnerschaftliche Orientierung und mit konkreten Vorschlägen für weitere Schritte.

Die Folgerungen, die wir aus der Untersuchung zu ziehen haben, sind nicht gerade erbaulich. Erstens offenbart sich im heutigen gesellschaftlichen Verhalten wie auch in seiner von vielen vertretenen Fortschreibung eine ökonomistische Ethik des ›Ich‹ und ›Heute‹, die in krassem Gegensatz steht zu den offiziell von Parteien, Staat und Kirchen im Lippenbekenntnis vertretenen ethischen Grundsätzen. Zweitens steht diese aktiv praktizierte Ethik im krassen Gegensatz zu dem, was sich offensichtlich an langfristigem Wertwandel anbahnt. Sich verstärkende gesellschaftliche Spannungen und Konflikte sind damit vorprogrammiert.

Zunächst wäre also zu fordern, daß sich die politischen Entscheidungen zumindest den Änderungen der Wertgewichtungen anpassen sollten. Das wäre aber nichts weiter als eine nachträgliche Anpassung an eine Entwicklung, von der zunächst nicht a priori zu erwarten ist, daß sie auf eine höhere Stufe menschlicher Entwicklung führt. Konsequenter wäre es, mit ethischen Lippenbekenntnissen Ernst zu machen, oder auch einen an Bildern der Zukunft überprüften langfristig durchhaltbaren ethischen Rahmen zu entwickeln, um danach alle Bewertungen, Entscheidungen und Handlungen an diesen Maßstäben zu messen. Mir scheint, daß man sich angesichts immer bedrohlicher werdender Zukunftsperspektiven nicht mehr um diese Aufgabe mit der Ausrede drücken kann, daß Wertfragen ›subjektiv‹, ›nicht faßbar‹, sogar ›irrational‹ seien. ›Rationalität‹, die so entscheidende Einflußgrößen wie Werte von vornherein unberücksichtigt läßt, verdient diesen Namen nicht. Wir dürfen ihr unsere Zukunft nicht anvertrauen.

## Anmerkungen zu Kapitel 1

1 Mit ›Akteur‹ bezeichnen wir ein sich verhaltendes und handelndes System: ein Tier, einen Menschen, eine Gruppe von Menschen, ein Unternehmen, eine Regierung, einen Roboter. Diese Systeme zeichnen sich durch Informationsverarbeitung aus: Information aus der Umwelt wird über Sensoren aufgenommen, verarbeitet und veranlaßt ein der Umweltsituation angepaßtes Verhalten.

2 OECD – Organization for Economic Cooperation and Development (Organisation für wirtschaftliche Zusammenarbeit und Entwicklung).

# 2 WERTSYSTEM

## Richtmarken im Freiheitsraum

Menschen, Interessengruppen, Organisationen, Staaten: sie sind nicht einfach Zahnräder im Getriebe einer riesigen Maschine, deren Bewegung ein für allemal festgelegt und unabänderlich ist. Sie sind vielmehr selbst Akteure, zwar unbestreitbar gewissen Verhaltensgesetzen unterworfen, doch frei, um im Rahmen dieser Gesetze in einem verbleibenden Freiheitsraum nach eigenem Willen handeln zu können. Für die Zukunft der Menschheit und des Lebens auf dem Planeten ist von entscheidender Bedeutung, wie sich einzelne Akteure in diesem Freiheitsraum bewegen werden.

Ganz sicher handelt es sich bei dieser Bewegung im verbliebenen Freiheitsraum nicht um eine Art Brownscher Molekularbewegung: Statistisch völlig gleichmäßig nach allen Richtungen verteilte Zufallsbewegungen im Kleinen, die im Endergebnis dazu führen, daß sich im Großen auch nicht das geringste rührt. Vielmehr orientiert jeder Akteur sein Handeln in diesem Freiheitsraum an seinem Wissen, an Werten als Richtmarken und an Informationen, die er von der Außenwelt erhält. Die Bewegung trägt also keinen Zufallscharakter mehr, sondern ist gerichtet im Kleinen wie – als notwendige Folge – auch im Großen. Uns interessieren hier die Richtmarken des Freiheitsraums, da sie uns über zukünftige Verhaltens- und Entwicklungstendenzen Aufschluß geben können.

Jeder Akteur beachtet bei überlegten Handlungen verschiedene Richtmarken: Regeln, Ziele, Werte, deren Gesamtheit wir hier als ›Wertsystem‹ bezeichnen wollen. Natürlich unterscheidet sich dieses Wertsystem von Akteur zu Akteur, aber es bestehen doch so viele Gemeinsamkeiten, daß wir Wertsysteme aller Akteure gemeinsam behandeln können, ob es sich nun um solche von Einzelpersonen, Interessengruppen, Organisationen, Staaten oder sonstigen gesellschaftlichen Akteuren handelt.

Das Wertsystem eines Akteurs ist nun keineswegs unveränderlich, sondern ist beständigem Wandel unterworfen, dessen Richtung und Stärke ebenfalls nicht reinen Zufallsgesetzen folgt, sondern sich wieder an eigenen Richtmarken orientiert. Diese Überlegungen führen zwangsläufig zur Annahme eines hierarchisch aufgebauten Systems von Regeln und Werten, an dessen Spitze dann einige wenige fundamentale Leitwerte stehen müssen. Wir wollen uns in diesem Kapitel mit Aufbau und Funktionsweise von Wertsystemen auseinandersetzen, da in ihnen der Schlüssel zum besseren Verständnis zukünftiger Verhaltenstendenzen sowohl einzelner gesellschaftlicher Akteure wie des gesellschaftlichen Systems als Ganzes zu suchen ist, soweit es sich wenigstens um Verhalten in verbleibenden Freiheitsräumen handelt.

Der Akteur orientiert sein überlegtes Verhalten am Wertsystem, indem er

Verhaltensalternativen und deren Folgen (soweit er sie gedanklich erfassen kann) vergleichend bewertet. Das geschieht meist intuitiv und ist deshalb – wegen der nicht angebbaren Voraussetzungen – nicht nachvollziehbar und überprüfbar. Das führt auch dazu, daß Bilder von Zukunftsalternativen von verschiedenen Akteuren unterschiedlich bewertet werden, ohne daß sich genau angeben ließe, worauf die Bewertungsunterschiede zurückzuführen sind. Wir werden hier den Versuch unternehmen, Bewertungen anhand der Komponenten des Wertsystems so darzustellen, daß u.a. auch die systematische vergleichende Bewertung von Alternativen möglich wird. Ein solches Verfahren läßt besser erkennen, welche Werte einige Interessengruppen z.B. zur Forcierung des Atomkraftwerksausbaus veranlassen, andere dagegen zu vehementer Opposition gegen diese Maßnahmen treiben.

Indem wir uns bemühen, die Richtmarken des Verhaltens gesellschaftlicher Akteure in ihrem jeweiligen Freiheitsraum besser zu verstehen, und ihre Bewertungen wenigstens in groben Zügen nachzuvollziehen oder abzuschätzen, engen wir auch den Prognosespielraum ein: Mögliche Zukünfte lassen sich leichter von unmöglichen trennen. Damit aber stellt sich sogleich ein Kernproblem. Falls als Folge des vorhandenen Wertsystems zu den möglichen Entwicklungen auch solche gehören, die erkennbar den Keim zu einer späteren Katastrophe für uns oder andere in sich tragen, muß das Wertsystem in Frage gestellt und notfalls bewußt geändert werden. Damit muß unvermeidbar auch zu Fragen der Ethik Stellung bezogen werden. Ein systematischer Denkrahmen, wie er hier skizziert werden soll, erleichtert die notwendige Diskussion – selbst wenn er später aufgrund besserer Erkenntnisse revidiert werden müßte.

## Tiefe Wurzeln

Jede Beobachtung, jede Beurteilung einer heutigen oder zukünftigen Situation oder eines Sachverhalts, jede Problemlösung, jede Entscheidung erfordern das Anlegen von Bewertungsmaßstäben: Was soll beobachtet werden? Wie sind Situation oder Sachverhalt im Hinblick auf gewisse Ziele und Interessen zu bewerten? Welche Randbedingungen und Voraussetzungen sollen bei der Problemlösung beachtet werden? Welche Lösungsalternative ist vorzuziehen? Wir führen laufend Bewertungen durch, oder wenden zumindest Bewertungen an, die wir irgendwann einmal als ›richtig‹ erkannt oder einfach übernommen haben. Das Wertsystem, das uns diese Bewertungen erst ermöglicht, bestimmt somit ganz zentral mit über das, was wir sind oder nicht sind, was wir tun oder nicht tun, was wir werden oder nicht werden. Es ist ein integraler und entscheidender Teil unserer Persönlichkeit. So wird es ja auch dazu benutzt, die Eigenschaften einer Person zu beschreiben. In gleicher Weise charakterisiert auch das Wertsystem eines gesellschaftlichen Akteurs –

einer Gewerkschaft, einer Partei, einer Regierung – die Verhaltenseigenschaften und Eigenheiten dieses Akteurs. Zumindest teilweise ist dieses Wertsystem oft explizit niedergelegt – in Statuten, Programmen und Grundgesetz. Dabei ist natürlich nicht auszuschließen, daß das tatsächlich zur Anwendung kommende Wertsystem sich von dem offiziellen beträchtlich unterscheidet. Was alles enthält das Wertsystem?

Zunächst einmal muß es in mehr oder weniger feiner Aufgliederung Dimensionen von *Wertbegriffen* enthalten, die dem Akteur die sinnvolle Orientierung in seiner Umwelt ermöglichen. Dazu gehören, auf sehr allgemeiner Stufe, die bereits erwähnten Leitwerte ›Physische Bedürfnisse‹, ›Psychische Bedürfnisse‹, ›Sicherheit‹, ›Handlungsfreiheit‹, ›Wirksamkeit‹ und ›Adaptivität‹ im Hinblick auf den Akteur selbst. Außer den Dimensionen muß das Wertsystem aber auch *Wertgewichtungen* enthalten, die die relative Bedeutung jeder Wertdimension festlegen. Eine Bewertung ohne Gewichtung ist unmöglich.

Für den Menschen ist eine Situation, in der er sich ausschließlich an seinen eigenen Leitwerten orientieren kann, schlechterdings undenkbar, es sei denn, man denke an einen (mit genügend Vorräten) auf der unbelebten Mondoberfläche für immer gestrandeten einzelnen Raumfahrer, der auch keine Nachkommenschaft erwarten kann – er kann bei seinen Entscheidungen ausschließlich an sich denken. Aber selbst Robinson auf seiner von anderen Menschen unbewohnten Insel, aber abhängig von seiner belebten Umwelt, mußte diese in seine Überlegungen einbeziehen. Außer unserer eigenen Interessensphäre berücksichtigen wir also im allgemeinen immer auch die Interessensphären anderer ›Systeme‹: von Familienmitgliedern, Freunden, Mitarbeitern, von Verein, Betrieb oder Partei, von Haustieren, Umwelt und Natur, von Gemeinde, Nation oder Staat, von uns, unseren Kindern und zukünftigen Generationen. Im Prinzip können sich im Wertsystem des Akteurs eine Vielzahl solcher Interessensphären widerspiegeln. Generell ist also das Wertsystem für eine Vielzahl von Interessensphären mit ihren entsprechenden Wertsystemen offen. Einzig ihre relative Gewichtung entscheidet darüber, welche Bedeutung ihnen bei Bewertungsvorgängen zukommt. Weitere Unterschiede ergeben sich aus der Bedeutung, die der Zukunft zugemessen wird.

Hier stoßen wir auf den entscheidenden Unterschied zwischen Wertsystemen verschiedener Akteure: die relative Gewichtung der eigenen Werte, die relative Gewichtung der Interessensphären anderer Akteure im Vergleich zur eigenen, und die Gewichtung der Zukunft: Wieviel bedeutet mir meine Selbstbestimmung im Verhältnis zu meiner Sicherheit? Wieviel bedeuten mir die Lebensinteressen der hungernden Bevölkerung eines Entwicklungslandes im Verhältnis zu meinem eigenen Wohlergehen? Wieviel bedeuten mir die Interessen zukünftiger Generationen im Verhältnis zu meinen Interessen heute? Wieviel bedeutet mir mein Vergnügen heute im Vergleich zu meiner Sicherheit morgen?

Da Wertgewichtungen verhaltensbestimmend sind und sich nur langsam oder gar nicht ändern, charakterisieren sie zumindest den überlegt handelnden und damit einen ganz wesentlichen Teil der Persönlichkeit. Wenn wir mit den Wertgewichtungen eines anderen (intuitiv) vertraut sind, können wir auch sein mutmaßliches Verhalten in einer gegebenen Situation relativ gut vorausschätzen. Beim einzelnen hat sich dieses Orientierungssystem im Laufe seines Lebens im Kontakt mit seiner natürlichen und sozio-kulturellen Umwelt entwickelt, bewährt und verfestigt; es drückt einen wesentlichen Teil seines Selbst aus.

Das gleiche gilt – im übertragenen Sinne – auch für den Akteur allgemeiner. Jede plötzliche Umgewichtung würde weitreichende Bewertungskonsequenzen nach sich ziehen, zu entsprechenden Verhaltensänderungen führen, das Überdenken bisheriger Gewohnheiten bedeuten, früheres Verhalten und das frühere Selbst in Frage stellen, Verwunderung, Befremdung und Unverständnis bei Freunden, Bekannten und anderen Akteuren hervorrufen, die nun ihrerseits wieder das Bild vom anderen ändern müßten, kurz: Eine Änderung des Wertsystems wird für den einzelnen Akteur im allgemeinen mit Änderungen des Selbstkonzepts verbunden sein, denen er sich soweit und solange überhaupt möglich entziehen wird. Lediglich dann, wenn übergeordnete Leitwerte gefährdet wären, würden Änderungen untergeordneter Werte zu erwarten sein.

## Verhalten und Orientierung

### *Automatisches und überlegtes Verhalten*

Wir verbringen unser Leben damit, uns zu ›verhalten‹: Die ersten Schreie des Neugeborenen, essen und trinken, schlafen, später schreiben und lesen, Gespräche mit anderen, Sexualität, Treppen steigen und Autofahren, eine Tätigkeit ausüben, die uns ernährt oder Freude macht, gekränkt sein, hassen und lieben, planen und Pläne ausführen. Dieses Verhalten findet statt zwischen den Gegensätzen unbeeinflußbarer Automatik (etwa: die Verengung der Pupille bei erhöhtem Lichteinfall, Punkt ›A‹ in Bild 1) und voll rationalen Kalküls (etwa: der Entwurf eines Erdsatelliten, B), und zwischen den Gegensätzen hoher emotioneller Verankerung (etwa: die Mutter, die die leisen Schreie ihres hungrigen Kleinkindes aus tiefem Schlaf wecken, C; aber auch: die Reaktion eines Kraftwerkplaners auf Kritik von Bürgerinitiativen, die die Frucht seiner mehrjährigen Arbeit in Frage stellen, D) und fast emotionsfreier Rationalität (etwa: die Verkäuferin, die die Einkäufe der Kundin aufaddiert, E). Mit diesen Gegensätzen können wir ein Verhaltensfeld abgrenzen, dessen Dimensionen durch die Begriffe ›Rationalität‹ und ›Emotion‹

umrissen sind (Bild 1). Auf diesem Bild lassen sich auch die genannten Beispiele plazieren. Tatsächlich dürfte jedes menschliche Verhalten Elemente beider Dimensionen in sich vereinen. So ist z.B. der ›emotionsfrei und ausschließlich rational‹ arbeitende Wissenschaftler schon deshalb eine Fiktion, weil sein ganzer Werdegang als Mensch und Wissenschaftler mit seinen Sinneserfahrungen und emotionalen Erregungszuständen untrennbar verbunden ist.

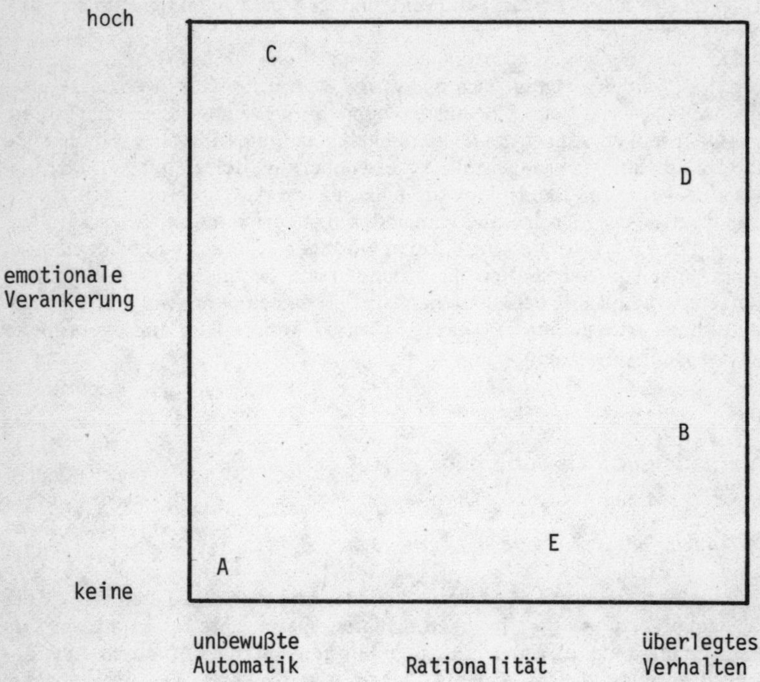


Bild 1 - Verhaltensfeld
Beispiele:
A: Pupillenreflex
B: Entwurf eines Erdsatelliten
C: Mutter-Reaktion
D: kritisierter Kraftwerkplaner
E: Kassiererin

Uns geht es hier darum, die Verbindung zwischen menschlichem Verhalten und der zukünftigen gesellschaftlichen Entwicklung (mit allen ihren Konsequenzen auch für Umwelt und Nachwelt) zu untersuchen. Dazu ist zunächst festzustellen, daß die gesellschaftliche Entwicklung wohl teilweise durch die Aktionen einzelner, weit mehr noch aber durch das Verhalten ›kollektiver‹ Akteure bestimmt wird, die sich aus interagierenden Einzelpersonen, mit eigener Organisation, Kommunikationsformen und Infrastruktur, eigener Wissens- und Wertbasis und eigener Macht und eigenem Einfluß zusammensetzen: Gemeinderäte, Parlamente, Interessenverbände, Regierungen. Wir setzen voraus, daß auch bei diesen Akteuren Entscheidungen in den Köpfen von Menschen vorbereitet, durchgedacht und entschieden werden; d. h. daß die wesentlichen Elemente und Qualitäten auch gesellschaftlicher Entscheidungs- und Verhaltensprozesse bereits auf der Ebene des Individuums zu finden sind, wenn auch bei der Interaktion von Individuen in Organisationen, Gruppen und Institutionen neue Qualitäten hinzukommen können. So ist klar, daß gerade die Wertvorstellungen wie auch Wissen und Kenntnisse des einzelnen das Verhalten kollektiver Akteure wesentlich bestimmen: wir setzen uns deshalb mit diesen hier auseinander.

Wenn wir die Verbindung zwischen menschlichem Verhalten und der zukünftigen gesellschaftlichen Entwicklung weiter betrachten, so ist auch klar, daß hier bewußtes Verhalten von besonderer Bedeutung ist. Bevor sie Gegenwart wird, kann Zukunft bereits in den Vorstellungen von Menschen existieren. Falls sie also dort existiert (was sicher nicht immer und in bezug auf alle wichtigen Aspekte gegeben ist), wird zukunftsrelevantes Verhalten auch weitgehend zukunftsbewußt sein, und damit bewußt überlegt, geplant, vorbereitet und entschieden werden.

Diese Überlegungen führen uns dazu, im Zusammenhang mit der zukünftigen Entwicklung dem überlegten Planen und Entscheiden – so wie es in den Köpfen einzelner vor sich geht – besondere Aufmerksamkeit zu widmen. Das soll aber nicht darüber hinwegtäuschen, daß in weiten Bereichen des täglichen Lebens außer überlegtem Verhalten auch noch andere Verhaltensweisen existieren, die mindestens ebenso zukunftsrelevant sein können.

Am anderen Ende des Bewußtheits-Spektrums liegt z. B. die automatisch ablaufende Reaktion auf einen Reiz, d. h. die automatische Anwendung irgendwelcher Verhaltensregeln oder ererbter oder gelernter Verhaltensprogramme. Die automatische Reizreaktion hat eine außerordentlich wichtige Funktion: sie bewahrt den informationsverarbeitenden Apparat des Akteurs vor Überforderung. Wenn der auslösende Reiz auftritt, *muß* das angesprochene Verhaltensprogramm ablaufen. Bei dieser unbedingten Reaktion wird weder eine genauere Analyse der Situation vorgenommen, noch werden die im Programm vorgesehenen Mittel und Wege überdacht oder gar in Frage gestellt, noch werden die durch das ausgelöste Programm sich einstellenden Folgen betrachtet, oder die Anwendung des Programms in irgendeiner Weise von möglichen Folgen abhängig gemacht. Der Akteur ist sich gar nicht bewußt, daß er prinzipiell auch anders handeln könnte; das Bewußtsein und die ganze stark begrenzte Kapazität des Akteurs für Informationsaufnahme, Informationsverarbeitung, Problemlösung und Entscheidung sind entlastet und für wichtigere Anliegen frei. Man denke an das Verhalten eines ›alten Hasen‹ im Straßenverkehr und vergleiche es mit den eigenen ersten Fahrversuchen, bei denen später automatisch ablaufende Verhaltensweisen erst über anstrengende, bewußt erlebte Lernvorgänge ›programmiert‹ werden mußten.

Verhaltensautomatismen laufen nach Regeln ab, die der Akteur irgendwann einmal erwarb und die er weiter unhinterfragt benutzt. Dazu können u. U. recht komplexe Verhaltensprogramme gehören. Beispiele beim Individuum sind das Ausweichen vor einem sich rasch nähernden harten Gegenstand, das Verhalten gegenüber anderen, Klavierspielen vom Blatt. Dabei interessiert uns hier nicht die Ursache des Verhaltensprogramms, lediglich sein automatischer Ablauf als Reaktion auf einen auslösenden Reiz. Das Programm könnte sowohl im menschlichen Körper gattungsgeschichtlich (phylogenetisch) fest ›verdrahtet‹ sein (Kniereflex), als auch im Laufe der Sozialisation übernommen worden sein (Verhalten gegenüber Fremden), als auch im Laufe der ontogenetischen Entwicklung entstanden sein (die Fertigkeit, eine Treppe zu besteigen), als auch ursprünglich im Laufe bewußter Überlegungen entwickelt und erlernt worden sein (der neue Trick eines Zauberkünstlers oder Akrobaten). Ähnliche Verhaltensautomatiken lassen sich auch bei gesellschaftlichen Akteuren feststellen: das Verhalten eines bürokratischen Verwaltungsapparats, Riten und Gebaren der katholischen Kirche oder orthodoxer Parteien, Staatsempfänge und parlamentarische Gebräuche, Geschäftspraktiken, nationale kulturelle Eigenheiten usw. In jedem Fall sind die entsprechenden Verhaltensprogramme möglicherweise irgendwann einmal durch überlegtes und bewußtes Verhalten entstanden, werden aber jetzt ohne weitere Überlegungen angewandt, sobald der auslösende Reiz das angezeigt erscheinen läßt. Auch bei überlegtem Verhalten werden natürlich zum Teil vorhandene Verhaltensautomatiken eingesetzt.

Bei veränderten Bedingungen ist zunächst einmal zu erwarten, daß nicht alle der erlernten Verhaltensautomatiken noch optimal sind und zu einer besseren Bewältigung der Gegenwart und der Zukunft beitragen können. Einige entpuppen sich möglicherweise als Behinderungen: Klötze am Bein auf dem Weg in die Zukunft. Solche fehlangepaßten Verhaltensautomatiken können bewußt gemacht, problematisiert und durch überlegtes Handeln abgeändert oder ersetzt werden. Damit kommt aber wiederum – vor allen anderen Verhaltensweisen – dem überlegten Verhalten die entscheidende Bedeutung für die zukünftige Entwicklung zu. Diese Überlegungen gelten selbstverständlich nicht nur für Verhaltensprogramme von Akteuren, sondern in gleicher Weise auch für alle anderen ›Festlegungen‹ eines Akteurs: d. h. die Institutionen, Organisationen, Strukturen, Gesetze, Verordnungen, Regeln, Rollen, Normen usw., die er sich geschaffen hat.

Ein Beispiel: In vielen Gesellschaften hat sich eine über Jahrhunderte entstandene, unter früheren Bedingungen vielleicht sogar einmal funktionale Rolle der Frau festgesetzt, die heute veränderten Bedingungen nicht mehr angemessen ist, sich aber nur sehr schwer und nur durch bewußte Anstrengungen ändern läßt. Noch stehen ansozialisierte Verhaltensautomatiken der gleichberechtigten Anerkennung der Frau in Familie, Beruf und Gesellschaft, der Mitarbeit des Mannes im Haushalt, und weniger geschlechtstypischen Spielgewohnheiten der Kinder im Wege.

Während bei Verhaltensautomatismen ein vorgegebener Reiz eine ganz bestimmte Reaktion auslöst, das Verhalten damit durch den Stimulus bestimmt ist, ist überlegtes Verhalten auf einen vorgegebenen Reiz weitgehend erst durch Wissen und Kenntnisse des Akteurs und seine Wertvorstellungen, also durch sein ›kognitives‹ und ›normatives System‹ bestimmt. Wenn wir das Verhalten verschiedener Akteure gleichen Wissenstands und gleicher kognitiver Fähigkeiten vergleichen, so ist es letztlich das jeweilige Wertsystem jedes Akteurs, das darüber entscheidet, wie er sich im konkreten Fall verhält.

Woran orientiert sich der Akteur? Zunächst einmal an den Gegebenheiten der Wirklichkeit, so wie er sie um sich herum vorfindet oder vorzufinden glaubt: an der Verfügbarkeit von Ressourcen, an naturgesetzlichen Zusammenhängen, an Zeitbeschränkungen usw., ebenso an Kriterien, die seine eigene Funktions- und Lebensfähigkeit (oder evtl. die eines ›höheren Ganzen‹) sichern helfen sollen: Erfüllung elementarer, materieller und psychischer Bedürfnisse und von Mindestansprüchen an Sicherheit, Handlungsfreiheit, Wirksamkeit und Adaptivität. Dazu kann gehören, auch die Belange anderer Akteure oder Systeme mit zu berücksichtigen, weil Sanktionen oder Gegenleistungen zu erwarten sind, die die eigene Funktionsfähigkeit einschränken oder erweitern könnten. Darüber hinaus können aber auch – trotz relativer Nachteile für den Akteur – die Belange anderer Systeme und Akteure berücksichtigt werden, ohne daß diese dem Akteur in irgendeiner Weise schaden oder nützen könnten: etwa Hilfe für Hungernde in der dritten Welt oder Rücksichtnahme auf zukünftige Generationen oder aussterbende Tierarten. Hier stoßen wir auf Fragen der Ethik, die uns im nächsten Kapitel etwas ausführlicher beschäftigen sollen. Schließlich wird es im allgemeinen noch eine größere Zahl verhaltenssteuernder Kriterien geben, für die sich heute u.U. keine plausiblen Begründungen mehr angeben lassen, weil sie irgendwie im Laufe der sozio-kulturellen Entwicklung entstanden und inzwischen ihren Sinn verloren haben. Der Akteur wendet sie an, weil sie ihm ansozialisiert wurden, ohne daß er sie bewußt zur Kenntnis genommen hätte und ohne daß er je auf die Idee gekommen wäre, sie zu hinterfragen.

### *Orientierung von Verhalten*

Bei überlegtem Verhalten sind nicht Verhaltensprogramme festgesetzt, sondern lediglich – im Wertsystem – die Richtmarken: Regeln, Ziele, Werte, an die man sich beim Entwurf eines Verhaltensplans zu halten hat. Diese Richtmarken betreffen die Beurteilung der gegenwärtigen Situation und damit die

Identifizierung von Problemen, die gelöst werden sollten; sie betreffen weiter die Auswahl der Mittel und Wege für diese Problemlösung; und sie betreffen die Beurteilung des wahrscheinlichen Endzustands nach Anwendung des im Laufe der Problemlösung entwickelten Verhaltensplans. Soweit diese Richtmarken alle im Planungsprozeß berücksichtigten Aspekte abdecken und soweit sie untereinander stimmig (konsistent) sind, sind auch die Voraussetzungen für eine Entscheidung über Durchführung oder Ablehnung des Verhaltensplans gegeben. Nur in Ausnahmefällen und bei besonders restriktivem Wertsystem wird sich dabei entweder gar kein zulässiger oder lediglich ein einziger zulässiger Plan ergeben. Im allgemeinen wird das Wertsystem aber eine größere Anzahl zulässiger Möglichkeiten des Verhaltens offenlassen.

Wir hatten früher (Kapitel 1) festgestellt, daß in jeder der vier Phasen überlegten Handelns (Beobachtung und Erkennung, Zustandsanalyse, Plansynthese, Entscheidung) Bewertungsvorgänge eine entscheidende Rolle spielen: Jedesmal muß überprüft werden, inwieweit ein (tatsächlich ablaufender oder nur vorgestellter) Vorgang oder eine Situation den Anforderungen des Wertsystems entsprechen. Wenn bereits eine ziemlich vollständige Vorstellung über den ›Sollzustand‹ besteht, ein detailliertes ›Wunschbild‹ sozusagen, dann muß lediglich das Bild der tatsächlichen bzw. erwarteten Situation mit diesem Wunschbild verglichen werden. Wenn das Zustandsbild die Mindestanforderungen des Wunschbildes nicht erfüllen kann, dann wird die Bewertung negativ ausfallen und zu entsprechenden Verhaltenskonsequenzen Anlaß geben.

Einen Extremfall dieser Bewertung an einem Wunschbild finden wir bei der Probe eines Symphonieorchesters: Hier legt das ›Wunschbild‹ in Form der Partitur ziemlich genau fest, was ›erlaubt‹ ist, und alle musikalischen Leistungen der Ausführenden einschließlich des Dirigenten können daran gemessen werden. Diese Art der Orientierung an Regeln, die Wunschbilder (oder Teile davon) festlegen, hat im täglichen Leben erhebliche Bedeutung. Nehmen wir die Regeln, die das Verhalten des Publikums in einem öffentlichen Park in gewisse Bahnen lenken sollen: »Das Betreten des Rasens ist verboten«, »Kinder dürfen nur unter Aufsicht Erwachsener die Parkanlagen betreten«, »Hunde sind an der Leine zu führen«, »Fahrradfahren verboten«, »Blumen pflücken verboten«, »Aufenthalt nach 21 Uhr untersagt«, »Das Verlassen der Wege ist verboten«, »Nur auf den Wegen gehen«, »Abfälle in die Abfallkörbe werfen« usw. Kein Mensch braucht mit diesen Regeln bei einem Spaziergang durch den Park je auf sein eigenes Wertsystem Bezug zu nehmen – er wird sich ›richtig‹ verhalten, solange er sich allein an die Regeln hält. Wir wollen diese Art der Orientierung als ›Regelorientierung‹ bezeichnen.

Die Regelorientierung hat dann ihren Sinn und ihre Berechtigung, wenn sie dem Akteur das Verhalten erleichtert, weil er die Regeln in sich aufgenommen hat (internalisiert hat) und sich nun automatisch an sie hält. In diesem Fall ist sein informationsverarbeitender Apparat entlastet und frei für bewußtes Handeln. Nehmen wir das Parkbeispiel: Wer die Regeln internalisiert hat, wird sich unbewußt daran halten und kann nun bewußt die Schönheiten des Parks genießen. Der Fremde dagegen, der die Regeln nicht kennt, wird sich bei fast jedem Schritt ängstlich fragen (vorausgesetzt, er hat sich vorgenommen, sich an die Regeln zu halten), ob er nicht eine Regel verletzt; die Schönheiten des Parks wird er kaum zur Kenntnis nehmen können. Vielfach machen Regeln ein wirksames Verhalten überhaupt erst möglich: erst das Gebot, rechts zu fahren, ermöglicht überhaupt den modernen Verkehr; erst die Partitur gestattet es, die Symphonie zu spielen. Hier zeigt sich auch, daß oft zwar die Existenz einer Regel logisch begründbar ist, nicht aber deren konkreter Inhalt: Zwar muß es eine Regel darüber geben, auf welcher Seite der Straße alle Fahrzeuge fahren müssen, doch ist die Entscheidung für ›links‹ (in manchen Ländern) genauso legitim wie die für ›rechts‹ (bei uns).

Falls die anwendbare Regelmenge in sich nicht stimmig (konsistent) ist – ein Fall, der in der Realität immer wieder vorkommt –, dann ergeben sich widersprüchliche Verhaltensvorschriften. Der Konflikt kann nur durch die Anwendung übergeordneter Regeln gelöst werden. Ein Beispiel für einen solchen Konfliktfall: Das Grundgesetz verbietet die Verletzung des Telefongeheimnisses (Artikel 10 GG); einer gewissen Terrororganisation ist aber nur durch Abhören auf die Schliche zu kommen. Für diesen Zweck sieht das Grundgesetz (in Artikel 18 GG) eine durch das Bundesverfassungsgericht auszusprechende Verwirkung der Unverletzlichkeit des Fernmeldegeheimnisses (Artikel 10 GG) vor.

Hier stoßen wir auf die Notwendigkeit, Konflikte zwischen gleichberechtigten Regelaussagen durch Rückbezug auf übergeordnete Regeln entscheidbar zu machen. Solche Konflikte können nicht auftreten, solange sich die jeweiligen Regelmengen auf verschiedene Realitätsbereiche beziehen, die sich gegenseitig ausschließen: So wird es normalerweise zu keinem Konflikt zwischen den Bekleidungsregeln für Kirche und Schwimmbad kommen, da sich niemand gleichzeitig in beiden aufhalten kann. In Ausnahmefällen können sich die beiden Realitätsbereiche aber doch überlappen, und der entstehende Konflikt kann nur durch Anwendung übergeordneter Regeln gelöst werden: So, wenn ein in Badekleidung vom Strand kommender Tourist noch schnell einen Blick in eine historische Kirche werfen will. Sein Verhalten muß er jetzt an der spezifischen Situation und an Regeln orientieren, die größere Allgemeingültigkeit haben: Sind Leute in der Nähe, die mein Aufzug verletzen könnte? Ist mir der Blick in die Kirche die Mißbilligung der Leute wert? Lasse ich die Bekleidungsregel in jedem Falle gelten und gehe deshalb nicht hinein?

Um also die in der Realität immer wieder vorkommenden Konflikte zwischen verschiedenen anwendbaren Regeln lösen zu können, muß es übergeordnete Regeln geben. Im einfachsten Falle sind zwei Ebenen einer solchen Regelhierarchie denkbar: auf der unteren Ebene Regeln für alle nur möglichen Verhaltenssituationen, auf der übergeordneten Ebene Regeln, die alle etwaigen Regelkonflikte auf der unteren Ebene entscheiden können. Im einfachsten Falle wären das Regeln von der Art: »Konflikte zwischen Regeln werden durch Werfen einer Münze entschieden; Zahl gewinnt.« Hier ist der Ausgang vom Zufall abhängig. Da der Zufall ›blind‹ ist, ist das sicher nicht die beste Methode.

Besser ist es, bei einem solchen Regelkonflikt sich die wahrscheinlichen Konsequenzen der Anwendung jeder der anwendbaren Regeln vor Augen zu führen und sich zu fragen, welche Regel denn nun (irgendwie gemessene) größere Vorteile bringen würde. Die wahrscheinlichen Konsequenzen müssen in diesem Falle mit einem in Zielen und Werten unscharf ausgedrückten ›Wunschbild‹ des Akteurs verglichen werden: die bessere Alternative wird dann gewählt.

Der Rückgriff auf eine höhere Hierarchieebene ist auch dann erforderlich, wenn sich in irgendeiner Situation herausstellen sollte, daß keine anwendbare Regel vorhanden ist. Im einfachsten Fall läßt sich auch dieses Problem wieder durch eine allgemeingültige übergeordnete Regel lösen, etwa: »Was nicht erlaubt ist, ist verboten« (oder umgekehrt). Aber diese Regel ist auch wieder ›blind‹ gegenüber der wirklichen Situation und ihr Ergebnis ist möglicherweise nicht sinnvoll. Auch in diesem Falle wäre es wieder besser, durch Orientierung an dem in Zielen und Werten des Akteurs unscharf festgelegten Wunschbild eine der Situation angepaßte ›vernünftige‹ neue Regel abzuleiten.

Wenn wir uns also bei Regelkonflikten oder beim Fehlen anwendbarer Verhaltensregeln ›vernünftig‹ orientieren wollen, müssen wir auf Vorstellungen über ein ›Wunschbild‹ zurückgreifen. Diese Vorstellungen können in einem sehr allgemeinen ›Lebensziel‹ stecken (›Überleben‹, ›Ein lebenswertes Leben leben‹), sie können aus entsprechenden ›Leitwerten‹ bestehen (Erfüllung der materiellen und psychischen Bedürfnisse sowie Sicherheit, Handlungsfreiheit, Wirksamkeit, Adaptivität), sie können in ›Werten‹ noch weiter konkretisiert sein (Wohlstand, Frieden, Gleichheit, Freundschaft usw.), sie können auch aus recht konkreten ›Zielen‹ bestehen (Eigenheim, Hochschulabschluß, Ferienreise usw.). Zum Entscheiden untergeordneter Regelkonflikte oder zum Ableiten angepaßter Verhaltensregeln ist jede dieser Ebenen brauchbar, solange sich aus den Zielen, Werten oder Leitwerten das benötigte Wunschbild konstruieren läßt. Wir erhalten also folgendes Bild einer ›Orientierungshierarchie‹:

*Lebensziel*
....*Leitwerte*....
........*Werte*........
...........*Ziele*...........
...............*Unterziele*...............
...
...................*Regeln*...................

Selten wird diese Hierarchie voll ausgeprägt oder dem Akteur bewußt sein. Wichtig ist allein die Tatsache, daß er durch Rückgriff auf ein mehr oder weniger konkretes ›Wunschbild‹ in der Lage ist, auch in solchen Situationen vernünftig zu handeln, in denen die vorhandenen Regeln ihm widersprüchliche oder nur unvollständige Orientierung geben. (Man denke wieder an obiges Beispiel des Kirchenbesuchers in Badekleidung.)

*Orientierung an Regeln, Werten und Leitwerten*

Als Grenzfälle der Verhaltensorientierung sind nun zwei Möglichkeiten denkbar: Einmal wäre es möglich, auf der Basis des Wunschbildes der obersten Ebene, also z.B. der ›Leitwerte‹ ein für allemal ein System von Regeln abzuleiten, das für alle überhaupt vorkommenden Situationen Regeln enthält, die es erlauben, in jedem Falle zu einer widerspruchsfreien normativen Aussage zu kommen. Dieser Versuch ist im Laufe der menschlichen Geschichte gelegentlich in religiösen und säkularen Vorschriften und Gesetzestexten unternommen worden. Da die menschliche Entwicklung dynamisch ist und ab und zu Elemente verkraften muß, von denen die Väter der Gesetzestexte nichts ahnen konnten (z.B. Dampfmaschine, Elektrizität, Fernseher), läßt sich die weitere Anwendbarkeit solcher Systeme von Regeln oft nur durch abenteuerliche Interpretationen oder komplizierte Umwege gewährleisten (vgl. die Durchführung religiöser Vorschriften im modernen Israel).

Der Nachteil dieser Lösung liegt auf der Hand: Ein starres, umfangreiches und schwer handhabbares System von Regeln, deren Zahl durch Auslegungen alter Regeln oder Ableitung neuer Regeln für moderne Entwicklungen nur ständig steigen kann, das viele alte Zöpfe bestätigt, das über der Beschäftigung mit den Regeln der unteren Ebene die eigentliche ursprüngliche Orientierung vergißt und damit ihren eigentlichen Sinn möglicherweise längst nicht mehr erfüllt. Ein solches System von Regeln, aus den Anforderungen einer fernen Vergangenheit entstanden, mit Hilfe der Erfahrungen einer näheren Vergangenheit revidiert und modifiziert, ist kaum geeignet, als leistungsfähige normative Basis für überlegtes zukunftsbezogenes Verhalten zu dienen.

Schwerwiegender als die Regeln selbst ist allerdings oft die Tatsache, daß mit ihnen und durch sie Strukturen, Institutionen, Rollen, Verhaltensweisen usw. in einer Gesellschaft unwandelbar festgeschrieben werden in einer Weise, die vernünftiges Reagieren auf neue Herausforderungen nicht mehr gestattet (der Epplersche Strukturkonservativismus).

Als anderer Grenzfall der Verhaltensorientierung bietet sich die Möglichkeit, aus den Orientierungen der obersten Ebene, den ›Leitwerten‹, die erforderlichen Regeln situationsspezifisch erst dann abzuleiten, wenn überlegtes Handeln geboten ist (Leitwertorientierung). Dieser Ansatz verspricht Vereinfachung und Flexibilität: Der gesamte Regelapparat wird durch die

Leitwerte und ihre Gewichtungen und durch allgemeingültige Ableitungsregeln ersetzt. Ad hoc abgeleitete Verhaltensregeln entsprechen genau der augenblicklichen Situation; die laufende und mühsame Anpassung aller Regeln an die Entwicklung ist nicht erforderlich. Es werden nur die Regeln abgeleitet, die wirklich benötigt werden. Bei neuen Entwicklungen muß man sich nicht an alten und überholten Regeln (und den damit verbundenen Strukturen), sondern lediglich an den Leitwerten orientieren, die weiter ihre volle Geltung bewahren. Der Ansatz hat aber auch beachtliche Nachteile: Da in jedem Augenblick wieder alles von neuem überdacht wird, werden auch die Entscheidungen von gestern immer wieder über den Haufen geworfen. Eine Kontinuität der Regeln und Strukturen kann sich nicht entwickeln.

Die direkte Orientierung an Leitwerten ist sicher unzweckmäßig in einer relativ statischen Situation. Aber sie muß sicher und gerade dann stattfinden, wenn sich die Verhältnisse rasch wandeln und der Akteur sich mit neuartigen Bedingungen konfrontiert sieht, auf die vorhandene Regeln und Strukturen nicht mehr passen. Sie ist also gerade für Zeiten raschen Wandels und für Krisenzeiten angebracht, da sie die bestmögliche Anpassung an die Entwicklung bietet, ohne die Leitwerte (und damit den Seinszweck des Akteurs) je aus den Augen zu verlieren (wie das bei der Orientierung an Regeln nur zu leicht geschieht).

Werte nehmen in der Orientierungshierarchie eine Mittelstellung ein: Sie sind konkreter als Leitwerte, aber noch wesentlich abstrakter und allgemeiner als Regeln. An Beispielen (›Frieden‹, ›Familie‹, ›Saubere Umwelt‹, ›Ehrlichkeit‹) läßt sich erkennen, daß es sich hier um eine Konkretisierung von Leitwerten auf den täglichen Erfahrungsbereich handeln muß: So ist ›Frieden‹ als Wert deshalb entstanden, weil Unfrieden im gesellschaftlichen System zu Verwüstung, Leid und Tod, d. h. zur Beeinträchtigung vor allem der Leitwerte ›Lebensfähigkeit‹, ›psychische Bedürfnisse‹ und ›Sicherheit‹ führt. Werte sind also zweckmäßige Kürzel, die der Sicherung von Lebensziel und Leitwerten in einem bestimmten allgemeinen (meist sozialen) Kontext Geltung verschaffen sollen, oder anders ausgedrückt: Die Forderung nach Erfüllung der Leitwerte in gewissen Erfahrungsbereichen (Familie, Gemeinschaft, arbeitsteilige Gesellschaft) führt zur Entstehung von bestimmten, relativ allgemeingültigen Werten. Zugleich schlägt sich in den Werten immer auch eine gewisse Interpretation und Gewichtung der Leitwerte nieder.

Während die Regelorientierung für statische Verhältnisse sinnvoll ist und die Leitwertorientierung in Umbruchsituationen angebracht ist, hat die Wertorientierung beim Verhalten in ›normalen‹ dynamischen Situationen ihren Platz (der Epplersche Wertkonservatismus).

Uns geht es hier vor allem um eine überlegte Vorbereitung auf die Zukunft. Es dürfte klargeworden sein, daß hier eine direkte und weitgehende Orientierung an Werten und Leitwerten deshalb zu besseren Lösungen führen muß, weil die Problemlösung unvoreingenommener und breiter sein kann, weil ›Sachzwänge‹ nicht unhinterfragt bleiben, weil Regeln und Strukturen, die ihren Sinn verloren haben, nicht weitergeführt zu werden brauchen, weil die zukünftige Erfüllung als wesentlich erachteter Werte und nicht die Erhaltung alter Regeln und Strukturen gewährleistet wird, die zur Erfüllung der Werte und Leitwerte wenig oder nichts mehr beitragen. Wir werden uns in den folgenden Abschnitten mit der Frage beschäftigen, welche Werte und Leitwerte bei Individuen und bei gesellschaftlichen Akteuren das Verhalten bestimmen und wie sie insbesondere bei zukunftsbezogener Planung und Entscheidung eingesetzt werden können. Weiter werden wir uns mit anderen wichtigen Faktoren befassen, die Planung und Entscheidung von Akteuren bestimmen: die Interessensphären anderer Akteure oder Systeme, die Rolle der Zukunftsperspektive und die relative Gewichtung, die sowohl den eigenen Werten wie auch anderen Akteuren und Systemen und der Zukunft beigemessen wird. Diese Gewichtungen machen den entscheidenden Unterschied zwischen den Wertsystemen verschiedener Akteure aus: Im Kapitel 4 werden wir aus den vorgestellten Zukunftsalternativen auf die Wertsysteme ihrer Befürworter schließen.

## Werte

Zunächst wollen wir uns mit Werten befassen, da sie vertrauter und konkreter sind als Leitwerte. Der amerikanische Sozialpsychologe und Professor der Psychologie Milton Rokeach hat mit seinen Mitarbeitern in langjähriger Arbeit die Wertsysteme von verschiedenen Bevölkerungsgruppen in den USA und anderen Ländern untersucht[1]. Für diese Untersuchungen mußte zunächst eine Liste der Werte erstellt werden, an denen Menschen ihr Verhalten orientieren. Dabei stellte sich heraus, daß zwei Listen aufgestellt werden mußten: eine für die ›terminalen Werte‹, d. h. für die Idealzustände menschlicher Existenz, und eine für die ›instrumentellen Werte‹, d. h. für Idealformen menschlichen Verhaltens. Aus einer Vielzahl von Begriffen destillierte Rokeach schließlich zwei Listen von je 18 Werten heraus, von denen er annimmt, daß sie alle wichtigen Aspekte menschlichen Verhaltens einigermaßen gut überdecken[2].

**Terminale Werte** (nach Rokeach)

| | |
|---|---|
| DAS GEFÜHL, ETWAS ERREICHT ZU HABEN – ein dauerhafter Beitrag | (8) |
| EIN ANGENEHMES LEBEN – ein wohlhabendes Leben | (12) |
| EIN AUFREGENDES LEBEN – ein anregendes, tätiges Leben | (16) |
| EINE FRIEDLICHE WELT – ohne Krieg oder Konflikte | (2) |
| EINE SCHÖNE WELT – Schönheit der Natur und der Kunst | (15) |
| ERLÖSUNG – zum ewigen Leben | (11) |
| FREIHEIT – Unabhängigkeit, Freiheit der Entscheidung | (3) |
| GENUSS – ein vergnügliches, genußvolles Leben | (18) |
| GESELLSCHAFTLICHE ANERKENNUNG – Respekt, Bewunderung | (17) |
| GLEICHHEIT – Brüderlichkeit, gleiche Chance für jeden | (7) |
| GLÜCK – Zufriedenheit | (6) |
| INNERE HARMONIE – Eintracht mit sich selbst | (9) |
| REIFE LIEBE – geistig-sexuelle Vertrautheit | (13) |
| SELBSTACHTUNG – Respekt vor sich selbst | (4) |
| SICHERHEIT FÜR DIE FAMILIE – für seine Lieben sorgen | (1) |
| STAATLICHE SICHERHEIT – Sicherheit vor Angriffen | (14) |
| WAHRE FREUNDSCHAFT – enge Kameradschaft | (10) |
| WEISHEIT – ein tiefes Verständnis des Lebens | (5) |

(In Klammern die Rangordnung aus einer repräsentativen Untersuchung von Amerikanern der Altersklasse 30–39 Jahre aus dem Jahre 1968 [vgl. Rokeach 1973, S. 74])

**Instrumentelle Werte** (nach Rokeach)

| | |
|---|---|
| BEHERRSCHT – zurückhaltend, diszipliniert | (8) |
| EHRGEIZIG – fleißig, strebsam | (3) |
| EHRLICH – aufrichtig, wahrhaftig | (1) |
| FÄHIG – kompetent, wirkungsvoll | (10) |
| GEHORSAM – pflichtbewußt, respektvoll | (17) |
| HILFREICH – sich um das Wohlergehen anderer kümmern | (7) |
| HÖFLICH – wohlerzogen | (14) |
| INTELLEKTUELL – intelligent, nachdenklich | (15) |
| LIEBEVOLL – zärtlich, zugetan | (9) |
| LOGISCH – übereinstimmend, rational | (16) |
| MUNTER – leichten Herzens, fröhlich | (13) |
| MUTIG – zu seiner Überzeugung stehen | (4) |
| NACHSICHTIG – bereit sein, anderen zu verzeihen | (5) |
| PHANTASIEVOLL – kühn, schöpferisch | (18) |
| SAUBER – ordentlich, nett | (12) |
| TOLERANT – aufgeschlossen | (6) |
| UNABHÄNGIG – selbstgenügsam, selbstvertrauend | (11) |
| VERANTWORTLICH – zuverlässig, verläßlich | (2) |

(In Klammern die Rangordnung aus einer repräsentativen Untersuchung von Amerikanern der Altersklasse 30–39 Jahre aus dem Jahre 1968 [vgl. Rokeach 1973, S. 75])

Mit diesen jeweils 18 Werten unternahmen Rokeach und seine Mitarbeiter an vielen Tausenden von Versuchspersonen ein recht einfaches, aber aufschlußreiches Experiment: Die Versuchspersonen erhielten jeweils 18 Kärtchen mit den Namen der Werte und wurden gebeten, diese Kärtchen in der Reihenfolge der »Bedeutung dieser Werte für sich selbst, als Leitprinzipien für das eigene Leben« zu ordnen. Da das Experiment leicht durchzuführen ist, sei es auch dem Leser empfohlen: Es wird ihm interessante Einsichten in seine eigenen Wertpräferenzen verschaffen. Auf den beiden Listen sind die von Rokeach ermittelten Wertrangordnungen von Amerikanern der Altersklasse 30 bis 39 Jahre zum Vergleich angegeben. Aus späteren Wiederholungen des Experiments ergab sich u. a., daß die Wertrangfolge einer Person im Laufe der Jahre relativ stabil bleibt, daß sich aber bei einzelnen Werten doch größere Verschiebungen in der Rangreihenfolge ergeben können, wenn die Versuchsperson gezwungen wird, aufgrund neuer Information ihre alten Wertvorstellungen in Frage zu stellen. Z. B. ergab sich bei besserer Kenntnis von Rassenproblemen eine Höherbewertung des Werts ›Gleichheit‹.

Werte unterscheiden sich in ihren relativen Bedeutungen für den Akteur, d. h. in ihren Gewichtungen. Diese Gewichtungsunterschiede drücken sich im Verhalten aus. So stellte Rokeach z.B. eindeutig Verschiedenheiten der Wertrangfolgen bei verschiedenen Gruppen fest, die durch Alter, Geschlecht, soziale Schicht, Bildung, Rasse, ethnischen oder kulturellen Hintergrund, Religion und Nationalität bedingt waren. Die relative Gewichtung von Werten, aber auch von Leitorientierungen ist also sozio-kulturell bedingt und durchaus nicht ›bei allen Menschen gleich‹. Dementsprechend ist auch nicht immer mit der gleichen Verhaltensreaktion zu rechnen.

Bei der Orientierung an Werten muß ermittelt werden, inwieweit die zu bewertende Situation die in Frage kommenden Werte verletzt oder fördert. Verletzt z.B. ein in Aussicht genommenes Verhalten den Wert ›ehrlich‹, und diesem Wert wird besondere Bedeutung zugemessen, so kann dieser Verhaltensplan nicht ausgeführt werden. Der hohe Rang des Werts ›Friedliche Welt‹ z.B. sorgt dafür, daß mögliche Gefährdungen des Friedens mit ganz besonderer Aufmerksamkeit verfolgt und mit besonderem Einsatz eliminiert werden.

## Erhaltung, Entfaltung, Gestaltung: Leitwerte

### *Lebensziel und Leitwerte*

Beginnen wir dort, wo wir uns am ehesten auskennen: bei uns selbst. Weshalb tun wir das, was wir tun? Was beachten wir – bewußt oder unbewußt –, wenn wir uns verhalten? Wenn wir hier tiefer bohren, stellt sich die Frage nach dem Sinn unseres Lebens, die wir hier aber nur streifen können. Aber indem wir über uns nachdenken, können wir mehr über unsere Leitwerte erfahren und gleichzeitig einen Einblick in die Dimensionen der Funktionsfähigkeit anderer Akteure und Systeme erhalten.

Ich will es mir einfach machen und hier als oberstes Lebensziel den Wunsch nach ›Entfaltung‹ annehmen, d.h. den Wunscn, auch angesichts einer unfreundlichen oder gar feindlichen Umwelt ein Leben zu führen, das die weitgehende Verfolgung der eigenen Interessen im Rahmen der von den eigenen Fähigkeiten und den Gegebenheiten der Umwelt gezogenen Grenzen gestattet. Dieser Begriff ›Entfaltung‹ soll hier ausdrücklich nicht nur auf Menschen, sondern auch auf andere Systeme und besonders Akteure angewendet werden, sowohl auf Individuen wie auf Arten oder Kollektive von Individuen; auf Pflanzen: der einzelne Baum, die Baumart, der Wald; auf Tiere: die einzelne Ameise, der Ameisenstaat, die Ameisenart; auf Menschen: der einzelne, die Familie, die soziale Gruppe, die menschliche Gesellschaft, die menschliche Rasse; auf Organisationen: industrielle, kulturelle, soziale Institutionen usw. Wir nehmen an, daß wir jedem dieser Systeme das Lebensziel ›Entfaltung‹ zuschreiben können. Es geht uns hier also um mehr als bloße ›Erhaltung‹, also ›Leben‹ oder ›Überleben‹. Beim Menschen kommt außerdem noch die ›Gestaltung der Entfaltung‹ hinzu. Was bei jedem System oder Akteur konkret unter ›Entfaltung‹ zu verstehen ist, ist durch seine besonderen Eigenschaften und Fähigkeiten bestimmt. So gehört es also zur Entfaltung eines Vogels, fliegen zu können, nicht zu der eines Elefanten.

›Entfaltung‹ bedeutet nicht unter allen Umständen ›Erhaltung‹ bzw. ›Überleben‹: Ein in einem Kerker schmachtender mag zwar überleben, von Entfaltung kann aber wohl kaum die Rede sein. Ein Kamikaze-Pilot dagegen, der sich mit seinem Bombenflugzeug auf den feindlichen Flugzeugträger stürzt, orientiert sich in diesem Augenblick an seiner Entfaltung, die im Rahmen des Wertsystems seiner Gemeinschaft, das er voll akzeptiert, einzig durch den selbstmörderischen Akt gewährleistet ist.

Im folgenden wollen wir uns mit den Dimensionen der Funktionsfähigkeit beschäftigen, die einem System oder Akteur die Entfaltung ermöglichen. Dabei zeigt sich, daß wir nicht alle Systeme über einen Kamm scheren können: offensichtlich hat ein Baum andere funktionelle Bedürfnisse als ein Mensch – die Dimensionen der Funktionsfähigkeit dürften entsprechend verschieden sein. Sicher können wir annehmen, daß bei einem hochentwikkelten System wie etwa dem Menschen mehr Dimensionen beachtet werden müssen als bei einem weniger entwickelten wie etwa dem Baum. Wir wollen daher bei der Suche nach Dimensionen der Funktionsfähigkeit etwa der evolutionären Entwicklung folgen und zunächst bei den einfachsten Systemen beginnen, um dann Schritt für Schritt uns bis zum hochentwickelten Akteur Mensch vorzutasten[3], bei dem diese Dimensionen dann als Leitwerte in Erscheinung treten. Um gewisse Gemeinsamkeiten herauszustreichen, unterscheide ich bewußt nicht zwischen physikalischen, biologischen und sozialen Systemen.

*Systeme und ihre Leitwerte*[4]

Ein System ist eine »Menge von Elementen und Menge von Relationen, die zwischen diesen Elementen bestehen«[5]. Auf deutsch: eine Gesamtheit von Dingen, die in irgendeiner Weise zusammenhängen, kann als System bezeichnet werden. Im einfachsten Falle: unbelebte Dinge, die in irgendeiner unveränderlichen Beziehung zueinander stehen. Zum Beispiel ein Kunstwerk oder das Straßburger Münster: sie sind ›Systeme‹. Was aber soll bei einem solchen System der Begriff ›Entfaltung‹ bedeuten? Er kann hier nur einen Sinn haben, der der einzigen anwendbaren Dimension der Funktionsfähigkeit entspricht: Erhaltung des Systems in seinen charakteristischen Wesenszügen. Der Bau etwa einer Achterbahn vom Münsterturm würde diese Bedingung verletzen. Auch die Erhaltung einer Berglandschaft fällt in diese Rubrik.

Auf der nächsthöheren Stufe der Komplexität finden sich Systeme, die auf einen Austausch oder Durchfluß von Materie oder Energie (oder beidem) mit ihrer Umwelt angewiesen sind, um als System ›funktionieren‹ zu können. Beispiele: der Wasserfall, die elektrische Uhr, die Pflanze. Hier kommt offensichtlich eine weitere Dimension der Funktionsfähigkeit hinzu: Versorgung mit den materiellen Bedürfnissen. Das mag (wie bei der Pflanze) u. U. bedeuten, daß das System den Zu- und Abfluß von Energie bzw. Materie (z.B. Wasseraufnahme und Verdunstung) selbst den Entfaltungsbedürfnissen entsprechend regeln kann.

Auf der nächsten Stufe finden wir Systeme, die wir bereits als ›Akteure‹ bezeichnen können: Systeme, die nicht wie Pflanze oder elektrische Uhr mehr oder weniger passiv darauf angewiesen sind, daß sie mit allem Lebensnotwendigen versorgt werden, sondern die sich selbst aktiv um ihre Versorgung und Entfaltung kümmern können: niedere Tiere; Roboter, die in fremden Räumen zum Aufladen ihrer Batterien selbst den Weg zur Steckdose finden können; ein Unternehmen (als Ganzes gesehen). Wir werden im folgenden zu zeigen versuchen, daß diese Akteure weitere (›kybernetische‹) Dimensionen der Funktionsfähigkeit beachten müssen: die Dimensionen Sicherheit, Handlungsfreiheit, Wirksamkeit und Adaptivität.

Der völlig isolierte Akteur bleibt ein seltener Sonderfall. Fast immer steht ein Akteur gelegentlich oder häufig mit anderen Akteuren in Interaktion, d.h. er geht in irgendeiner Weise auf sie ein, er muß mit ihren Handlungen rechnen und evtl. auf ihre Belange Rücksicht nehmen. Das kann bereits auf der Stufe des kybernetischen Akteurs geschehen: bereits hier müssen wir noch eine ›soziale‹ Dimension hinzunehmen, die die Funktionsfähigkeit im Zusammenleben mit anderen sichern soll, d.h. die Berücksichtigung anderer Akteure.

Auf der nächsten Entwicklungsstufe, die etwa der höherer Tiere entspricht, müssen wir eine psychische Dimension hinzunehmen: Da in diesen Lebewesen die Informationsverarbeitung mit körperlichen Erregungszuständen verbunden ist, die wiederum gewisse Motivationen auslösen, kommt eine ›psychische‹ Dimension der Funktionsfähigkeit, die Erfüllung psychischer Bedürfnisse hinzu. Beispiele: der Wunsch nach Gefährten, Kindesliebe, Aggression.

Der Mensch handelt bewußt; damit kommt eine weitere Qualität in das Verhalten, die ihre eigenen Dimensionen mit sich bringt. Wer sein Tun und Handeln bewußt betrachtet, kann auch jede Orientierung an den Dimensionen der Funktionsfähigkeit in Frage stellen und durch eine Entscheidung ändern. So kann er sich z.B. über die Erfordernisse der Dimension ›Psychische Bedürfnisse‹ (z.B. der Liebe zu seinem Kind) hinwegsetzen, um einer anderen Dimension *bewußt* höheres Gewicht zu verschaffen und damit eine ganz andere Entscheidung herbeizuführen (z.B. eine harte Strafe, um sich dadurch als Vater ›Wirksamkeit‹ in der Familie zu sichern).

Aus unserer Fähigkeit zu bewußtem Handeln ergibt sich eine außerordentlich bedeutende Konsequenz: Wenn wir uns überhaupt vom Verhalten unbewußt (aber wahrscheinlich auch oft überlegt) handelnder Tiere unterscheiden wollen, *müssen* wir von etwa genetisch vorprogrammierten Gewichtungen der Dimensionen der Funktionsfähigkeit Abstand nehmen und unsere eigene bewußt getroffene Gewichtung einführen. Ja, wahrscheinlich ist sogar, daß wir für die meisten Situationen des Lebens in der menschlichen Gesellschaft, ganz sicher für ihre heutige technische und ökonomische Ausprägung (etwa genetisch) vorprogrammierte Gewichtungen der Dimensionen der Funktionsfähigkeit überhaupt nicht haben, d.h. uns überhaupt nur unter Anwendung einer ›selbstgeschaffenen‹ Gewichtung, d.h. einer Ethik verhalten können. ›Entfaltung‹ bedeutet daher beim Menschen – und bei allen kollektiven Akteuren, in denen Menschen eine Rolle spielen – auch ein bewußtes Gestalten des Lebens: Gestaltung der Entfaltung. Die Dimensionen der Funktionsfähigkeit werden nun zu Leitwerten.

Wir fassen die Dimensionen noch einmal zusammen, die bei verschiedenen Systemen und besonders bei Akteuren das Lebensziel ›Entfaltung‹ sichern sollen.

| **System** | **Dimensionen der Funktionsfähigkeit bzw. Leitwerte** |
|---|---|
| unbelebtes System | Erhaltung |
| stoffwechselndes System | dgl.; zusätzlich: Versorgung |
| kybernetischer Akteur | dgl.; zusätzlich: Sicherheit, Handlungsfreiheit, Wirksamkeit, Adaptivität |
| Akteur in Interaktion mit anderen Systemen und Akteuren | dgl.; zusätzlich: Berücksichtigung anderer |
| Psycho-kybernetischer Akteur | dgl.; zusätzlich: psychische Bedürfnisse |
| Mensch (bewußter Akteur) | dgl.; zusätzlich: ethisches Prinzip (damit werden die Dimensionen der Funktionsfähigkeit jetzt zu Leitwerten) |

Die Bedingungen der Entfaltung beim Menschen sind zu einem Teil durch die physischen, psychischen und geistigen Fähigkeiten und Beschränkungen des Menschen selbst gegeben, zu einem anderen Teil durch die Anforderungen, die die Umwelt an ihn stellt. Um es uns einfach zu machen, wollen wir uns zunächst mit einem isolierten Individuum befassen, das irgendwo auf der Welt – in einem Gebiet, in dem es sich ernähren kann – für seine Entfaltung sorgen muß. Der klassische Fall dieser Art ist Robinson Crusoe auf seiner einsamen Insel.

Robinson sorgte sich um Nahrung und Wasser, um Wohnung, die ihn vor der Witterung schützte, um einen Palisadenzaun, der wilde Tiere fernhielt, um Kleidung, die ihn warm hielt. Er nahm Tiere und später den gestrandeten Freitag als Gefährten bei sich auf; führte Tagebuch, analysierte die positiven und negativen Seiten seiner Lage; zerstreute sich, fürchtete sich vor Krankheit und Tod; betete, las in der Bibel, hoffte, verzweifelte, sehnte sich, war dankbar; plante, erfand; stellte Werkzeuge, Geräte und Kleidung her und legte Vorräte an; spähte nach Rettung aus und bereitete sich selbst darauf vor; langweilte sich; verschaffte sich ein Minimum an Komfort; betrieb Akkerbau und Viehzucht; verteidigte seinen Besitz; setzte seine letzten Kräfte ein, um ein Boot zu bauen, von dem er sich Freiheit erhoffte; vermißte den gesellschaftlichen Umgang mit anderen; fürchtete sich vor anderen Menschen, die in sein Gebiet eindrangen; gab selten ein Vorhaben auf, ohne es vollendet zu haben; plante seine Flucht; unterrichtete seinen Gefährten Freitag.

Die Lebensentfaltung des Robinson Crusoe ging wesentlich über die Erfordernisse nackten Überlebens, über reine Erhaltung hinaus; Robinson gestaltete seine Entfaltung aktiv. Sein Verhalten überrascht uns nicht: wir erkennen, daß wir in seiner Situation ähnlich gefühlt und gehandelt hätten. Offensichtlich orientierte sich Robinson an uns vertrauten Leitwerten.

Da ist zunächst einmal die Sicherung der physischen Existenz durch Erhaltung und Versorgung: Verteidigung des eigenen Lebens, Nahrung, Wohnung. Weiter das Bedürfnis nach Sicherheit: Schutz vor Angriff, Herstellung von Waffen, Anlegen und Sicherung von Vorräten. Dann das Bedürfnis, sich einen Freiheitsraum zu verschaffen: Zerstreuungen, Wanderungen, der Bau eines Bootes. Weiter der Wunsch, wirksamen Einfluß auf die Umwelt ausüben zu können: Werkzeuge und Geräte. Dann das Bedürfnis, sich auf noch unbekannte Forderungen vorzubereiten: das Sammeln von Information und Wissen, Kenntnissen und Fertigkeiten. Dann die Berücksichtigung des Handelns und der Interessen anderer: sorgfältig abgewogene Reaktion auf das Verhalten der ›Wilden‹ am Strand, Unterrichtung von Freitag. Weiter die Beachtung psychischer Bedürfnisse: Sehnsucht nach Liebe und Gefährten, Hoffnung und Vertrauen, der Wunsch, von Furcht und Angst befreit zu sein. Schließlich die Anwendung ethischer Leitprinzipien über funktionale Notwendigkeiten hinaus: Achtung vor dem Leben, Ehrfurcht vor Gott, Sinn für die Schönheiten seiner Umgebung.

Die Leitwerte, die wir hier bei Robinson Crusoe feststellen, sind fundamentale Wertausrichtungen, die uns nicht nur beim Einzelmenschen, sondern zum großen Teil auch bei Gruppen von Menschen, in Organisationen und Institutionen, in der Tierwelt und allgemein in Systemen der belebten Umwelt begegnen (vgl. die Tabelle der Leitwerte). Es sind die Leitwerte eines bewußt handelnden Systems, das in aktivem Austausch (von Aktionen und Informationen) mit seiner dynamischen Umwelt steht, um die dort diffus vorhandenen, für seine Entfaltung (und die aktive Gestaltung dieser Entfaltung) erforderlichen Mengen von Materie, Energie oder Information zu erhalten.

Wir werden die Leitwerte verkürzt mit ›Erhaltung‹, ›Versorgung‹, ›Sicherheit‹, ›Handlungsfreiheit‹, ›Adaptivität‹, ›Wirksamkeit‹, ›Berücksichtigung anderer‹, ›psychische Bedürfnisse‹ und ›ethisches Prinzip‹ bezeichnen. Die Begriffe sollen etwa folgendes umreißen:

*Erhaltung:* Dieser Leitwert soll die direkte Zerstörung der Existenz des Systems verhindern. Beim Individuum also z.B. Verteidigung bei lebensbedrohendem Angriff. Bei einem gesellschaftlichen Akteur wie einer Nation z.B. Abwehr eines existenzbedrohenden Angriffs eines anderen Staates.

*Versorgung:* Dieser Leitwert betrifft alles, was mit der reinen physischen Funktionsfähigkeit zusammenhängt. Beim Individuum also z.B. Essen, Trinken, Sauerstoff, Wärme, Schlaf, Obdach usw. Bei einem gesellschaftlichen Akteur wie einer Nation z.B. Rohstoffe, Energie, Infrastruktur.

*Sicherheit:* Dieser Leitwert soll dafür sorgen, daß alle Leitwerte, besonders aber die der Erhaltung und Versorgung, auch in der überschaubaren Zukunft gewährleistet sein werden. Dazu gehören beim Individuum: Wohnung, Nahrungsvorräte, Schutz vor Angriff, Gesundheits- und Sozialfürsorge. Beim gesellschaftlichen Akteur, z.B. einer Nation: nationale Sicherheit, Rohstoffvorräte, innere Sicherheit, Produktionsstätten, internationale Verträge usw.

*Handlungsfreiheit:* Dieser Leitwert soll dafür sorgen, daß immer ein gewisser Freiheitsraum erhalten bleibt, in dem sich der Akteur nach eigenem Belieben bewegen kann. Beim Individuum lassen sich dazu etwa zählen: individuelle Freiheit, Bewegungsfreiheit, Autonomie, Selbstverwirklichung, Unabhängigkeit, Freiheit von Herrschaft, Zwang und Unterdrückung. Ähnliche Dimensionen finden sich auch beim gesellschaftlichen Akteur: z.B. nationale Selbstbestimmung, Autonomie, Unabhängigkeit.

*Adaptivität:* Dieser Leitwert soll dafür sorgen, daß der Akteur auch mit heute noch unbekannten zukünftigen Anforderungen gut fertig werden kann, ohne daß seine Entfaltung wesentlich beeinträchtigt wird. (Wir verwenden den Ausdruck ›Adaptivität‹, weil der Begriff ›Anpassungsfähigkeit‹ eher die Bedeutung der Anpassung an bereits Bestehendes in sich trägt. Gerade das ist mit dieser Orientierung nicht gemeint, da sie auf Zukünftiges vorbereiten soll.) Beim Individuum lassen sich zur Adaptivität zählen: Erfahrung und Wissen, Bildung und Ausbildung, Informationssuche und forschendes Verhalten, Mobilität und Flexibilität. Beim gesellschaftlichen Akteur: nationales Bildungssystem, Fachkräfte, robustes und flexibles politisches und wirtschaftliches System, anpassungsfähige Industrie, dezentrale und pluralistische Strukturen usw.

*Wirksamkeit:* Dieser Leitwert soll dafür sorgen, daß der Erfolg der Bemühungen des Akteurs, seine Umgebung in seinem Sinne zu beeinflussen, in vernünftigem Verhältnis zum Aufwand für diese Bemühungen steht. Beim Individuum also etwa: Macht und Einfluß, Fähigkeiten und Werkzeuge, Effizienz, überlegtes Vorgehen usw. Beim gesellschaftlichen Akteur: die Effizienz seines politischen, wirtschaftlichen und militärischen Apparats und seiner Mittel und Methoden, seine Organisationen, Institutionen, Fachkräfte und Beschäftigten, Kooperation und Koordination, Recht und dessen Ausübung usw.

*Berücksichtigung anderer:* Dieser Leitwert soll dafür sorgen, daß der Akteur die Belange und Handlungen anderer Systeme und Akteure wenigstens teilweise zur Kenntnis nimmt, um sie in seinen eigenen Verhaltensplan mit einzubeziehen. Beim Individuum z.B.: Rücksichtnahme, Ausnutzung von Schwächen anderer; beim gesellschaftlichen Akteur: Rücksichtnahme auf Handels- oder Bündnispartner, Ausrichtung der eigenen Verteidigung an der Ausrüstung eines potentiellen Gegners usw.

*Psychische Bedürfnisse:* Dieser Leitwert berücksichtigt affektive und emotionale Aspekte, soweit sie nicht direkt mit den anderen Leitwerten in Verbindung zu bringen sind. Beim Menschen z.B.: Selbstachtung. Beim gesellschaftlichen Akteur läßt sich diese Dimension eigentlich nur im übertragenen Sinne anwenden, indem man akteurspezifische Eigenheiten annimmt, mit denen sich der einzelne identifiziert: z.B. Nationalstolz, Gruppengeist, Fremden- und Rassenhaß, sozio-kulturelle Eigenheiten usw.

*Ethisches Prinzip:* Dieser Leitaspekt verweist darauf, daß sich der bewußt handelnde Akteur Mensch an eine von ihm gewählte relative Gewichtung der verschiedenen Leitwerte halten muß. Beispiele für die Bedeutung von Gewichtungen beim Individuum: Überbetonung des Leitwerts Freiheit, übertriebene oder fehlende Rücksichtnahme auf andere, hohes Sicherheitsbedürfnis. Beim gesellschaftlichen Akteur: »Right or wrong, my country«, internationale Solidarität. (Obwohl das ethische Prinzip kein ›Leitwert‹ im eigentlichen Sinne ist, da es die relative Gewichtung von Leitwerten regelt, bezeichne ich es der Einfachheit halber weiter als ›Leitwert‹).

### *Bedeutung der Leitwerte*

Diese Leitwerte wurden natürlich nicht aus einer Analyse von Daniel Defoes Robinson Crusoe ermittelt, sie stammen vielmehr aus Untersuchungen einer großen Zahl von Verhaltens- und Entscheidungskontexten in der nationalen

Politik und bei individuellem Handeln[6]. Daß wir diese Leitwerte auch bei Robinson Crusoe wiederfinden, ist erfreulich, wenn auch nicht überraschend.

Zunächst wollen wir uns fragen, ob diese Leitwerte tatsächlich alle erforderlich sind, oder ob die Rolle des einen oder anderen Leitwerts vielleicht von anderen einzeln oder in Kombination übernommen werden kann. Dazu wollen wir uns in Situationen versetzen, bei denen jeweils eine der Leitorientierungen nicht erfüllt werden kann: Läßt sich ihr Beitrag zur Entfaltung nicht durch andere Leitwerte ersetzen, so müssen wir annehmen, daß der Leitwert von elementarer Bedeutung ist.

Zunächst ist klar, daß Entfaltung spätestens dann ein Ende findet, wenn die Leitwerte ›Erhaltung‹ und ›Versorgung‹ nicht mehr gewährleistet sind: über die elementare Bedeutung dieser Orientierungen braucht nicht weiter diskutiert zu werden. Das gilt sowohl für das Individuum, wie auch für jeden anderen, insbesondere gesellschaftlichen Akteur: Auch ein Verein hört als Akteur auf zu existieren, wenn ihm Vereinslokal, Geldmittel und Kommunikationsmöglichkeiten entzogen werden.

Das Fehlen des Leitwerts ›Sicherheit‹ würde bedeuten, daß der Akteur sich völlig im unklaren darüber ist, ob ihm morgen und in der weiteren Zukunft noch die Mittel für seine Versorgung und Entfaltung zur Verfügung stehen werden. In dieser Situation befinden sich die Ärmsten der Armen in den Städten der übervölkerten Länder der Erde, aber auch kleine und schwache Länder, die im Machtbereich eines starken kriegerischen Staates leben, wie auch kleine Firmen im Konkurrenzkampf mit Giganten ihrer Branche. Ein überlegtes Verhalten ohne Berücksichtigung des Leitwertes ›Sicherheit‹ erscheint undenkbar.

Das Fehlen des Leitwerts ›Handlungsfreiheit‹ würde bedeuten, daß das Verhalten des Akteurs völlig fremdbestimmt ist und damit von einer individuellen Entfaltung nicht mehr die Rede sein kann: der Akteur würde aufhören, als eigenständiger Akteur zu existieren. In der Realität ist völliges Fehlen von Handlungsfreiheit kaum denkbar: Selbst der Gefangene oder die zentral verwaltete Parteizelle haben kleine Freiheitsspielräume. Der Leitwert ›Handlungsfreiheit‹ ist jedenfalls unverzichtbar; er enthält geradezu die Selbständigkeit des Akteurs.

Das Fehlen des Leitwerts ›Adaptivität‹ mag auf den ersten Blick nicht so tragisch erscheinen: Die Existenz des Akteurs ist zunächst nicht unmittelbar gefährdet, wenn er es versäumt, sich auf Anforderungen vorzubereiten, die ihm die Zukunft möglicherweise stellen wird. Tragische Konsequenzen ergeben sich erst, wenn diese Anforderungen tatsächlich auftreten und er ihnen nicht gewachsen ist. In diesem Augenblick steht seine Entfaltung und evtl. auch seine Lebensfähigkeit auf dem Spiel. Diese Konsequenz ist nur vermeidbar, wenn auch dieser Leitwert berücksichtigt wird: er ist ebenfalls unverzichtbar. Informationsentzug und Fehlinformation, wie sie in vielen Ländern praktiziert werden, bedeuten eine gravierende Beeinträchtigung der

Adaptivität sowohl der individuellen Bürger wie auch des gesamten Staatswesens.

Das Fehlen des Leitwerts ›Wirksamkeit‹ würde bedeuten, daß der Akteur aufhörte, irgendeinen Einfluß auf seine Umgebung zu haben. Zwar ist es ihm möglich, in freier Selbstbestimmung selbstgewählte Aktionen auszuführen, doch zeigen diese keinerlei Wirkung. Bürgerinitiativen zum Schutze der Umwelt oder gegen Atomkraftwerke befanden sich lange Zeit in dieser Situation der Ohnmacht. Der Ruf nach mehr Partizipation in Betrieb, öffentlicher Verwaltung, Politik und Staat entspricht dem Wunsch, auf das Geschehen als Akteur wieder selber Einfluß nehmen zu können. Einfluß auf seine Umgebung kennzeichnet den Akteur: der Leitwert ›Wirksamkeit‹ ist daher ebenfalls unverzichtbar.

Das Fehlen des Leitwerts ›Berücksichtigung anderer‹ würde bedeuten, daß der Akteur blind für wichtige Einflüsse aus seiner Umgebung bleibt, die seine eigene Funktionsfähigkeit fördern oder hindern könnten. Das würde aber praktisch bedeuten, daß er seine Umgebung überhaupt nicht zur Kenntnis nimmt: ein schlechthin kaum denkbarer Zustand, da er für den Akteur schwerwiegende Konsequenzen haben würde. Auch diese Dimension ist also unverzichtbar.

Die Dinge liegen nicht so einfach beim Leitwert ›Psychische Bedürfnisse‹. Dieser Leitwert ist vor allem vorhanden, wenn es sich beim betrachteten Akteur um einen Menschen handelt, oder um ein System, in dem Menschen eine Rolle spielen (u. U. müßte die Dimension auch bei höheren Tieren verwendet werden). Während beim Verhalten von Individuen dieser Leitwert sicher immer Beachtung finden muß, da sich z. B. die Funktion des gesamten kognitiven Apparats nicht von ihrer affektiven Basis trennen läßt, ist es möglich, daß er beim rationalen Verhalten eines kollektiven Akteurs (z. B. eines Industrieunternehmens) nicht in Erscheinung tritt. Unter Umständen muß er also in solchen Fällen nicht unbedingt berücksichtigt werden; sein Fehlen würde also hier die Orientierung nicht unbedingt verfälschen. Hier wäre im konkreten Fall zu klären, ob eine psychische Leitorientierung hinzugezogen werden muß.

Das Fehlen des Leitaspekts ›Ethisches Prinzip‹ würde beim bewußt handelnden Akteur Mensch dazu führen, daß er nie wüßte, welche Bedeutung er den verschiedenen Leitwerten zumessen soll: Wieviel Bedeutung sollen in einer Entscheidungssituation die eigene Sicherheit, wieviel die Handlungsfreiheit, wieviel die Interessen eines anderen betroffenen Menschen haben? Wir hatten bereits festgestellt, daß unsere genetische ›Vorprogrammierung‹ hier kaum Hilfen bereitstellt, ja, daß wir uns über vorprogrammierte Anweisungen jederzeit bewußt hinwegsetzen können und sogar müssen. Auch diese Dimension ist also unverzichtbar.

Es gibt andere Hinweise auf diese Leitwerte: die Strafen, die die Gesellschaft verhängt, und die Gefühle, die uns bewegen. Bei den Strafen wird konsequent die Erfüllung einzelner Leitwerte entzogen; die empfundene

Schwere der Strafe gibt einen Hinweis auf die relative Bedeutung der Leitwerte:

| **Leitwert** | **Strafe durch Nichterfüllung des entsprechenden Leitwerts** |
|---|---|
| Erhaltung | Todesstrafe |
| Versorgung | Nahrungsentzug |
| Sicherheit | vogelfrei erklären, willkürliche Rechtshandhabung |
| Handlungsfreiheit | Gefängnis |
| Adaptivität | Zensur, Informationsentzug und -verzerrung, Isolierung |
| Wirksamkeit | Pranger, Verleumdung, Berufsverbot |
| Berücksichtigung anderer | Exil, Trennung von der Familie |
| psychische Bedürfnisse | Zerstörung von Identität und Selbstachtung, Einweisung in psychiatrische Kliniken |
| ethisches Leitprinzip | Verbot der Religionsausübung; Zwang, gegen das eigene Gewissen zu handeln |

Auch unsere Gefühle geben einwandfreie Hinweise auf diese Leitwerte; sie melden sich sowohl, wenn Leitwerte untererfüllt sind, als auch wenn sie befriedigt werden[7]:

| **Leitwert** | **Gefühl bei Untererfüllung** | **Gefühl bei Erfüllung** |
|---|---|---|
| Erhaltung | Todesangst | Lebensfreude |
| Versorgung | Hunger, Durst, Frieren, Schmerz | Sättigung, Wohlsein |
| Sicherheit | Angst, Furcht | Geborgenheit |
| Handlungsfreiheit | Trotz, Auflehnung | Leichtigkeit, Befreiung |
| Adaptivität | Ungeduld, Überdruß, Neugier, Ungewißheit, Langeweile | Freude am Lernen, Freude am Neuen, Aufbruchstimmung |
| Wirksamkeit | Ärger, Frustration | Erfolgserlebnis |
| Berücksichtigung anderer | Neid, Haß, Mißgunst, Eifersucht | Liebe, Gemeinschaftsgefühl, Solidaritätserlebnis |
| psychische Bedürfnisse | Selbstzweifel, Minderwertigkeitskomplex, Demütigung | Selbstachtung |
| ethisches Leitprinzip | Haltlosigkeit, Sinnlosigkeit | Sinn, Ordnung |

Hinzufügen ließe sich zu dieser Tabelle, daß starke Beeinträchtigung der Entfaltung durch Verletzung mehrerer Leitwerte zum Gefühl der Verzweiflung führt.

Aus all diesen Überlegungen können wir schließen, daß Verhalten tatsächlich durch ein Wertsystem bestimmt wird, in dem alle diese Leitwerte eine bestimmte, unverzichtbare Rolle spielen. Handlungsentscheidend ist allerdings die relative Gewichtung dieser Leitwerte, die bei bewußtem Handeln zumindest teilweise aus dem ethischen Prinzip (oder den ethischen Prinzipien) des Akteurs kommen muß, bei anderen Akteuren aber entweder (genetisch) vorprogrammiert ist oder möglicherweise dem Zufall überlassen bleibt. Insofern hat der Leitwert ›Ethisches Prinzip‹ eine übergeordnete Rolle und ist mit den anderen Leitwerten nicht direkt vergleichbar.

Als Beispiele zum Einfluß der relativen Gewichtung der verschiedenen Leitwerte seien hier erwähnt: So wird eine Überbetonung der ›Sicherheits‹-Dimension zu einem eher konservativen Verhalten führen, während eine Überbetonung der ›Wirksamkeit‹ ein stark machtorientiertes Verhalten kennzeichnen wird. Der Akteur mit einem übergroßen Freiheitsdrang gewichtet die Dimension ›Handlungsfreiheit‹ besonders hoch, während der Progressive starke Betonung auf die ›Adaptivität‹ legt.

### *Zukunftsperspektive*

Die Leitorientierungen Sicherheit, Handlungsfreiheit, Adaptivität und Wirksamkeit sind offensichtlich alle zukunftsbezogen; es fehlt allerdings eine Aussage darüber, welche Zukunftsperspektive bei der Berücksichtigung dieser Orientierungen beachtet werden soll: Soll dafür gesorgt werden, daß die Familie bis morgen nicht zu hungern braucht? oder bis in einem Monat? oder bis in einem Jahr? oder bis in zehn Jahren? Die Länge dieser Zukunftsperspektive entscheidet ganz eindeutig über Art und Umfang der Handlungen, die zur Sicherung der Ernährung über den jeweiligen Zeitraum getroffen werden müßten. Wenn wir uns Gedanken über zukunftsbezogenes Verhalten machen, kommen wir daher um die Berücksichtigung der Zukunftsperspektive nicht herum.

Auf der Erde gibt es zwei natürliche Zeitperioden, die dem Menschen – solange er noch im intensiven Kontakt mit seiner natürlichen Umwelt lebt – entsprechende Zukunftsperspektiven aufzwingen: der Rhythmus von Tag und Nacht und der Wechsel der Jahreszeiten. Als dritte natürliche Zukunftsperspektive kommt seine eigene Lebensspanne hinzu. Diese drei Perspektiven eines Tages, eines Jahres und von Jahrzehnten spielen natürlich je nach Verhaltenssituation eine unterschiedliche Rolle: wenn ich noch im Tageslicht nach Hause finden muß, handelt es sich um einen Tag; wenn ich mich um Nahrung auch für den Winter kümmern muß, handelt es sich um das Jahr; wenn ich mir über meinen Lebensunterhalt im hohen Alter Sorge mache, handelt es sich um Jahrzehnte.

Die Länge der in einer bestimmten Situation berücksichtigten Zukunftsperspektive hat offensichtlich sehr viel mit der Orientierung an Sicherheit, Handlungsfreiheit, Adaptivität und Wirksamkeit *und* mit den jeweiligen Umständen zu tun: Bei gleicher relativer Gewichtung von Sicherheit ist zum Beispiel das Anlegen von Nahrungsvorräten in einer tropischen Vegetation oder in der Großstadt eines Industriestaats mit blühender Wirtschaft nicht erforderlich, auf einem abgeschiedenen Hof in einem nordeuropäischen Land aber absolut lebenswichtig. Die Zukunftsperspektive in bezug auf die Ernährungssicherung unterscheidet sich also hier gewaltig. Es ist nicht auszuschließen und sogar wahrscheinlich, daß die Länge der zur Sicherung der Versorgung notwendigen Zukunftsperspektive auch anderes Verhalten prägt: Wo abgesicherte ausreichende regelmäßige Einkünfte und ein stetiges und ausreichendes Angebot aller lebensnotwendigen Waren die Möglichkeit schaffen, alle Bedürfnisse jederzeit durch einen Gang zum nächsten Supermarkt zu befriedigen, besteht zumindest in diesem Lebensbereich überhaupt kein Anlaß, eine Zukunftsperspektive zu entwickeln oder aufrechtzuerhalten, die über wenige Tage hinausgeht. Gegen diese Erleichterung menschlichen Lebens ist natürlich wenig einzuwenden. Sorge bereitet nur die Möglichkeit, daß durch die Gewöhnung an augenblickliche Befriedigung die Perspektive auch der Gesellschaft kürzer wird und es immer mehr Schwierigkeiten machen könnte, längerfristige Perspektiven in die öffentliche Diskussion zu bringen, die in manchen lebenswichtigen Fragen (Umwelt, Ressourcen, Bildung) von der Sache her erforderlich wären.

Ein weiterer Grund spricht für die Annahme, daß sich im ganzen gesehen die Zeitperspektive unserer Gesellschaft eher verkürzt hat: der rasche Wandel auf fast allen Gebieten. In unseren Denkvorstellungen können wir anscheinend nur relativ kleine Änderungen des Status quo einigermaßen vernünftig verarbeiten. An der Höhe dieser Änderung orientiert sich denn auch die Zukunftsperspektive: Während der Uhrmacher des 18. Jahrhunderts seine Kenntnisse und seine Werkstatt an Sohn und Enkel weitergeben konnte, im sicheren Wissen, daß auch diese mit ihrem Handwerk ihr Auskommen finden würden, weiß der Uhrenmechaniker von heute lediglich, daß in wenigen Jahren an seinem Arbeitsplatz Automaten stehen werden, die die Plättchen einer Mikroelektronik in Uhrengehäuse stecken werden. Wie kann er dann – und wie kann die Gesellschaft, die die Entwicklung ebensowenig überschaut wie er – eine Zukunftsperspektive haben, die über diese wenigen Jahre hinausgeht?

Und doch ist die Berücksichtigung einer langen Zeitperspektive für die Gesellschaft lebensnotwendig, weil ihre Entfaltung, ja ihr Überleben von Prozessen in der Gesellschaft und in der Umwelt abhängen, die in ein paar Jahrzehnten zu gründlichen Veränderungen führen: das Anwachsen der Bevölkerung, die Erschöpfung der Ressourcen, die allmähliche Modifizierung von Klima und Umwelt durch den Menschen, die Entwicklung neuer technologischer Systeme oder die Einführung neuer Methoden und Denkweisen. Wo wir mit den beschränkten Möglichkeiten unserer Gehirne die mögliche Entwicklung über Jahrzehnte unsicher, nur unvollständig und schemenhaft vorvollziehen können, müssen wir Hilfsmittel, u. a. den Computer zu Hilfe nehmen. Dies geschieht nicht, um uns etwa notwendiges Denken abzunehmen oder gar Entscheidungen zu treffen, sondern nur, um die verwirrende Vielzahl der Fakten und Möglichkeiten buchhalterisch akkurat zu verwalten. Das kann aber nur eine Notlösung sein. Langfristig müssen wir uns wieder eine überschaubare Welt schaffen, in der wir uns ohne Computerhilfe mit gesundem Menschenverstand zurechtfinden können, ohne Fehler mit katastrophalen Folgen begehen zu können.

Als bewußt handelnden Akteuren steht es uns frei, für welche Zukunftsperspektive wir uns entscheiden. Auch dieses ist eine ethische Frage, für die der Leitwert ›ethisches Prinzip‹ eine Antwort bereithalten sollte.

Wertwandel – den wir im nächsten Kapitel besprechen – orientiert sich ebenfalls an den Leitwerten. Kann uns die Orientierung an diesen Leitwerten davor bewahren, hilflos auf die ökologische Katastrophe zuzudriften, die manche am Horizont zu erkennen glauben? Und welche Rolle spielt die Zukunftsperspektive bei dem erforderlichen Wertwandel? Einige Antworten darauf geben Computerexperimente mit einer Modellwelt, über die im nächsten Kapitel ebenfalls berichtet werden soll. Für die Zukunft entscheidend sein wird allerdings das ethische Prinzip, an dem wir unser Handeln orientieren, und das auch heute schon die verschiedenen Bilder von der Zukunft bestimmt.

## Anmerkungen zu Kapitel 2

1 Milton Rokeach: The Nature of Human Values, New York, N. Y. 1973.
2 Deutsche Übersetzung der englischen Begriffe nach H. V. Guenther: Ein Versuch der Anwendung der ›Rokeach Value Scale‹ in der Bestimmung von Werthaltungen deutscher Austauschschüler. In: Psychologische Beiträge, Bd. 17, S. 304–320.
3 Ich folge hier einem Vorschlag von K. F. Müller-Reißmann.
4 Die Leitwerte von Akteuren wurden zuerst diskutiert in H. Bossel: Information Processing, Cognitive Dissonance, and Basic Needs – The Modelling of Behavior, in: H. Bossel, S. Klaczko, N. Müller (eds.): Systems Theory in the Social Sciences, Basel und Stuttgart 1976, S. 423–472, bes. S. 451 ff. Die Darstellung hier folgt H. Bossel: Orientors of Nonroutine Behavior, in: H. Bossel (ed.): Concepts and Tools of Computer-Assisted Policy Analysis, Basel und Stuttgart 1977, S. 227–265.
5 K. Klaus: Wörterbuch der Kybernetik 2, S. 634, Frankfurt 1969.
6 Vgl. H. Bossel: Information Processing und H. Bossel: Orientors.
7 Dieser Gedankengang stammt von K. F. Müller-Reißmann.

# 3 WERTWANDEL UND ETHISCHES PRINZIP

## Wertwandel

Wenn wir von ›Wandel der Wertvorstellungen‹ oder ›Wertwandel‹ sprechen, so meinen wir damit eigentlich zweierlei: einmal die Verschiebung der relativen Bedeutung eines Werts (wie z.B. des Wertes ›Nation‹) und zum anderen das Auftauchen eines vorher nicht vorhandenen Wertbegriffs (z.B. ›Umweltschutz‹). Weil die Ursachen des Wertwandels selten klar auf der Hand liegen oder man sich sogar sträubt, sie zur Kenntnis zu nehmen, wird Wertwandel oft genug als unerklärliche, irrationale Modeerscheinung abgetan, die eines Tages schon ihren Zauber wieder verlieren wird, um den guten alten Werten wieder ihren angestammten Platz zu überlassen.

Diese schlimme Selbsttäuschung führt dazu, daß die Schlüsselrolle der Werte beim Verhalten nicht gesehen wird: sie steuern Verhalten, aber sie wandeln sich auch als Folge der sich ändernden Bedingungen, unter denen Verhalten sich abspielen muß, und im Lichte neuer Erkenntnisse. Damit verändern sie wieder das Verhalten und passen es an veränderte Bedingungen an. Wertwandel bringt den Akteur mit seiner Umgebung besser in Einklang und erleichtert ihm bei unveränderten Leitwerten das ›Funktionieren‹ unter veränderten Verhältnissen.

Für die Vorbereitung der Zukunft ist ein besseres Verständnis des Wertwandels und der Wertsysteme von entscheidender Bedeutung. Ich denke dabei nicht an die – durchaus mögliche und oft praktizierte – Manipulation des Wertwandels, die die Wertvorstellungen der Öffentlichkeit im Sinne der Interessen einer Machtelite zu beeinflussen versucht: Die politische Indoktrination und die ›Konsumethik‹ liefern dafür abschreckende Beispiele. Ich denke vielmehr vor allem an die Möglichkeit, sich anbahnenden Wertwandel und seine Ursachen rechtzeitig zu erfassen, die Vereinbarkeit oder Unvereinbarkeit von Wertsystemen mit den Anforderungen der Zukunft zu ermitteln und schließlich: auf Problemstellen aufmerksam zu machen.

Wertsysteme und Wertwandel können zwar – z.B. mit dem Verfahren von Rokeach oder ähnlichen Methoden – erfaßt werden, doch haben diese Untersuchungen bisher eher sporadischen Charakter; repräsentative Untersuchungen z.B. für die Bundesrepublik Deutschland liegen zur Zeit nur bruchstückhaft vor[1]. Auf die vorhandenen Daten werden wir in Kapitel 5 kurz zu sprechen kommen. Eine indirekte Möglichkeit zum Studium von Wertsystemen und Wertwandel besteht darin, bei gängigen Zukunftsutopien nach den Wertvorstellungen zu fragen, die sich darin ausdrücken. Wir werden einen solchen Versuch in den beiden nächsten Kapiteln unternehmen. Gleichzeitig werden wir dort auch versuchen, die Wertvorstellungen zu ermitteln, die einer Fortschreibung des Status quo entsprechen.

Die Tatsache, daß Wertwandel durchaus kein zufälliges Phänomen ist, sondern – zumindest im nachhinein – als Resultat veränderter äußerer Bedingungen oder neuer Kenntnisse des Akteurs erklärbar ist (vgl. das Beispiel des Umweltschutzes in Kapitel 1), läßt darauf schließen, daß auch Wertwandel selbst sich in bestimmter Weise orientiert, sozusagen an seinen eigenen ›Superwerten‹. Als diese ›Superwerte‹ des Wertwandels lassen sich unschwer die Leitwerte des Akteurs ausmachen. Im Wertwandel drückt sich damit das Bemühen des Akteurs aus, sein Wertsystem veränderten Bedingungen in der Weise anzupassen, daß die Erfüllung der Leitwerte auch in Zukunft gewährleistet ist.

Wertwandel kann verschiedene Ursachen haben: Erstens kann eine echte ethische Umorientierung stattfinden, ohne daß sich die Realität oder das Wissen des Akteurs verändert haben. Eine solche Umorientierung kann freiwillig sein, sie kann aber auch unter Zwang erfolgen oder durch Übernahme einer anderen Rolle bedingt sein; sie kann schließlich auch aus Konsistenzgründen notwendig werden, um nach Änderung eines bestimmten Werts das gesamte Wertsystem wieder ›stimmig‹ zu machen. Zweitens kann Wertwandel stattfinden, weil sich – bei unveränderter relativer Gewichtung der Leitwerte und gleichbleibendem Wissen – die Realität verändert hat und zur Erfüllung der Leitwerte eine Umgewichtung der Werte erforderlich wird (oder sogar ein neuer Wert aufgenommen werden muß). Und drittens kann Wertwandel erfolgen, weil sich – bei unveränderter relativer Gewichtung der Leitwerte und bei unveränderter Realität – das Wissen über die Realität verändert hat. Wir wollen für diese Fälle einige Beispiele besprechen.

Hierzu zunächst einige Beispiele der Umgewichtung von Werten bezüglich der eigenen Interessensphäre eines hypothetischen Akteurs ›Staat‹. Erstens kann also eine ethische Umorientierung stattfinden: Der Akteur kann z. B. – aus welchen Gründen auch immer – zu der Einsicht gelangen, in Zukunft weniger Gewicht auf ›Wohlstand‹ zu legen. Als Konsequenz würde nun u. a. ein verlangsamter Kraftwerksausbau erfolgen. Zweitens kann ein Wertwandel stattfinden, weil das Festhalten an bisherigen Wertrangfolgen die Erfüllung der Leitwerte gefährden würde. Als Beispiel mag die erste Reaktion auf die Ölpreiserhöhung und den Boykott des Jahres 1973 gelten: Der Wert ›Einsparung‹ (von Mineralölen) gewann plötzlich gegenüber den Werten ›Vergnügen‹ und ›Bequemlichkeit‹ (bei der sonntäglichen Benutzung von Kraftfahrzeugen) erheblich an Bedeutung, um die Erfüllung insbesondere der Leitwerte ›Versorgung‹, ›Sicherheit‹ und ›Handlungsfreiheit‹ des Akteurs Staat weitgehend zu sichern. Drittens kann Wertwandel erfolgen, wenn das Wissen über Vorgänge und Zusammenhänge in der Realität sich ändert und bisherige Werthaltungen in Frage gestellt werden müssen, weil sie möglicherweise die Erfüllung der Leitwerte gefährden.

Ein Beispiel für diesen Vorgang ist die Entwicklung der Werthaltung in bezug auf die Atomenergie: Galt sie noch vor wenigen Jahren allgemein als »sicher, sauber, umweltfreundlich und unerschöpflich«, so haben inzwischen bessere Kenntnis der Zusammenhänge wie auch die Erfahrungen der Praxis und wissenschaftliche Arbeiten zur Revision und Differenzierung dieser Vorstellungen geführt. Wo die alte Ansicht zu hohem Gewicht des Ziels ›Energiesicherung durch Atomenergie‹ führen mußte, ergibt sich mit dem differenzierteren Wissen von heute, aber bei gleichbleibender Gewichtung der Leitwerte, ein Bedeutungsverlust dieses Ziels bei gleichzeitigem Bedeutungsgewinn der Ziele ›Energiesicherung durch alternative Energien‹ und ›Sicherung der erforderlichen Energiedienstleistung durch bessere Energienutzung‹.

Als nächstes einige Beispiele der Umgewichtung von Werten im Verhältnis mit anderen Akteuren. Erstens kann wieder ganz einfach eine ethische Umorientierung stattfinden: Ein Akteur kann sich z.B. dazu entschließen, in Zukunft mehr (oder auch weniger) Rücksicht auf andere zu nehmen. Beispiele sind die Bekehrungserlebnisse eines Saulus oder eines Franz von Assisi. Zweitens könnte eine Veränderung der Realität dem Akteur den Eindruck verschaffen, daß die bisherige Gewichtung der Belange anderer nun nicht mehr angebracht ist und verändert werden muß. Beispiel: Der ehemalige Kollege wird zum Chef ernannt. Oder: eine Überschwemmung in Bangla Desh läßt andere Nationen Hilfe leisten, obwohl sie sich vorher nicht um das Land kümmerten. Drittens kann sich wieder eine Veränderung der Gewichtung ergeben, wenn bei gleichbleibender Realität sich die Kenntnis der realen Zusammenhänge und Vorgänge ändert. Beispiel: Fernsehzuschauer erfahren aus einer Sendung über das Elend von Kindern in einer südamerikanischen Stadt und beschließen zu helfen.

Weiter können sich auch die Vorstellungen eines Akteurs über das Wertsystem eines anderen ändern – entweder, weil der andere tatsächlich die Gewichtungen seines Wertsystems verändert hat (Beispiel: Bei einem Akteur ›Nation‹ hat bei einem Regierungswechsel ein Rechtsruck stattgefunden), oder weil aufgrund besserer Information eingesehen werden muß, daß der andere Akteur eine andere Wertgewichtung hat, als bisher angenommen wurde (Beispiel: Ein Unternehmer, der bisher auf Ramschware setzte, erfährt durch eine Meinungsumfrage, daß seine Kunden Qualitätsware bevorzugen).

Als nächstes müssen wir die schon erwähnten Möglichkeiten beachten, daß ein Akteur wider besseres Wissen und Gewissen durch Ausübung von Macht und Zwang oder auch in seiner Eigenschaft als Träger einer bestimmten Rolle (Vater, Vorgesetzter, Minister) sich veranlaßt sieht, ein bestimmtes Wertsystem zu übernehmen (»Seit der Mensch Direktor geworden ist, kennt er mich nicht mehr«). Mit einem Rollenwechsel ist also fast immer auch ein Wechsel des Wertsystems verbunden; nicht selten müssen Menschen täglich mehrmals von einem Wertsystem in ein anderes schlüpfen (z.B. als Hausfrau, Mutter, Gattin, Angestellte oder Gemeinderätin). Andere Akteure müssen dann berücksichtigen, in welcher Rolle der Akteur sich gerade befindet. Die einzelnen rollentypischen Wertsysteme unterliegen natürlich wieder den oben besprochenen Wertwandelmechanismen.

Eine weitere wichtige Ursache des Wandels von Orientierungen liegt schließlich in einem allgemein beobachtbaren Bestreben nach Stimmigkeit eines Orientierungssystems, d. h. nach gegenseitiger Vereinbarkeit der verschiedenen Werte. Wenn also aufgrund eines der beschriebenen Mechanismen eine Wertgewichtung sich ändert, so muß damit gerechnet werden, daß ähnliche oder gekoppelte Werte ebenfalls anders gewichtet werden. Beispiel: Ein Akteur ›Industriestaat‹ ist gezwungen, wegen allmählicher Verknappung seine Energieressourcen effizienter einzusetzen. Es ist dann damit zu rechnen, daß der Wert ›bessere Nutzung‹ auch auf andere Bereiche abfärbt (z. B. Rohstoffnutzung allgemein).

## Die Änderung von Vorstellungen

Wenn man die Mechanismen des Wertwandels betrachtet, so ist die Bedeutung des Wissens über die Zusammenhänge und Vorgänge in der Realität wie auch über die augenblickliche Situation nicht zu übersehen. Bei einer vorhandenen festen ethischen Gewichtung ist Wertwandel allein vom Wissen bestimmt, das der Akteur durch seinen Kontakt mit der Umwelt erhält oder auch durch eigenes Nachdenken aus vorhandenen Vorstellungen ableitet. D. h. sein Wertsystem wird ganz wesentlich durch seine Vorstellungen (sein ›internes Modell‹) über die Realität bestimmt. Wertwandel setzt einen Wandel in den Denkvorstellungen voraus, d. h. die Aufnahme neuer Vorstellungen oder die Abänderung alter. Entscheidungsrelevante Vorstellungen sind z. B. Aussagen wie »Rationalisierung vernichtet Arbeitsplätze«, »Sozialismus bedroht die Freiheit« usw. Es interessiert dabei nicht, ob diese Vorstellungen faktisch richtig oder falsch sind, sondern lediglich, daß sie vom Akteur mit einer bestimmten Gewißheit geglaubt werden und daß sie auf sein Verhalten Einfluß haben.

Nicht jede Vorstellung läßt sich – zum Leidwesen der Werbefachleute und politischer Propagandisten – ›an den Mann bringen‹, d. h. durch Informationseingabe an einen Akteur in seine Denkvorstellungen ›einbauen‹. Ein Akteur wird eine neue Vorstellung erst übernehmen, wenn die Quelle eine gewisse Glaubwürdigkeit hat (eigener Augenschein, Mitteilung eines guten Freundes oder eines angesehenen Wissenschaftlers), die Aussage überprüft werden kann, und wenn die Vorstellung mit bereits vorhandenen Vorstellungen nicht im strikten Widerspruch steht, mit den bisherigen Vorstellungen also mehr oder weniger stimmig ist. Wenn diese Bedingungen allerdings zutreffen, dann stehen die Chancen gut, daß die neue Vorstellung in die vorhandenen Denkvorstellungen (also in die bereits vorhandene Vorstellungswelt) aufgenommen werden kann. Erst damit ergibt sich dann auch die Möglichkeit des Wertwandels. Faktisch richtige und überprüfbare Information erscheint damit als wichtigster Faktor des Wertwandels.

Eine Gefahr lauert allerdings in der Tatsache, daß neue Vorstellungen bevorzugt dann aufgenommen werden, wenn sie in eine bereits vorhandene Vorstellungswelt passen, andere Vorstellungen aber, die sich mit bisherigen Vorstellungen ›beißen‹, aber möglicherweise richtiger sind, nicht ernst genommen und daher nicht übernommen werden. Der Akteur baut sich allmählich eine Vorstellungswelt auf, die immer weniger der Realität entspricht – bis er eines Tages aus diesem Bild die scheinbar richtigen, aber mit der Wirklichkeit nicht mehr übereinstimmenden Schlüsse zieht und sich so möglicherweise in eine Katastrophe manövriert. Die Vorstellungswelt der Nationalsozialisten in Deutschland vor und während des Zweiten Weltkrieges ist ein warnendes Beispiel.

Es erhebt sich die für die Gestaltung der Zukunft außerordentlich wichtige Frage, ob nicht vielleicht jeder notwendige Wertwandel bei der Geschwindigkeit der Veränderungen in der Realität zu spät kommen könnte. Die Geschwindigkeit des Wertwandels hängt im wesentlichen von der Geschwindigkeit des Wandels der Vorstellungen über die Realität ab. Dieser Wandel aber kann nur vor sich gehen, wenn glaubwürdige und überprüfbare Information über die Veränderungen in der Realität vorliegt. Verzögert sich die Information, so verzögert sich auch der fällige Vorstellungs- und Wertwandel: Wird die Information verzerrt und damit unglaubwürdig, so bleibt Wertwandel ganz aus oder orientiert sich an Gerüchten und Wunschvorstellungen. Hier zeigt sich die ganze Misere der Informationspolitik parteidiktatorisch regierter Staaten: Sie verweigern ihren Bürgern und damit sich selbst die Erfüllung vor allem der Leitorientierung ›Adaptivität‹, bleiben hinter der Geschichte zurück und können schließlich nur noch mit Krampf und unter ständig größer werdenden Konflikten als Akteur ›Staat‹ weiterexistieren. Staaten dagegen, die eine offene Informationspolitik betreiben und die Wahrheitssuche durch Forschung, Diskussion und Streitgespräche fördern, sind vergleichbar weit besser auf die Anforderungen der Zukunft vorbereitet. (Auch dieses Buch soll natürlich Vorstellungen vermitteln und damit zu einer besseren Vorbereitung der Zukunft beitragen.)

Selbst in einem Staat mit freier Informationsverbreitung und freiem Zugang zu Informationen sind neue Vorstellungen nicht plötzlich da und jedermann zugänglich, um sofort in bestehende Denkvorstellungen eingebaut zu werden und das Verhalten zu beeinflussen. Vielmehr wird eine neue Vorstellung anfangs nur einem oder wenigen Menschen bekannt sein: Sie muß aber vom Großteil der Bürger in einer Nation übernommen werden, bevor sie einen Einfluß haben kann. Es interessiert also der Ausbreitungsprozeß, insbesondere die Zeit, die vom Auftauchen der neuen Vorstellung bis zu ihrer Übernahme durch die Mehrheit verstreichen wird. Durch die Medien – Presse, Fernsehen, Rundfunk – ist diese Verzögerungszeit stark verkürzt worden, wenn auch eine neue Vorstellung (z.B. Kritik am Atomenergieprogramm der Bundesregierung) erst eine kritische Masse von Anhängern vorweisen muß, bis sie auch von den Medien weitergegeben wird.

Eine untere Grenze der Ausbreitungsgeschwindigkeit bildet zum Beispiel die Verbreitung eines Witzes, der nur in kleinem Kreise von Erwachsenen weitergegeben werden kann: Jeder, der ihn bereits kennt, erzählt ihn weiter, wenn er mit ein paar Bekannten zusammentrifft. Anfangs wird noch niemand den Witz gehört haben; am Ende des Ausbreitungsprozesses dagegen stößt der Erzähler immer häufiger auf Leute, die den Witz bereits kennen und von denen er nur noch ein müdes »Kenn ich schon« ernten kann. Dieser Ausbreitungsvorgang entspricht genau dem einer ansteckenden Krankheit und läßt sich in einer Differentialgleichung ausdrücken und berechnen. Wir wollen uns einmal ein kurzes Rechenbeispiel ansehen, um ein Gefühl für den Vorgang zu bekommen[2].

Nehmen wir einmal an, in einem Land mit 40 Millionen erwachsenen Einwohnern (entspricht etwa der Bundesrepublik Deutschland) wären anfangs 10 Leute mit einem Witz, einer ansteckenden Krankheit oder einer kritischen Idee ›infiziert‹. Nehmen wir weiter an, daß jede Person etwa alle fünf Tage (70mal im Jahr) einen Kontakt mit einer anderen Person hat, aber nur bei jedem zehnten Kontakt werden Witz, Krankheit oder Idee ›übertragen‹, weil die andere Person in den anderen Fällen entweder nicht ›angesteckt‹ wurde oder die Information wieder vergaß. Wenn die andere Person schon einmal ›infiziert‹ worden war, entfällt ebenfalls die Übertragung: gegen Ende des Prozesses kommt das immer häufiger vor. Das Ergebnis der Rechnungen zeigt Bild 2.

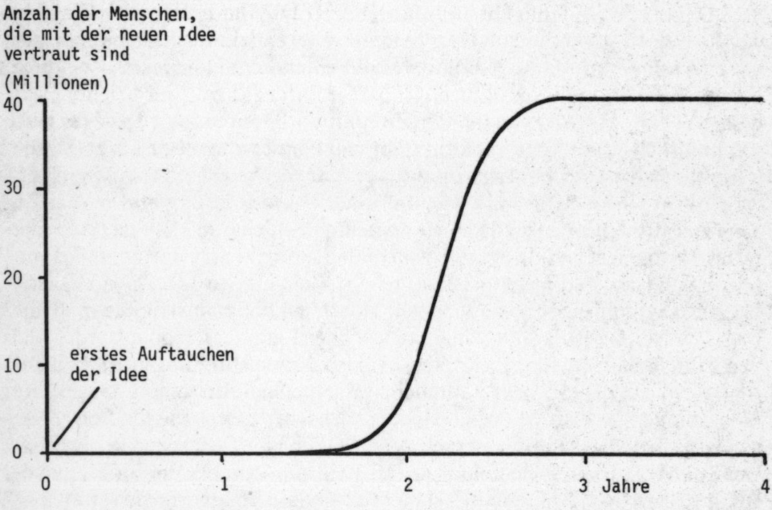


Bild 2 - Ausbreitung einer neuen Idee in einer Bevölkerung von 40 Millionen Erwachsenen

Der Ausbreitungsprozeß folgt einer S-Kurve, deren Verlauf doch immerhin etwas überraschend ist: der Prozeß läuft nämlich zunächst nur außerordentlich langsam an (in der Mitte des zweiten Jahres sind erst ein paar hunderttausend Menschen »infiziert«), um dann erst im dritten Jahr, aber dann fast ›schlagartig‹, die gesamten 40 Millionen Menschen zu erreichen. Ein solches plötzliches Umschlagen der öffentlichen Meinung läßt sich auch in der Wirklichkeit immer wieder beobachten: etwa die Einstellung zum Vietnamkrieg in den USA oder zu Atomkraftwerken in Europa. Ein solcher Umschlag mit entsprechendem Wertwandel kann aber nur stattfinden, wenn die auslösenden Konzepte glaubwürdig sind und wichtige Werte oder Leitwerte betreffen. Dabei ist zu beachten, daß Wertwandel in einer Gesellschaft unter Umständen tatsächlich relativ rasch (in wenigen Jahren) vor sich gehen kann – gerade dann, wenn wichtige Orientierungen betroffen sind.

Im nächsten Abschnitt wollen wir uns an einem Computerexperiment ansehen, wie rechtzeitiger Wertwandel eine (Modell)Welt vor drohender Katastrophe bewahren kann.

## Wie Wertwandel eine Modellwelt vor der sicheren Katastrophe bewahrte

Im Jahre 1971 veröffentlichte Professor Jay Forrester vom Massachusetts Institute of Technology (MIT) die Ergebnisse von Computerexperimenten mit einem Weltmodell[3]. Dieses Weltmodell WORLD 2 war noch relativ einfach, brachte aber bereits aufregende Ergebnisse. Es war der Ausgangspunkt eines komplexeren Weltmodells WORLD 3 der Professoren Dennis und Donnella Meadows, deren Untersuchung der »Grenzen des Wachstums« heute noch diskutiert wird[4]. Diese Untersuchungen gaben wiederum den Anlaß zu weiteren Weltmodellprojekten, so dem Mesarović-Pestel-Weltmodell (»Menschheit am Wendepunkt«) und dem Bariloche-Modell (»Grenzen des Elends«)[5, 6].

Die Untersuchungen von Forrester und den Meadows zeigten, daß ihre Weltmodelle die Neigung zur katastrophalen Entwicklung hatten, selbst unter Anfangsbedingungen, die als besonders günstig angesehen werden mußten. Gerade dann, wenn die Forscher Steuereingriffe vorsahen, die jedermann für vernünftig halten mußte (wie die Senkung der Geburtenrate, die Wiederverwendung von Werkstoffen oder höhere Investitionen bei der Landwirtschaft), ereigneten sich die schwersten Katastrophen. Akzeptable Entwicklungen waren nur zu erreichen, wenn die Forscher gleichzeitig ein ganzes Bündel von (durch systematisches Probieren gefundenen) Maßnahmen einsetzten. Forrester schloß daraus auf die allgemeine Eigenschaft komplexer dynamischer Systeme, ›gegenintuitives Verhalten‹ anzuzeigen, und forderte deshalb verstärkten Einsatz der Computersimulation bei Untersuchungen über die Zukunft.

Forrester und Meadows verwendeten in ihren Modellen automatische Verhaltensmechanismen, bei denen ein bestimmter Reiz eine ganz bestimmte Reaktion auslöste. Die funktionale Abhängigkeit der Reaktion von der auslösenden Größe war fest vorgeschrieben und beruhte zum Teil auf statistischen Daten, zum Teil auf den (umstrittenen) Vorstellungen der Forscher. Jedenfalls konnten sich diese Verhaltensfunktionen im Laufe der Simulation nicht ändern: Der Akteur ›Welt‹ verhielt sich also im simulierten Jahr 2100 genau so, als ob er das Wertsystem von 1970 noch hätte, obwohl sich die Bedingungen längst soweit verändert hatten, daß die Verhaltensfunktionen des Jahres 1970 kaum noch zutreffen konnten. Beispiele für solche Verhaltensfunktionen sind die Abhängigkeit der Kinderzahl vom Einkommen, die Umweltverschmutzung als Funktion des Kapitaleinsatzes oder Investitionen als Funktion des materiellen Lebensstandards. Wichtiger und folgenreicher allerdings war die Tatsache, daß einmal eingeführte Standards des Normalverhaltens – also Ziele – (z.B. die ›normale‹ Geburtenrate, Ressourcenabbaurate, Umweltverschmutzungsrate, Abgangsrate bei Anlageinvestitionen usw.) über den ganzen Simulationszeitraum beibehalten wurden und sich nicht als Folge z.B. einer Fehlentwicklung des Systems ändern konnten. So steuerte sich das System u.U. selbst blind ins Verderben.

Forrester und Meadows kam es nun allerdings darauf an, gerade auf diese Problematik aufmerksam zu machen: daß die Gefahr der Katastrophe besteht, solange die alten Normen und Werte, die diese Katastrophe im Grunde heraufbeschwören, nicht in Frage gestellt und, falls erforderlich, geändert werden. Sie leiteten daraus die Forderung ab, materielles Wachstum allmählich und gezielt abzubremsen, um das wirtschaftliche System in einen Zustand zu überführen, bei dem Rohstoffverbräuche, Umweltverschmutzung usw. auf einem langfristig tragbaren Niveau gehalten werden. Forrester und Meadows, wie auch später Mesarović und Pestel sowie die Bariloche-Gruppe wiesen in ihren Büchern in diesem Zusammenhang auf die überragend wichtige Rolle der Wertvorstellungen für das zukünftige Verhalten hin. Forrester und Meadows waren aber noch nicht in der Lage, die Rolle von Wertvorstellungen und möglichen Wertwandel in ihre Simulationen einzubauen.

Erste Versuche dieser Art wurden im Weltmodell von Mesarović und Pestel unternommen. Die Computerexperimente mit dem Weltmodell WORLD 2, über die ich hier berichten möchte, sind eine Weiterführung dieser Untersuchungen[7]. Sie basieren auf den bereits besprochenen Konzepten der Leitwerte und der Zukunftsperspektive. Das Prinzip dieser Experimente ist schnell erklärt: Während bei Forrester das Modellsystem WORLD 2 automatisch abläuft und nach Eingabe der Anfangsbedingungen ›blind‹ in seine Zukunft tappt, wird das gleiche Modellsystem nun durch einige Zusatzprogramme (ein simuliertes Wertsystem) in die Lage versetzt, seine Situation zu jedem Zeitpunkt im Lichte seiner Leitwerte über den Zeitraum seiner Zukunftsperspektive zu betrachten, Pläne für die Zukunft zu machen und ihre Konsequenzen im Simulationslauf am Modellsystem zu bestimmen, diese

Konsequenzen wieder in bezug auf die Leitwerte zu bewerten, auf diese Weise einen ›vernünftigen‹ Plan zu entwickeln und über die Planungsperiode durchzuführen. Falls erforderlich, paßt es durch Wertwandel seine Ziele (die genannten Standards des Normalverhaltens) den neuen Bedingungen an. Nach Ablauf der Planungsperiode wiederholt sich das Spiel. Auf diese Weise wurde der simulierte Akteur WORLD 2 in die Lage versetzt, Fehlentwicklungen durch Anpassung seiner Wertmaßstäbe rechtzeitig vorzubeugen.

Das Forrestersche Weltmodell WORLD 2 wurde für die Versuche mit der an einem Wertsystem orientierten Planung deshalb genommen, weil es ein relativ kompaktes Modellsystem ist (fünf Hauptveränderliche – die ›Zustandsgrößen‹ – und entsprechend gleich viele Differentialgleichungen erster Ordnung), dabei aber wegen einer Vielzahl von Verknüpfungen und Rückkopplungen eine Verhaltensdynamik zeigt, die intuitiv nicht mehr richtig abschätzbar ist. Außer den fünf Zustandsgrößen (Bevölkerung, Kapitalinvestitionen, natürliche Ressourcen, Kapitalinvestitionen in der Landwirtschaft, Umweltverschmutzung) berechnet das Modell etwa 20 Zwischengrößen, die als Kenngrößen (Indikatoren) für den jeweiligen Systemzustand genommen werden können. Bei den Experimenten wurden als charakteristische Indikatoren sechs dieser Größen überwacht (Bevölkerungsdichte, verbleibende natürliche Ressourcen, materieller Lebensstandard, Ernährung, Umweltverschmutzung und Lebensqualität). An mehreren Stellen im Modell können Zieländerungen vorgenommen werden; wir benutzen dazu die bereits erwähnten sieben Parameter (die Normwerte der Geburtenrate, Sterberate, Nahrungsverfügbarkeit, Kapitalinvestitionszugang, Kapitalinvestitionsabgang, Ressourcenverbrauch und Umweltverschmutzung).

Uns interessiert an dieser Stelle nicht die Frage der Gültigkeit des Forresterschen Modells zur Beschreibung der realen Welt. Wir fassen es vielmehr als gültiges Modell einer relativ einfachen fiktiven Welt auf; die Aufgabe unseres simulierten Wertsystem-Moduls ist es dann, einem Entscheider, der die Geschicke dieser fiktiven Welt zu lenken hat, Wertmaßstäbe für seine Planung zu liefern. Wenn hier von Begriffen wie ›Bevölkerung‹, ›Geburtenrate‹, ›Ernährung‹, ›Umweltverschmutzung‹ usw. die Rede ist, sollte man sich daran erinnern, daß diese Aussagen sich lediglich auf die fiktive Welt des Modells beziehen.

Für den Bewertungsvorgang werden die im vorigen Kapitel abgeleiteten ›kybernetischen‹ Leitwerte ›Erhaltung und Versorgung‹ (10), ›Sicherheit‹ (8), ›Handlungsfreiheit‹ (4), ›Adaptivität‹ (2) und ›Wirksamkeit‹ (3) verwendet (in Klammern die relativen Gewichte dieser Leitwerte). Bei der Bewertung muß der durch die sechs genannten Indikatoren beschriebene Systemzustand auf diese fünf Leitwerte ›abgebildet‹ werden, d.h. es muß ermittelt werden, inwieweit und wie stark z.B. der augenblickliche Zustand des Indikators Umweltverschmutzung jeden der Leitwerte berührt. Z.B. betrifft hohe Umweltverschmutzung den Leitwert der Sicherheit stark negativ. Diese Zusammenhänge zwischen verschiedenen Zuständen eines Indikators und den verschiedenen Leitwerten werden vorher getrennt ermittelt und in Abbildungsfunktionen oder Tabellen festgelegt.

Dabei werden sowohl die Art des Beitrags (positiver Beitrag zur Befriedigung des Leitwerts: ›grün‹, bedenklicher Beitrag: ›gelb‹, alarmierender Beitrag: ›rot‹) als auch seine Stärke erfaßt. Wenn also das Modell einen bestimmten Zustand meldet, so kann daraus im simulierten Wertsystem ermittelt werden, inwieweit dieser Zustand die Leitwerte erfüllt oder nicht erfüllt. Umgekehrt läßt sich über das Wertsystem jetzt auch ermitteln, welche Indikatoren die Erfüllung der Leitwerte auf bedenkliche oder gar kritische Weise gefährden, wo also bedrohliche Entwicklungen entstehen. Diese Information bildet die wichtigste Eingabe in den Planungsvorgang, bei dem für die sieben oben genannten Zielparameter Steuerstrategien entwickelt werden müssen, die das Auftauchen bedenklicher oder gar kritischer Systemzustände über den Zeitraum der Zukunftsperspektive vermeiden.

Wir haben in unseren Experimenten vor allem die Rolle der Zukunftsperspektive und den Einfluß der Reaktionsempfindlichkeit des Akteurs untersucht. Als Zukunftsperspektive (d. h. der Zeitraum, über den der Akteur planend vorausschaut) nahmen wir einmal 10 Jahre, ein anderes Mal 50 Jahre an. Es wurden ebenfalls zwei verschiedene Reaktionsempfindlichkeiten untersucht: einmal reagierte der Akteur durch Zielanpassung sofort, wenn über den Planungszeitraum einer oder mehrere der Indikatoren den Wert ›gelb‹ (bedenklich) annahmen (hohe Empfindlichkeit), das andere Mal reagierte er erst, wenn ein Indikator oder Indikatoren auf ›rot‹ (alarmierend) gingen (geringe Empfindlichkeit).

Die Aufgabe des Akteurs war es dann, seine in den Zielen ausgedrückten Wertmaßstäbe der Entwicklung so anzupassen, daß die roten oder gelben Lichter über den Planungszeitraum wieder verschwanden, daß also eine Beeinträchtigung der Leitwerte vermieden wurde. Sobald er eine entsprechende Zielstrategie gefunden hatte, wurde sie am Modell durchgeführt; mit ihr wurde die Simulation bis zum nächsten Planungszeitpunkt (Abstände von 10 Jahren) durchgeführt und der Planungsvorgang wiederholt. Die Simulationen erstreckten sich über den Zeitraum von 1970 bis 2100. Dieser Vorgang der Zielanpassung bei gleichbleibender Bedeutung (Gewichtung) der Leitwerte aufgrund von Veränderungen in der (hier simulierten) Realität entspricht dem im vorigen Abschnitt besprochenen Wertwandel.

Bei diesen Experimenten mit einem simulierten Wertsystem gehen wir von den gleichen Anfangsbedingungen (für 1970) aus, die bei Forrester (in seinem Lauf ›Krise durch Umweltverschmutzung‹) zur Umwelt- und Bevölkerungskatastrophe etwa um das Jahr 2050 führen. Mit den Experimenten soll die Frage geklärt werden, ob die Krise bei vorausschauender Planung und rechtzeitigem Wertwandel zu vermeiden ist, und welchen Einfluß Zukunftsperspektive und Reaktionsempfindlichkeit auf das Ergebnis haben. Ohne die vom Wertsystem angeregten Zieländerungen ergibt sich die gleiche Katastrophe wie bei Forrester (Referenzlauf R auf den folgenden Bildern).

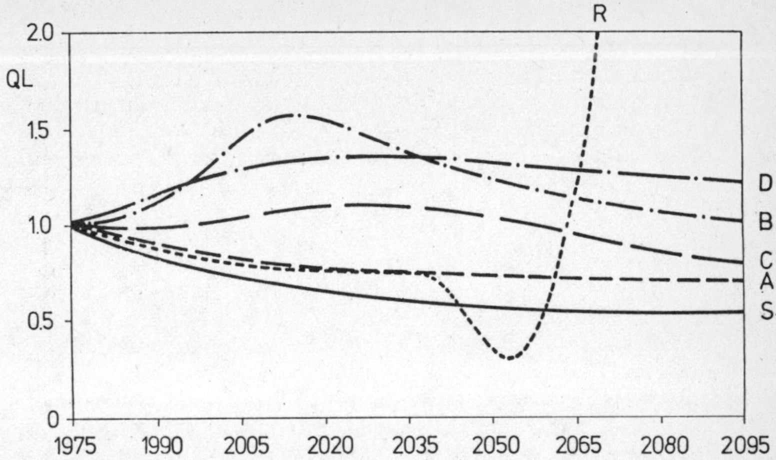


Bild 3 - Lebensqualität (QL): Vergleich der Ergebnisse

Lauf A: kurze Zukunftsperspektive, niedrige Reaktionsempfindlichkeit
Lauf B: kurze Zukunftsperspektive, hohe Reaktionsempfindlichkeit
Lauf C: lange Zukunftsperspektive, niedrige Reaktionsempfindlichkeit
Lauf D: lange Zukunftsperspektive, hohe Reaktionsempfindlichkeit
Lauf R: Forresters Umweltkrise
Lauf S: Forresters Standardlauf

Als weitere Vergleichsmöglichkeit ist den folgenden Bildern der Forrestersche Standardlauf seines Weltmodells (S) beigegeben, der wegen günstigerer Anfangsbedingungen keine Katastrophenneigung zeigt. Die vier Planungsläufe wurden unter den folgenden Orientierungsbedingungen durchgeführt:

*Lauf A:* Zukunftsperspektive 10 Jahre (kurz), Reaktionsempfindlichkeit: niedrig (›rot‹ vermeiden)
*Lauf B:* Zukunftsperspektive 10 Jahre (kurz), Reaktionsempfindlichkeit: hoch (›gelb‹ und ›rot‹ vermeiden)
*Lauf C:* Zukunftsperspektive 50 Jahre (lang), Reaktionsempfindlichkeit: niedrig (›rot‹ vermeiden)
*Lauf D:* Zukunftsperspektive 50 Jahre (lang), Reaktionsempfindlichkeit: hoch (›gelb‹ und ›rot‹ vermeiden)

Wir vergleichen die Ergebnisse dieser insgesamt sechs Läufe auf den folgenden Bildern. Wichtigstes Ergebnis ist zunächst einmal, daß die ›vorprogrammierte‹ sichere Katastrophe (R) in jedem der vier an den Leitwerten orientierten Läufe A, B, C und D vermieden wurde, ja, daß trotz der – verglichen mit dem Standardlauf S – weit ungünstigeren Anfangsbedingungen in allen

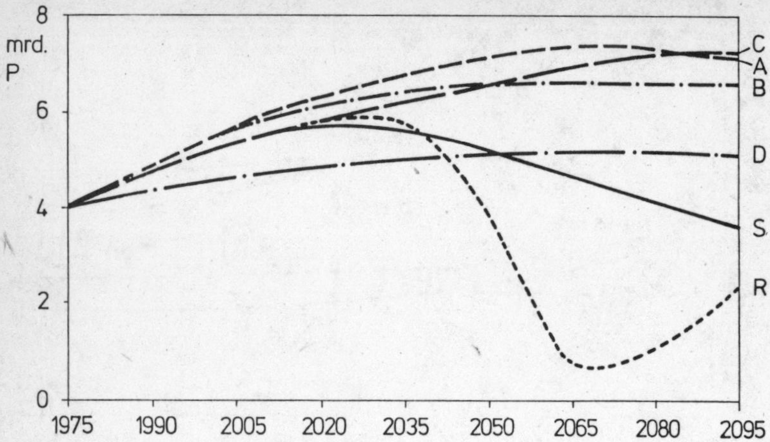


Bild 4 - Bevölkerung (P): Vergleich der Ergebnisse für die sechs Läufe

Fällen im Endeffekt erheblich bessere Resultate erzielt werden als bei diesem.

*Lebensqualität* (Bild 3): Hier wie auch bei den anderen Indikatoren zeigt sich, daß besonders günstige Ergebnisse erzielt werden können, wenn (selbst bei kurzer Zukunftsperspektive) beizeiten auf Frühwarnzeichen geachtet wird, d. h. wenn sofort reagiert wird, wenn abzusehen ist, daß Indikatorzustände im Planungszeitraum ›bedenklich‹ (›gelb‹) werden könnten. Mit dieser ›empfindlichen‹ Zielanpassung bleibt bei beiden Läufen (B und D) die Lebensqualität durchweg über dem anfänglichen Niveau; mit der ›unempfindlichen‹ Zielanpassung (A und D) sinkt sie unter dieses. In beiden Fällen bringt wieder der längere Zeithorizont einen Vorteil: er führt zu besseren Systemzuständen und vermeidet Schwankungen, die dadurch entstehen, daß durch kurzfristige Maßnahmen zunächst Aufbesserungen erzielt werden, die sich auf die Dauer nicht halten lassen.

*Bevölkerung* (Bild 4): Bei niedriger Empfindlichkeit (Läufe A und C) kann auf heranziehende Probleme erst reagiert werden, wenn sie sich über den Zeitraum der Zukunftsperspektive als ›alarmierend‹ (›rot‹) abzuzeichnen beginnen. Das führt hier zu starkem Bevölkerungsanstieg. Wird dagegen bereits auf ›bedenkliche‹ Zustände (›gelb‹) reagiert, so führt das zur Sättigung der Bevölkerungskurve auf niedrigerem Niveau (Läufe B und D). Bei längerem Planungshorizont ergibt sich die Reaktion früher; damit liegt auch das Sättigungsniveau niedriger.

*Umweltverschmutzung* (Bild 5): Die Einflüsse von Reaktionsempfindlichkeit und Zukunftsperspektive zeigen sich besonders deutlich bei der Entwicklung der Umweltverschmutzung. Bei der ›empfindlichen‹ Regelung (B

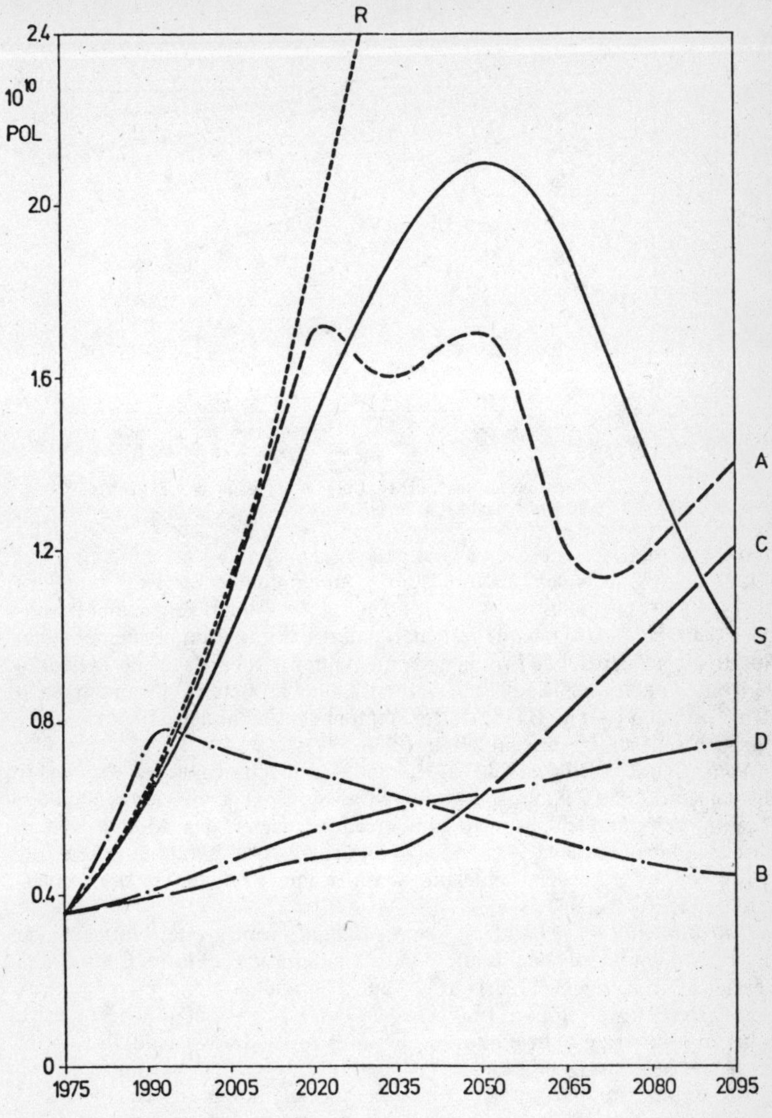


Bild 5 - Umweltverschmutzung (POL): Vergleich der Ergebnisse für die sechs Läufe

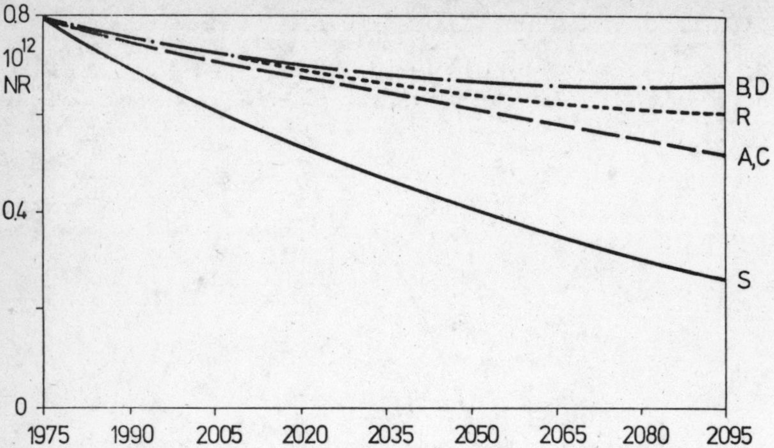


Bild 6 - Natürliche Ressourcen (NR): Vergleich der Ergebnisse für die sechs Läufe

und D) werden Zielanpassungen vorgenommen, die die Verschmutzung auf relativ niedrigem Niveau halten. Bei der ›unempfindlichen‹ Regelung wird ein hohes Niveau geduldet (A und C). Die Läufe A und B zeigen hier besonders deutlich die Konsequenzen der ›kurzfristigen‹ Zukunftsperspektive: kurzfristig auftauchende Probleme können nur mit relativ starken Zieländerungen unter Kontrolle gehalten werden, was zu größeren Schwankungen in den Verläufen (A und B) führt. Bei langfristiger Zukunftsperspektive ergeben sich weit stetigere Reaktionen (C und D).

*Natürliche Ressourcen* (Bild 6): Hier unterscheiden sich die Ergebnisse für die verschiedenen Zukunftsperspektiven kaum. Dagegen ist der Einfluß der Reaktionsempfindlichkeit nicht zu übersehen: reagiert das (Modell)System bereits auf ›bedenkliche‹ Zustände (›gelb‹), so führt das bereits zu einem früheren Zeitpunkt zu Wertwandel und damit zu einer Reduzierung der Abbaurate der Ressourcen.

*Kapitalinvestitionen* (Bild 7): Trotz anfänglich sehr großer Unterschiede der beiden ›empfindlichen‹ Läufe B und D nähern sich beide am Ende einem vergleichbaren, relativ niedrigen Niveau. Die unempfindlicheren Läufe A und C streben weit höhere Endwerte an. Die kürzere Zukunftsperspektive führt in Lauf B zu Schwingungen, die längere Zukunftsperspektive ergibt auch hier sehr stetige Verläufe.

Aus diesen Ergebnissen der Computerexperimente lassen sich eine Reihe von Folgerungen ziehen, die auch über die Computersimulation und die Planung hinaus erhebliche Bedeutung haben. Ganz besonders helfen sie uns aber bei unseren Gedanken darüber weiter, ob und wie durch Wertwandel

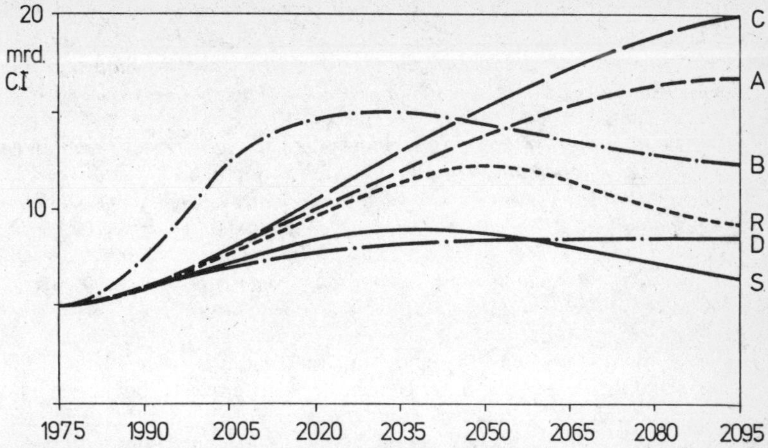


Bild 7 - Kapitalinvestitionen (CI): Vergleich der Ergebnisse für die sechs Läufe

unter systematischer Beachtung der Leitwerte und der Zukunftsperspektive eine bessere und rechtzeitigere Anpassung an die Anforderungen der Zukunft möglich ist.

Zunächst einmal haben die Ergebnisse gezeigt, daß die Beachtung einer Handvoll allgemeingültiger Leitwerte und einer einigermaßen weiten Zukunftsperspektive mit relativ kleinem Aufwand eine Planung beachtlicher Qualität (zumindest für die Modellwelt) ermöglichen. So wurde nicht nur mit Leichtigkeit die vorprogrammierte Katastrophe in allen Fällen vermieden, es ergaben sich auch Planungslösungen mit hoher Befriedigung der Leitwerte (und damit mit einem hohen Grad an ›Entfaltung‹). Die Verwendung des simulierten Wertsystems ›garantiert‹ praktisch vernünftiges Verhalten des Akteurs selbst unter ungewöhnlichen und unerwarteten Bedingungen, da er Ziele und Werte jederzeit so anpassen kann, daß den Leitwerten Genüge getan wird. Die Verwendung der Methode ist natürlich nicht an Computer gebunden; wir werden in Kapitel 4 mit einer einfachen Bewertungsmethode auf der gleichen Grundlage die in diesem Kapitel vorgestellten verschiedenen Zukunftsalternativen bewerten.

Die Ergebnisse unterstreichen die wesentliche Rolle, die Leitwerte und Wertsystem, Wertwandel, Zukunftsperspektive, Planungsperiode und Reaktionsempfindlichkeit bei überlegtem Verhalten und insbesondere bei der planerischen Vorbereitung der Zukunft spielen. Zur Rolle der drei letzten Faktoren:

– *Eine minimale Zukunftsperspektive ist erforderlich, um überhaupt ein Minimum an ›vernünftigem‹ Verhalten zu ermöglichen und Katastrophen aus dem Wege zu gehen.*

- *Je länger die Zukunftsperspektive und je höher die Reaktionsempfindlichkeit der jeweils erforderlichen Zielanpassung, bzw. des Wertwandels, um so stetiger die Entwicklung, um so höher die Zufriedenheit des Akteurs zu jedem Zeitpunkt.*
- *Die Verkürzung der Planungsperiode (d.h. häufigere Zustandsanalysen und Planungsanpassungen) wirkt im gleichen Sinne.*
- *Eine wesentliche Rolle bei der Güte der Planung spielt die Reaktionsempfindlichkeit: Wird erst auf alarmierende Zustände reagiert (reaktive Planung), oder werden heraufziehende Schwierigkeiten (bedenkliche Zustände oder sogar lediglich absinkende Zufriedenheiten) bereits rechtzeitig bei der Planung berücksichtigt (antizipative Planung)?*

Die Ergebnisse sprechen also eindeutig für die antizipative Planung mit weiter Zukunftsperspektive unter Beachtung der Leitwerte, bei kurzer Planungsperiode und daher laufender Plananpassung (›rollender Plan‹). Sie zeigen außerdem vor allem, daß es möglich ist, durch Orientierung an den Leitwerten und bei rechtzeitigem Wert- und Zielwandel auch ›vorprogrammierte‹ Katastrophen zu vermeiden und gleichzeitig einen hohen Stand an Zufriedenheit zu erreichen.

Rechtzeitiger Wertwandel gestattet es uns also, uns einer sich verändernden Welt anzupassen, ohne wirklich Wesentliches aufzugeben. Die heutige Entwicklung fordert von uns besonders einen Wandel bei der Rücksichtnahme auf andere, die von unseren Handlungen heute und in der Zukunft betroffen sein werden: die Umwelt, die Mitwelt und die Nachwelt. Mit Problemen dieser ethischen Umorientierung soll sich der nächste Abschnitt befassen.

## Das Verhältnis zu anderen

### *Ohne Ethik geht es nicht*

Wenn wir uns über den Ursprung von Wertgewichtungen Gedanken machen, so stoßen wir auf die Tatsache, daß sowohl die relativen Gewichtungen der eigenen Werte wie auch das Maß der Rücksichtnahme auf die Interessen anderer Akteure und Systeme recht beliebig sein können: Es gibt keine naturgesetzlich ›richtige‹ Wertgewichtung. *Immer* müssen Leitprinzipien hinzugenommen werden, die sich nicht mehr funktional begründen lassen; an der Entscheidung für ethische Prinzipien kommen wir nicht vorbei.

Aus der Tatsache, daß natürliche Akteure (Organismen, Organismensymbiosen, Organismenstaaten) seit Jahrmillionen fortbestehen, ist zu entnehmen, daß in ihnen als Leitprinzip für die Wertgewichtung das Überleben als Individuum und als Art (d.h. die Funktionsfähigkeit) angelegt sein muß. Das trifft ganz sicher auch auf den Menschen zu, aber: der Mensch kann nicht nur – wie höhere Tiere auch – überlegt, sondern außerdem bewußt handeln; d.h. er kann, ja muß über sich selbst und sein Verhältnis zu anderen und zur Umwelt nachdenken und sich bewußt über die vorprogrammierten Anforderungen seiner eigenen Funktionsfähigkeit hinwegsetzen.

Die Funktionsfähigkeit des Akteurs als ›kybernetischer Organismus‹ setzt lediglich voraus, daß jeder seiner Leitwerte eine gewisse Mindestbeachtung findet. Ob ihm aber seine Handlungsfreiheit, oder aber ein psychisches Bedürfnis nach Schönheit und Harmonie als wichtigste Leitwerte erscheinen, oder ob er lediglich seinem eigenen Vergnügen lebt oder sich für andere aufopfert, ob er in den Tag hineinlebt oder für die Zukunft vorsorgt: In jedem Falle kann eine Funktionsfähigkeit als Individuum durchaus gewährleistet sein, obwohl die Gewichtung seiner Leitwerte, der Zukunft und der Grad der Rücksichtnahme auf andere völlig verschieden sind.

Bewußtes Handeln bedingt geradezu, daß sich der Mensch nicht mehr am rein funktionalen Leitprinzip des Überlebens als Art oder als Individuum orientiert: Denn täte er es ausschließlich, so würde sich sein Handeln in nichts von dem (vielleicht sogar überlegten) aber eben doch wahrscheinlich weitgehend im unbewußten Dämmerzustand begangenen Handeln eines höheren Tieres unterscheiden und hätte sich nie über die eines intelligenten Tieres erhoben.

Bewußtes Handeln bedeutet also die Möglichkeit *und* Notwendigkeit, von den rein funktionalen Bedürfnissen der eigenen Leitwerte und der minimalen Rücksichtnahme auf andere abzuweichen und ›künstliche‹ Gewichtungen von Leitwerten und den Interessensphären anderer einzuführen, das heißt ethische Prinzipien anzuerkennen und Werte entsprechend zu gewichten. Die Geschichte bietet beredtes Zeugnis für die Vielzahl möglicher ethischer Prinzipien. Beispiele bei persönlichen Werten seien die starken Gewichtungen von Schönheit und Harmonie in östlichen Kulturkreisen oder von Werten der persönlichen Freiheit in westlichen. Beispiele von ethischen Prinzipien im Verhältnis zu anderen: das rücksichtslose Nützlichkeitsdenken (Utilitarismus) auf der einen, die christliche Nächstenliebe auf der anderen Seite.

Wichtig ist bei diesen Überlegungen die Einsicht, daß wir als bewußt lebende Menschen nach ethischen Prinzipien leben müssen und daß diese Prinzipien über funktionale Notwendigkeiten hinausgehen und mit diesen nicht mehr begründet werden können: Wir können und müssen uns mit freiem Willen für diese Prinzipien entscheiden. Wo uns gewisse Prinzipien ansozialisiert worden sind, können wir uns doch von ihnen trennen und uns für andere entscheiden. Es gibt also kein funktional begründbares Wertsystem (bzw. genauer: Wertgewichtung), das als das einzig ›richtige‹ gelten könnte. Das Wertsystem wird damit Angelegenheit der persönlichen Entscheidung (selbst wo es ansozialisiert wurde); es ist damit automatisch mit der Persönlichkeit (dem Selbstkonzept) fest verbunden und damit auch emotionell fest verankert. Wenn über Wertsysteme gestritten wird (wie bei der Kontroverse über Kernkraftwerke – obwohl das den Kontrahenten kaum klar zu sein scheint), kommen damit Emotionen automatisch auf beiden Seiten ins Spiel: Wer das abstreitet oder sich gar damit brüstet, ›emotionslos‹ zu argumentieren, macht sich etwas vor. Diese Verankerung des Wertsystems im Selbstkonzept, und damit in Emotionen, ist gut und richtig: Wäre es nicht so, so wären Wertsysteme leicht änderbar, jeder würde sein Mäntelchen jederzeit nach dem Winde drehen, auf niemanden wäre Verlaß, menschliches Zusammenleben wäre unendlich erschwert, Fortschritt kaum möglich.

Ein Beispiel dafür, daß sich Wertfragen nicht allein auf Funktionserfordernisse des Akteurs zurückführen lassen: Welche funktional bedingten Gründe sollte es für irgend jemand geben, sich für die Interessen zukünftiger Generationen einzusetzen? Er wird sie weder kennenlernen, noch wird er wissen, wie (und ob sie überhaupt) leben werden, noch können sie ihm irgend etwas tun, was auch nur den geringsten Einfluß auf sein Leben hätte. Ähnliches gilt, wenn auch in schwächerem Maße, für sein Verhalten gegenüber hungernden Bewohnern irgendeines Dorfes in Asien oder Afrika oder gegenüber der Vogelart, die durch Anwendung von Bioziden vom Aussterben bedroht ist. Dieser persönliche Einsatz kann nur auf einem ethischen Prinzip beruhen, zu dem sein Träger steht (das er also in seinem Selbstkonzept fest verankert hat), obwohl es sich aus den Anforderungen der Realität nicht mehr ableiten läßt. Weil das aber so ist, weil die naturgesetzliche Verankerung fehlt und prinzipiell nicht beschafft werden kann, muß eine starke emotionelle und existentielle Verankerung an ihre Stelle treten, um diesem Prinzip den erforderlichen Nachdruck zu verleihen. Das gilt grundsätzlich für *alle* Wertsysteme, also auch z.B. die des Hedonismus und Utilitarismus; auch die (oben erwähnte) animalisch-funktionale Gewichtung der eigenen Leitwerte und der Interessen anderer steht uns heute nur noch durch bewußte Wahl offen.

### *Rücksicht auf andere*

Indem der einzelne Akteur Einfluß auf seine Umgebung nimmt, nimmt er fast immer auch Einfluß auf andere, die die gleiche Umgebung mit ihm heute oder in der Zukunft teilen. Da die Entfaltung jedes Akteurs nur durch die Interaktion mit seiner Umgebung möglich ist, nimmt er dabei – fördernd oder hindernd, in geringem oder starkem Maße – Einfluß auf die Entfaltung anderer. Seine Handlungen beeinflussen also das Schicksal anderer, sie berühren ihre Interessen.

Auf der einen Seite ist jetzt der Extremfall denkbar, daß dem Akteur entweder sein Einfluß auf die Schicksale anderer völlig unbewußt ist, oder daß er bewußt auf andere überhaupt keine Rücksicht nimmt: In diesem Fall spielen also die Interessen anderer in seinem Verhaltenskalkül nicht die geringste

Rolle. Auf der anderen Seite ist als Extremfall denkbar, daß der Akteur die Konsequenzen seines Verhaltens für andere heute und in der Zukunft kennt und die Interessen aller Betroffenen in seinen Verhaltenskalkül einbezieht. Das überlegte Verhalten des realen Akteurs wird fast immer zwischen diesen Polen liegen. Er wird die Interessen eines Teils der betroffenen Akteure und Systeme bis zu einem gewissen Grade berücksichtigen, einfach schon deshalb, weil er sonst Nachteile für sich selbst zu erwarten hat.

Das bedeutet, daß die Orientierung des Akteurs über die an der eigenen Entfaltung hinausgeht. Er muß auch die Entfaltung anderer zumindest teilweise berücksichtigen, d.h. ihre Interessen in sein Wertsystem einbeziehen. Das Verhalten des Akteurs wird wesentlich davon abhängen, auf welche anderen Akteure (oder Systeme) er also wie stark Rücksicht nimmt. Beispiel: Bei der internationalen Wirtschaftspolitik eines Industrielandes spielen heute nicht mehr nur die eigenen Interessen, sondern auch die der Partnerländer und der Länder in der dritten Welt eine gewisse Rolle. Purer Wirtschaftsimperialismus hat sich damit in eine etwas partnerschaftlichere Haltung gewandelt.

Das Verhalten eines Akteurs – und gerade auch zukunftsrelevantes Verhalten – ist also wesentlich bestimmt durch die Gewichtung anderer im Verhältnis zu den eigenen Interessen.

Orientiert sich der Akteur am Eigennutz, so berücksichtigt er außer seinen eigenen Interessen nur diejenigen Interessen anderer Systeme oder Akteure, die seinen eigenen Bestrebungen förderlich oder hinderlich sein könnten – und das nur insoweit, als damit seinen eigenen Interessen gedient ist. Zwar erleben wir hier gelegentlich Rücksichtnahme auf den anderen, aber eben nur, soweit sie früher oder später zum eigenen Vorteil gereicht. Diese Einstellung (»Eine Hand wäscht die andere«, »Jede Leistung hat ihren Preis«) ist charakteristisch für das Wirtschafts- und Geschäftsleben wie auch für die internationale Politik und Machtpolitik überhaupt. Offensichtlich bleiben hier die Belange derjenigen unberücksichtigt, die nicht in der Lage sind, wirksame Belohnungen anzubieten oder Sanktionen auszuüben – und dazu zählen die unterprivilegierten Schichten der Gesellschaft, die armen Länder der dritten Welt, ökologische Systeme und zukünftige Generationen.

Orientiert sich der Akteur an der Partnerschaft, so berücksichtigt er die Entfaltung aller von seinem Verhalten direkt oder indirekt, heute oder in der Zukunft betroffenen Akteure oder Systeme mit der gleichen Gewichtung wie seine eigenen Interessen, und in der gleichen Weise, wie es ein idealer ›Anwalt‹ für die Betroffenen tun würde. Diese Einstellung findet sich z.B. in der Familie, wo Kindern, Jugendlichen, Kranken und Greisen Privilegien gewährt werden, die oft ausschließlich mit ihren Entfaltungsbedürfnissen und nichts mit ihren Machtmitteln (Sanktionen, Belohnungen) zu tun haben.

Welche ethischen Prinzipien stecken hinter diesen zwei verschiedenen Orientierungen? Bei der Orientierung am Eigennutz müssen direkte und indirekte Folgen der eigenen Handlungen wie auch deren rückwirkende Konsequenzen über den Zeitraum der Zukunftsperspektive des Akteurs voll bedacht werden. Wenn diese Informationen vorliegen, kann die einfache Entscheidungsregel angewendet werden:

»*Tue alles, was heute und im Zeitraum deiner Zukunftsperspektive mit hoher Wahrscheinlichkeit zu direkten oder indirekten Folgen führt, deren Nutzen für dich größer ist als der dir entstehende Schaden.*«

Mit Nutzen meinen wir hier allgemein einen Beitrag zur Befriedigung der Entfaltungsbedürfnisse des Akteurs, so wie sie sich in seinem persönlichen Wertsystem, d.h. in der Gewichtung seiner Leitwerte ausdrücken; mit Schaden sind entsprechende abträgliche Beiträge gemeint. Der eigennützige Akteur hat es also relativ einfach, weil er sich ausschließlich um eigene Interessen kümmern kann, und die kennt er ja recht gut. Der sich partnerschaftlich orientierende Akteur muß dagegen auch über die Interessen anderer gut Bescheid wissen.

Die Formulierung eines ethischen Prinzips für die partnerschaftliche Orientierung bietet mehr Schwierigkeiten. Versuchen wir es zunächst mit »Gleiches Recht auf Entfaltung« – einem Prinzip der Fairness. Die Anwendung dieses Prinzips auf heute lebende menschliche Individuen bietet zumindest gedanklich keine größeren Schwierigkeiten: Jeder hat das gleiche Recht auf Entfaltung im Rahmen seines Wertsystems und seiner besonderen Fähigkeiten, keiner darf sich irgendwelche Sonderrechte herausnehmen. Wenn jemand für sich besonders hohe Entfaltungsansprüche durchsetzen will, so müßte er gleichzeitig für ähnliche Verbesserungen bei den anderen sorgen.

Diese Formulierung kann uns aber hier nicht genügen. Wir haben hier ausdrücklich über Partnerschaft mit ›Umwelt, Mitwelt und Nachwelt‹ gesprochen und müssen uns daher über die Anwendung dieses Prinzips auch auf diese Bereiche ein paar Gedanken machen: wem ist dieses Recht zuzubilligen? Kann es in der gleichen Weise auch für die Fliege an der Wand und für uns heute gänzlich unbekannte Menschen gelten, die (hoffentlich) in zehntausend Jahren auf der Erde leben werden? Soll es auch für menschliche Organisationen und Institutionen gelten, die wir ja auch als ›Akteure‹ behandelt haben?

Um diesen Gedanken Rechnung zu tragen, müssen wir das Prinzip entsprechend ergänzen. So können wir das »Gleiche Recht auf Entfaltung« allen Systemen zubilligen, die ›hinreichend einmalig und unersetzlich sind‹. Das (Gummi)Wörtchen ›*hinreichend*‹ soll vermeiden, daß z.B. die individuelle Mücke unter Naturschutz gestellt wird – sie ist ja wohl auch im Grunde ›einmalig und unersetzlich‹. Dagegen würde das gleiche Recht auf »Entfaltung« das Überleben der Mücke als Art garantieren, wenn auch nur in einem beschränkten Maß, das das Entfaltungsrecht anderer nicht verletzt. Das hieße in der Alltagssprache: Schädlinge unter Kontrolle halten – ja; ausrotten –

nein. Ich gebe zu, daß das Wörtchen ›hinreichend‹ unbefriedigend vage ist, aber ein eindeutiges Kriterium fällt mir nicht ein.

Weiter wollen wir das Prinzip auch auf ›hinreichend einmalige und unersetzliche Systeme‹ anwenden können, die unbelebt sind und bei denen wir daher nicht von Entfaltung sondern nur von Erhaltung sprechen können: Helgoland, das Matterhorn, ein historisches Gebäude, ein Gemälde. Wir sollten also von einem gleichen Recht der ›Erhaltung und Entfaltung‹ sprechen. Weiter müssen wir klarstellen, daß wir ›heutige und zukünftige Systeme‹ meinen: Partnerschaft also auch mit denen, die nach uns kommen. Damit würde das *Prinzip der Partnerschaft* jetzt lauten:

*»Alle heutigen und zukünftigen Systeme, die hinreichend einmalig und unersetzlich sind, haben gleiches Recht auf Erhaltung und Entfaltung.«*

Dies bedeutet zunächst, daß alle bewußt handelnden Akteure, also Menschen und gesellschaftliche Akteure, dieses Prinzip nur erfüllen, wenn sie verantwortlich auch für alle jene handeln, die von ihren Handlungen heute und in der Zukunft betroffen werden. Weiter bedeutet das Prinzip eine Minimierung der Gewaltanwendung und der Ausbeutung, da hierdurch Erhaltung und Entfaltung anderer beeinträchtigt werden. Sparsamste Nutzung von Ressourcen ist erforderlich, um das Entfaltungsrecht zukünftig existierender Systeme so wenig wie möglich zu beeinträchtigen und um Natur und Landschaft zu erhalten.

Beispielhaft einige weitere Konsequenzen: Das Prinzip der Partnerschaft würde das Überleben und die weitere Entwicklung gefährdeter Tier- und Pflanzenarten garantieren, aber nur nicht in der künstlichen Umgebung von zoologischen und botanischen Gärten, sondern im natürlichen Habitat – in dem Maße, wie es das Recht anderer auf Entfaltung erlaubt. Das Prinzip der Partnerschaft würde natürlich auch den Schutz kommender Generationen von Menschen, ja auch von ethnischen und sozio-kulturellen Gruppen gewährleisten, gleichzeitig aber auch zukünftige Bevölkerungszuwächse beschneiden, sobald sie auf Kosten anderer Lebensformen oder der Entfaltung der menschlichen Gesellschaft gehen. Das Prinzip der Partnerschaft wäre auch auf gesellschaftliche Institutionen anwendbar: Es würde kulturelle Bräuche schützen, solange sie zur Lebensentfaltung von Individuen oder der Gesellschaft beitragen; es würde aber z.B. selbst ›altehrwürdigen‹ politischen Institutionen keinen Schutz gewähren, wenn sie Individuen oder anderen Systemen ihr Recht auf Erhaltung und Entfaltung (über das durch die Fairness-Forderung notwendige Maß hinaus) beschneiden. Das Prinzip der Partnerschaft würde schließlich natürlich die gleichen Entfaltungschancen für jeden heute lebenden Menschen fordern.

Ich möchte ausdrücklich betonen, daß hier nicht einer Gleichmacherei das Wort geredet wird: Entfaltung (und Gestaltung seines Lebens) bedeutet natürlich für jeden Menschen etwas anderes. Selbst wenn sich alle an die gleichen Leitwerte halten müssen, so unterscheiden sich Menschen selbst in einer relativ homogenen sozio-kulturellen Gemeinschaft doch durch ihre Werte, Wünsche, Ziele und Ambitionen, deren Verfolgung und Erfüllung für sie einen wichtigen Teil ihrer Entfaltung bedeutet. Das Prinzip der Partnerschaft schreibt nicht vor, wie diese Entfaltung im einzelnen auszusehen hat. Jeder kann also – und soll sogar, um zur Entfaltung der Gesellschaft als ganzes beizutragen – nach eigener Fasson im Rahmen der vom Prinzip der Partnerschaft gesteckten weiten Grenzen selig werden. Verletzungen des Prinzips müssen natürlich – vorausgesetzt, es wird allgemein akzeptiert – mit Sanktionen bedacht werden (Eingriffen in die Entfaltung des Delinquenten), aber es ist hier nicht unsere Aufgabe, uns darüber Gedanken zu machen.

Das Prinzip der Partnerschaft bürdet uns als bewußt handelnden Akteuren die Verantwortung für unser Tun auf: Wir müssen die Interessen und die Entfaltungsmöglichkeiten aller Beteiligten und Betroffenen im Auge behalten. Das bedeutet, daß die Interessen derjenigen Systeme und Akteure, die sich nicht artikulieren können (Umwelt, zukünftige Generationen, aber auch Individuen und Gruppen in der menschlichen Gesellschaft) in Entscheidungsprozesse mit einbezogen werden müssen. Das kann nur geschehen, indem Menschen die Rolle des Anwalts übernehmen. In der Tat verstehen sich einzelne Bürger und Bürgerinitiativen schon seit langem als Anwälte z.B. der Umwelt, ohne hierfür allerdings einen gesellschaftlichen Auftrag zu haben.

Im Rahmen des Prinzips der Partnerschaft wäre also zu fordern, daß bei Entscheidungen, deren Folgen Umwelt, Mitwelt und Nachwelt betreffen oder betreffen könnten, Anwälte der betroffenen Akteure und Systeme im Planungs- und Entscheidungsprozeß gehört werden müssen, und daß bei der Entscheidung die Erhaltungs- und Entfaltungsinteressen dieser Akteure und Systeme voll berücksichtigt werden – so als wären sie selbst anwesend und könnten ihre Interessen vertreten. Die Anwälte selbst müßten darauf verpflichtet sein, im Rahmen des menschlich Möglichen ausschließlich die Interessen ihrer Klienten nach bestem Wissen und Gewissen zu vertreten – allerdings unter Beachtung des partnerschaftlichen Prinzips.

## *In Zukunft mehr Partnerschaft?*

Die Übernahme des Prinzips der Partnerschaft durch die Gesellschaft ist eine Maximalforderung, die vielleicht nie erfüllt werden wird. Jeder Fortschritt in diese Richtung stellt aber eine Verbesserung der Ausgangsbedingungen für die Zukunft dar. Es hat – im Interesse der Entfaltungsmöglichkeiten aller Beteiligten und Betroffenen – keinen Sinn zu warten, bis dieses Prinzip von Staaten und internationalen Institutionen offiziell zur Grundlage gesellschaftlichen Handelns gemacht wird. Wichtiger ist eher, was in der gesellschaftlichen Realität an verhaltensrelevanten Wertverschiebungen wirklich vor sich geht. Und hier scheint sich tatsächlich eine allmähliche – sehr allmähliche – Verschiebung der Wertorientierungen vom Prinzip des Eigennutzes zum Prinzip der Partnerschaft hin anzubahnen. Dafür gibt es Anhaltspunkte – wir kommen in Kapitel 5 darauf zurück. Da diese ethische Umwertung und Aufwertung der Interessensphären anderer Systeme in Umwelt, Mitwelt und Nachwelt nicht durch direkte funktionale Begründung ihr hohes Gewicht erhalten kann, muß dieses aus anderer Quelle kommen: eine partnerschaftliche Einstellung, die sehr tief im Wertsystem und damit emotional in der Persönlichkeit verankert ist und für die es einige Gründe zu geben scheint.

Da ist zunächst der Faktor »Komplexität« zu nennen. Als Folge von Bevölkerungsentwicklung, Arbeitsteilung, Technologie und Industrialisierung sind wir von immer mehr anderen Systemen und Akteuren abhängig geworden; viele andere hängen wieder von uns ab. Die gegenseitige Abhängigkeit zwingt uns dazu, auf andere mehr Rücksicht zu nehmen als in früheren, einfacheren Zeiten.

In bezug auf den Faktor Information wissen wir über die gegenseitigen Verknüpfungen auch zunehmend besser Bescheid als früher; wir wissen also oder könnten in den meisten Fällen mit einiger Sicherheit wissen, wer von unseren Handlungen in welcher Weise betroffen wird. Nun sind wir Menschen aber keine informationsverarbeitenden Computer: Wir können kognitive Vorgänge nicht von affektiven trennen, können nicht denken, ohne zu fühlen. Wissen über das Elend eines anderen kann uns u. U. deshalb berühren, weil wir es auf uns selbst projizieren und weil es damit bei uns Unbehagen erzeugt. Tendenziell ist dann zu erwarten, daß das Elend des anderen bei unserem weiteren Überlegen und Handeln nicht gänzlich unberücksichtigt bleibt; auch hier wäre mehr Berücksichtigung des andern die Folge. Aber es gibt auch Anzeichen für eine Gegentendenz: Informationsfülle bei schwindenden Einflußmöglichkeiten des einzelnen in der modernen Gesellschaft führt zu Resignation, Apathie, Zynismus, krassem Egoismus.

Der Grad der Erfüllung der eigenen Entfaltungsbedürfnisse ist entscheidend. Von jemandem, der am Rande des Existenzminimums existiert, ist wenig Rücksicht auf andere zu erwarten, die ihm die wenigen vorhandenen Krümel auch noch streitig machen. Aber die Erfahrung zeigt auch, daß Wohlstand ebensowenig zu größerer Rücksichtnahme auf den Nächsten führt – eher das Gegenteil. Tendenziell aber können wir trotzdem erwarten, daß bei relativ guter Erfüllung der Entfaltungsbedürfnisse (was Sicherung des Existenzminimums und der Menschenrechte, aber nicht materiellen Wohlstand voraussetzt) es dem einzelnen eher möglich ist, sich über die Schicksale anderer und über die Konsequenzen seines Handelns zu informieren und auf andere Rücksicht zu nehmen.

Unter dem sozio-kulturellen Aspekt läßt sich sagen, daß partnerschaftliche Orientierung in einigen Kulturkreisen stärker vertreten ist als in anderen; sie kann sich auch im Laufe der gesellschaftlichen Entwicklung verstärken oder abschwächen. Auch bei uns hat sich, in wenigen Jahrzehnten, eine feststellbare Verstärkung dieser Einstellung ergeben, zum Teil durch Entwicklungen unserer Gesellschaft bedingt, die zu mehr Mitspracherecht und Partnerschaft in vielen Bereichen geführt haben: Betrieb, Verwaltung, Universität, Familie und vor allem im Straßenverkehr. Die Geschichte wird möglicherweise dem Auto die entscheidende Rolle bei der Verbreitung einer demokratischeren und partnerschaftlicheren Einstellung zuerkennen müssen: Die Verkehrsregeln erkennen allen Verkehrsteilnehmern die gleichen Rechte zur ›Entfaltung‹ im Straßenverkehr zu, ob sie nun im Mercedes oder im VW-Käfer sitzen. Mehr noch, der dichte Verkehr selbst zwingt über die Verkehrsregeln hinaus zur Entwicklung partnerschaftlicher Verhaltensweisen, wenn er nicht im Chaos zusammenbrechen soll. Es ist zu erwarten, daß in einem hautnahen Lebensbereich gelernte Verhaltensweisen entsprechende Veränderungen im Wertsystem nach sich ziehen und sich damit auch auf das Verhalten in anderen Bereichen übertragen.

Dabei müssen wir uns aber vor Augen halten, daß jede partnerschaftliche Regung sich durch Apathie und Resignation, durch Verdrängen, durch ungünstige Bedingungen der eigenen Entfaltung (Existenzbedrohung oder auch Unsicherheit im Wohlstand), durch ›höhere‹ Werte und Ziele (›das Wohl des Ganzen‹) jederzeit und meist relativ leicht überspielen läßt. KZ-Aufseher haben dafür die makabersten Beispiele geboten. Wir werden hier wieder auf die Tatsache gestoßen, daß Wertgewichtungen und damit Wertsysteme eben nicht funktional bedingt sind, sondern in freier Entscheidung gewählt werden müssen.

Ein Wertsystem hat am ehesten Aussicht, akzeptiert zu werden, wenn es sich mit emotioneller Betroffenheit verbünden kann. Deshalb haben es hedonistische und utilitaristische Wertsysteme besonders einfach. Die Ethik des Eigennutzes fällt hier mit hoher emotioneller Bewertung der eigenen Funktionsfähigkeit zusammen. Relativ einfach auch hat es eine Ethik der Kooperation mit anderen, die ›zurückzahlen‹ können. Hier verbündet sich emotional empfundene Betroffenheit mit Eigeninteressen. Eine Ethik des ›liebe-deinen-Nächsten‹ kann besonders leicht dann befolgt werden, wenn dieser Nächste noch nahe genug ist, um eigene Betroffenheit zu erzeugen. Eine Ethik der Partnerschaft, die Rücksichtnahme auch auf die belebte Umwelt, unbekannte Menschen auf fernen Kontinenten und zukünftige Generationen fordert, gewinnt aus emotionaler Betroffenheit kaum noch Unterstützung und ist fast allein auf eine klare Willensentscheidung angewiesen, bevor auch sie in der Persönlichkeitsstruktur – wieder emotionell – verankert werden kann.

Mir scheint trotzdem, daß die Bereitschaft wächst, ein solches Prinzip der Partnerschaft mit Mitwelt, Umwelt und Nachwelt als neuen ethischen Bezugsrahmen anzuerkennen; vielleicht auch gerade deshalb, weil uns die Konsequenzen unseres bisherigen Handelns immer häufiger veranlassen, das überkommene Wertsystem des Eigennutzes in Frage zu stellen.

## Leitwerte, Leitbilder, Wandel

Am Ende dieser Ausführungen über Wertsysteme und Wertwandel und ihre Rolle beim Verhalten wollen wir uns noch einmal die wesentlichen Zusammenhänge vergegenwärtigen. Sie sollen uns helfen, die Wertvorstellungen besser zu verstehen, die hinter den alternativen Zukunftsbildern des nächsten Kapitels stecken.

Bevölkerungswachstum, Erschöpfung der Ressourcen und Umweltzerstörung führen am Ende des zwanzigsten Jahrhunderts zu der Frage, wie das alles weitergehen soll und ob es überhaupt ohne Katastrophe weitergehen kann. Wäre der Mensch und mit ihm die menschliche Gesellschaft ein einfacher, lernunfähiger Automat, so wäre die Katastrophe unvermeidbar, ja, sie wäre bereits am Anfang der Menschheitsgeschichte unvermeidbar gewesen. Mensch und Gesellschaft hätten sich längst bei der ständigen Veränderung der materiellen Lebensbedingungen als ›falsch programmiert‹ und lebensunfähig erwiesen. Mensch und Gesellschaft erhalten ihre Lebensfähigkeit also durch Lernfähigkeit. Ein einfaches Lernen durch Versuch und Irrtum, durch Belohnung und Strafe, mag dabei manche historischen Entwicklungstendenzen erklären, würde aber zur Vermeidung katastrophaler Entwicklungen in der Zukunft nicht mehr ausreichen. Solches Lernen ist per definitionem ein Lernen an den Erfahrungen der Vergangenheit. Entwicklungen, auf die uns die Vergangenheit nicht vorbereitet hat, träfen uns hilflos. Es zeigt sich aber immer wieder, daß Menschen und Gesellschaften völlig ungewohnte Situationen ohne wesentliche Nachteile, ja oft mit neuen Vorteilen meistern.

Eine derartige ›sichere Beherrschung jeder Situation‹ setzt einiges voraus: ausreichende Information über die Situation, ausreichendes Wissen, Kenntnisse und Fähigkeiten, um sowohl die Bedeutung dieser Situation für sich selbst und andere zu erfassen und zu vernünftigen Problemlösungen zu kommen, und schließlich ein Wertsystem, das bei jeder Wahrnehmung, Beurteilung, Problemlösung, Entscheidung und Handlung die angemessene Berücksichtigung der eigenen Interessen und der Interessen anderer in einem ethischen Bezugsrahmen erlaubt. Uns geht es hier wesentlich um diese in Denk- und Wertvorstellungen festgelegten Voraussetzungen des Verhaltens. Sie haben entscheidenden Einfluß auf die Gestalt unserer Zukunft. Da wir auf sie aber einigen Einfluß ausüben können, stellt sich unsere Zukunft als größtenteils *›selbstgemacht‹* heraus: Von einem hilflosen Ausgeliefertsein an materielle Zwänge kann keine Rede sein.

Da wir uns mit Hilfe unseres Denkapparats Bilder möglicher Zukünfte machen können und diese mit den normativen Kriterien unseres Wertsystems bewerten können, können wir an den ›Erfahrungen der Zukunft‹ lernen. Erst dieses antizipative Lernen – nicht das reaktive Lernen an der Vergangenheit – ermöglicht aktive Gestaltung einer menschlicheren Zukunft. Verzichten wir auf diese Möglichkeit der aktiven Gestaltung, so dürfen wir uns nicht beschweren, wenn die Entwicklung uns in Bahnen und Sackgassen drängt, in die wir eigentlich gar nicht hineingeraten wollten.

Zum einen besteht also die Aufgabe darin, uns möglichst zutreffende Vorstellungen über uns selbst und andere Systeme, über Verknüpfungen und Beziehungen zwischen Systemen, über Entwicklungsalternativen, -möglichkeiten und -grenzen, kurz: möglichst zutreffendes Wissen über die Wirklichkeit und ihre Entwicklungsmöglichkeiten zu verschaffen. Zum anderen stellt sich die Aufgabe, uns darüber klarzuwerden, was wir und andere eigentlich heute und in Zukunft wollen, d. h. wir müssen uns über Leitwerte und ethische Prinzipien und deren relative Bedeutung klarwerden. Wir kommen schließlich um eine Entscheidung für einen ethischen Bezugsrahmen nicht herum: Wieviel Rücksicht auf den anderen in Umwelt, Mitwelt, Nachwelt soll genommen werden, selbst wenn er uns ›nichts tun‹ kann?

Das Wissen über die Wirklichkeit und ihre Entwicklungsmöglichkeiten erlaubt es, alternative Bilder der Zukunft zu entwerfen. Aber erst deren Bewertung mit den normativen Gewichtungen des Wertsystems ermöglicht es, die Spreu vom Weizen zu scheiden und die wünschenswerten von den unerwünschten Alternativen zu trennen. Beides also ist notwendig: die Fähigkeit, detaillierte Zukunftsbilder zu entwerfen, und die Fähigkeit, diese nach den Gesichtspunkten eines möglichst vollständigen und relevanten Wertsystems zu bewerten.

Am Beispiel des Wandels gesellschaftlicher Wertvorstellungen verdeutlichen sich die Rollen von Wissen, Alternativvorstellungen, Wertsystem und Bewertung: Neues und abgesichertes Wissen weckt Zweifel an vorhandenen Vorstellungen, führt damit zur Überprüfung und Neubewertung alter Verhaltensweisen, löst hierdurch eine Suche nach besseren Alternativen aus, die im Rückbezug auf ein Wertsystem, und evtl. elementare Leitwerte und ethische Prinzipien bewertet werden, und ermöglicht damit schließlich Entscheidungen, die zu einer besseren Alternative führen. Oft genug ist damit auch eine Umgewichtung anderer (nachgeordneter) Werte verbunden.

Überlegungen über das Wertsystem zeigen schnell, daß es sich hierbei keinesfalls um eine unzusammenhängende Anhäufung von Verhaltensregeln handeln kann, da deren Zahl außerordentlich hoch sein müßte, um allen Verhaltensanforderungen gerecht zu werden. Für einzelne, immer wiederkehrende Situationen existieren solche Verhaltensregeln. Zur Orientierung in neuen und unbekannten Situationen dagegen, bei denen überlegtes Handeln notwendig wird, muß die Möglichkeit der Ableitung angepaßter Verhaltensweisen aus fundamentalen – unterschiedlich gewichteten – Leitwerten wie ›Erhaltung‹, ›Versorgung‹, ›Sicherheit‹, ›Handlungsfreiheit‹, ›Adaptivität‹, ›Wirksamkeit‹, ›Rücksicht‹, ›psychische Bedürfnisse‹ sowie aus einem ethischen Prinzip, das die relative Gewichtung der Leitwerte anderer Systeme und der Zukunft bestimmt, gegeben sein. Für diese Annahme spricht, daß Verhaltenstendenzen sich meist mit einiger Treffsicherheit von anderen voraussagen bzw. im nachhinein zumindest nachvollziehen und begründen lassen. Die Regeln von Wertsystemen und ihrer Anwendung sind also wahrscheinlich relativ einfach und allen intuitiv vertraut.

Bewertungsunterschiede ergeben sich aus Unterschieden in den Wertgewichtungen sowohl der verschiedenen Leitorientierungen wie auch der eigenen Interessensphäre, der Interessensphären anderer und der Zukunft. Hier ist auch die Ursache der oft gravierenden und mit äußerster Heftigkeit vertretenen Meinungsunterschiede bei identischem Sachwissen über einen gegebenen Sachverhalt (wie bei der Kontroverse um den Bau von Atomkraftwerken) zu suchen: Andere Wertgewichtungen müssen zwangsläufig zu anderen Resultaten führen. Bei unbewußt (auch überlegt) handelnden Akteuren (z.B. Tieren) sind diese Wertgewichtungen lediglich durch funktionale Erfordernisse der Lebens- oder Artsicherung bestimmt; bei bewußt handelnden Akteuren (Menschen) sind Wertgewichtungen prinzipiell nicht mehr aus funktionalen Bedürfnissen abzuleiten, da sie frei wählbar oder änderbar sind. Die relativen Gewichtungen der Leitorientierungen des Akteurs, der Interessensphären anderer Akteure und Systeme und der Zukunft entsprechen einem ethischen Bezugsrahmen. Diese Gewichtungen gehören zur Persönlichkeitsstruktur des Akteurs und sind dort emotionell fest verankert.

Wo Wertsysteme sich wegen unterschiedlicher Gewichtungen unterscheiden, da ergeben sich selbstverständlich Bewertungsunterschiede: die energiepolitische Kontroverse ist ein Modellfall. Es ist die Tragik und Ironie gerade dieser Kontroverse, daß sich die Macher der ökonomistischen Pragmatik über die Willkürlichkeit ihres ethischen Bezugsrahmens nicht im klaren sind und ihre Opponenten der ›Irrationalität‹ verdächtigen, wenn sie im Rahmen *ihres* ethischen Bezugsrahmens Rücksicht auf die Belange von Umwelt, Mitwelt und Nachwelt fordern.

Im Gegensatz und erklärten Widerspruch zum Wertsystem des Ökonomismus scheint sich heute sehr allmählich eine eher partnerschaftliche Wertgewichtung auszubreiten, die aber nicht nur auf den unmittelbaren Partner beschränkt bleibt, sondern auch auf Partner in Umwelt, Mitwelt und Nachwelt ausstrahlt, mit denen direkter Kontakt nie möglich sein wird, die aber durch Handlungen hier und heute in ihrer Entfaltung morgen und anderswo beeinträchtigt werden könnten. Einige Beweise liefern die beiden folgenden Kapitel.

## Anmerkungen zu Kapitel 3

1 P. Kmieciak: Wertstrukturen und Wertwandel in der Bundesrepublik Deutschland, Göttingen 1976.
2 Aus: H. Bossel: Systems Analysis on Programmable Pocket Calculators, in: H. Bossel (ed.): Concepts and Tools of Computer-Assisted Analysis, Basel und Stuttgart 1977, S. 432–456.
3 J. W. Forrester: Der teuflische Regelkreis, Stuttgart 1972.
4 D. Meadows, D. Meadows, E. Zahn, P. Milling: Die Grenzen des Wachstums, Stuttgart 1972.
5 M. Mesarović, E. Pestel: Menschheit am Wendepunkt, Stuttgart 1974.
6 A. O. Herrera, H. D. Scolnik: Grenzen des Elends, Frankfurt a.M. 1977.
7 H. Bossel, M. Strobel: Mehrdimensionale Orientierung bei rationaler Planung und Entscheidung: Experimente mit einem Weltmodell, Institut für Systemtechnik und Innovationsforschung, Karlsruhe 1977.

# 4 BILDER VON DER ZUKUNFT

## Vorstellungen über die Zukunft als Leitbilder

Die Zukunft der nächsten Stunden ist uns recht gut bekannt: Sie ist von den Entwicklungen der Vergangenheit und der Gegenwart fast vollständig bestimmt und wird sich von der Gegenwart mit hoher Wahrscheinlichkeit nur wenig unterscheiden. Die Zukunft der nächsten Jahre ist ungewisser: noch von der heutigen Gegenwart und Vergangenheit bestimmt, aber zudem von Entwicklungen geformt, die heute noch in der Zukunft liegen. Die Zukunft der nächsten Jahrzehnte ist weit unbestimmter: Sie hängt von einer Vergangenheit ab, die wir heute erst zum Teil kennen können. Je weiter wir in die Zukunft zu schauen versuchen, um so größer wird der Einfluß dessen, was heute noch nicht ist, die Ungewißheit wächst. Immer aber wird die Zukunft von ihrer Vergangenheit weitgehend festgelegt.

Woher aber stammt eigentlich diese Ungewißheit? Abgesehen von gelegentlichen Naturkatastrophen offenbart sich in den natürlichen Abläufen auf der Erde seit Millionen von Jahren eine bewundernswerte Regelmäßigkeit und damit Vorhersagbarkeit. Der größte Teil der Ungewißheit hat daher seine Wurzeln in uns selbst, im menschlichen Verhalten. Wenn die Zukunft also durch ihre Vergangenheit wesentlich bestimmt ist, so bedeutet das umgekehrt, daß unser Handeln in der Gegenwart die Zukunft wesentlich mit bestimmt. Wir stellen heute Weichen, über die morgen Züge fahren müssen. Das sollte uns eigentlich Ansporn sein, unsere Zukunft nicht unserem heutigen eigenen Verhalten unbedacht auszuliefern, sondern uns bei unserem Tun Rechenschaft darüber abzulegen, welche zukünftigen Konsequenzen es haben wird; es sollte uns veranlassen, unser Tun und seine Konsequenzen im Lichte unserer Wertvorstellungen zu bewerten und Entscheidungen der Gegenwart nicht nur an den Anforderungen der Gegenwart, sondern auch an denen der Zukunft zu messen.

Dazu bedarf es freilich zweierlei: Einmal müssen wir uns darüber klarwerden, welche Anforderungen wir an die Zukunft stellen wollen; zum anderen aber müssen wir uns ein möglichst plastisches Bild von den Konsequenzen unseres Handelns heute verschaffen.

Man muß sich nicht erst auf das Glatteis der Prophetie begeben, um festzustellen, daß auch in Zukunft Individuen, Gruppen und Gesellschaften (individuelle und kollektive Akteure) nach Entfaltung im Rahmen der gegebenen Möglichkeiten streben werden, also nach weitgehender Erfüllung ihrer Leitwerte trachten werden. In welcher Form das im einzelnen angestrebt werden wird – welche Verteilung von Wertgewichtungen also zu erwarten ist –, ist natürlich kaum vorherzusehen; es spielt auch für unsere Betrachtungen keine Rolle.

Weit schwieriger ist es, sich ein relativ genaues Bild von den Konsequenzen heutigen Handelns zu verschaffen. Je weiter der Blick in die Zukunft, um so breiter auch das Spektrum möglicher Konsequenzen, um so verwaschener die Konturen des Bildes einer möglichen Zukunft. Die genaue Abbildung von Einzelheiten gelingt nicht mehr. Es kann aber sehr wohl sein, daß sich trotz aller Verwaschenheit der Konturen wesentliche allgemeine Entwicklungszüge mit hoher Sicherheit erkennen und skizzieren lassen. Ebenso wie mit einer Skizze oder Karikatur mit wenigen Strichen wesentliche Aussagen vermittelt werden können, die für Erkennen, Verständnis und Bewertung eines Sachverhalts völlig ausreichen, so gestatten auch gute Skizzen einer möglichen zukünftigen Entwicklung, diese zu verstehen, zu beurteilen und zu bewerten.

In diesem Kapitel sollen solche skizzenhaften Bilder möglicher zukünftiger Entwicklungen in verschiedenen Lebensbereichen entworfen und im Hinblick auf die Leitwerte der Hauptbeteiligten bewertet werden. Diese Bilder sollen in knapper Form Eindrücke über einen Sachverhalt vermitteln und eine Beurteilung erlauben, ohne daß sie an Maßstäben der Vollständigkeit und der Wiedergabe von Einzelheiten gemessen werden dürfen. Dies ist ebensowenig erforderlich, wie an dem Ruf »Das Haus brennt« – der extrem verhaltensrelevante Information in drei Worten vermittelt und das Erkennen einer Gefahr erlaubt – bemängelt werden darf, daß er keine Auskunft über Art, Ort, Ursache, Stärke usw. des Feuers gibt. Die Skizzen möglicher zukünftiger Entwicklungen, die wir hier entwerfen, sollen also beim Leser eigene Vorstellungen hervorrufen, die sich zu einem Bild zusammenfügen, das er in seiner Ganzheit verstehen und beurteilen kann, und dessen Beitrag zur Erfüllung der Leitwerte er abschätzen und bewerten kann.

Wir benutzen bei allen ›Bildern‹ den gleichen Bewertungsvorgang; er beruht auf den in den vorstehenden Kapiteln entwickelten Vorstellungen und wird weiter unten erläutert. Die Bewertung hinsichtlich der Leitwerte der Hauptbeteiligten erfordert, daß sich der Bewerter zunächst einmal vom zu bewertenden Sachverhalt eine relativ gute Vorstellung verschafft und sich dann fragt, inwieweit die verschiedenen Aspekte dieses Sachverhalts zur Erfüllung jedes der Leitwerte jedes der Hauptbeteiligten beitragen. Wir müssen uns hier mit einer intuitiven Abschätzung des jeweiligen Erfüllungsgrads begnügen. Im Prinzip könnte auch ein aufwendigeres quantitatives Bewertungsverfahren verwendet werden.

Die Bewertungstabellen dieses Kapitels geben meine eigene Bewertung wieder, und der Leser ist aufgefordert, zumindest an einigen Stellen seine eigene Bewertung durchzuführen und die Ergebnisse zu vergleichen. Unterschiede in der Bewertung, die unvermeidlich auftreten, werden vor allem darin ihre Ursache haben, daß die ›Skizzen‹ bei jedem Leser etwas andere Bilder hervorrufen werden und daß er außerdem andere Konsequenzen vor Augen haben wird. Der Leser, der sich gegen eine solche ›subjektive‹ Methode der Bewertung sträubt, sei daran erinnert, daß er selbst – in bester Gesellschaft mit allen Politikern, die heute über die Zukunft entscheiden – ständig Situationen *ohne* die Stütze eines formalen und systematischen Bewertungsverfahrens rein intuitiv beurteilen und bewerten muß, um danach sein Verhalten zu orientieren: seine ›Finanzlage‹ (oder die des Bundes), seine ›berufliche Situation‹, die ›Wirtschaftslage‹, die ›Arbeitslosensituation‹, seine ›Wohnungssituation‹, seine ›Gesundheit‹ usw. Ohne etwas Systematik würden wir hier verschiedene Bilder der Zukunft nicht vergleichen können und es wäre schwieriger, unsere späteren Schlußfolgerungen (Kapitel 5) zu begründen. Die systematische Bewertung zeigt auf einen Blick die signifikanten Unterschiede zwischen Alternativen.

In diesem Kapitel wird versucht, jeweils zwei verschiedene Skizzen zukünftiger Entwicklung aus allen wichtigen Bereichen menschlichen und gesellschaftlichen Lebens zu entwerfen. Das eine Zukunftsbild, die *›ökonomistische Fortschreibung‹*, entspricht einem mit den Entwicklungstendenzen der frühen siebziger Jahre fortgeschriebenen Status quo, also etwa der Fortschreibung der Vorstellungen der Wachstums- und Technologieoptimisten in Politik und Wirtschaft. Das andere Zukunftsbild, die *›ökologische Alternative‹*, entspricht etwa den Vorstellungen der ökologischen Bewegung (etwa denen des Bundesverbands Bürgerinitiativen Umweltschutz und ähnlicher Gruppierungen im In- und Ausland) und einer fast einstimmigen Phalanx von Denkern, die sich in den letzten Jahren zum Thema Alternativen geäußert haben (Ivan Illich, E. F. Schumacher, Carl Amery, Günter Altner, Erich Fromm, Dennis und Donella Meadows, Barry Commener, Robert Jungk, Erhard Eppler, Mihajlo Mesarović, Eduard Pestel, Garett Hardin, Roger Garaudy und viele andere[1]; jeder dieser Autoren hat aber nur jeweils andere Teilaspekte behandelt).

Das Überraschende ist, daß es ähnlich abgrenzbare andere Alternativen als Denkvorstellungen kaum zu geben scheint, ja, daß es auch schwer ist, sie überhaupt auch nur ansatzweise zu konstruieren. Das Zukunftsbild einer Science-fiction-Supertechnologie erfreut sich einer kleinen Anhängerschaft, bleibt aber hier unbeachtet, da es als die logische Fortführung der technisch-ökonomistischen Entwicklung anzusehen ist. Dieses Zukunftsbild erscheint mir wesentlich unrealistischer als die beiden anderen Möglichkeiten. Das läßt sich durch systematische Bewertung im Hinblick auf die Leitwerte des Individuums leicht zeigen.

Die Tatsache, daß die zwei Entwicklungsrichtungen, die ›ökonomistische‹ und die ›ökologische‹, von ihren Befürwortern mit erheblichem – auch emotionellem – Einsatz vertreten und von ihren Gegnern mit ähnlichem Einsatz abgelehnt werden, läßt darauf schließen, daß diese Zukunftsbilder elementare Bewertungsunterschiede und damit verschiedene Wertsysteme verkörpern. Da zunächst einmal angenommen werden muß, daß die Leitwerte für verschiedene Akteure ähnliche Gewichtungen haben sollten, muß der wesentliche Unterschied in der Gewichtung der Interessensphären anderer und in der Zukunftsperspektive liegen. Die Hypothese wird in diesem und im nächsten Kapitel bestätigt: Der ökologischen Alternative entspricht eine eher partnerschaftliche Orientierung.

Im folgenden erläutern wir zunächst das Bewertungsverfahren. Zur weiteren Verdeutlichung wird später die Bewertung der ersten Zukunftsskizze ausführlich erklärt. Der Rest des Kapitels ist den verschiedenen Zukunftsbildern, der ›ökonomistischen Fortschreibung‹ und der ›ökologischen Alternative‹, und ihren Bewertungen gewidmet. Zur Unterteilung der Skizzen für die verschiedenen Lebensbereiche benutzen wir die Kategorien der OECD-Liste der ›Social Concerns‹, an der sich das System von Sozialindikatoren der OECD orientiert[2]. Da diese Bereiche gewisse Aspekte (Umwelt, Ressourcen, Wirtschaft und Verwaltung) nicht abdecken, betrachten wir zusätzlich die Bereiche ›Umwelt als Lebensbasis‹ und ›Soziotechnisches System‹. Damit ordnen wir die verschiedenen Skizzen möglicher zukünftiger Entwicklungen nach den folgenden Kategorien:

*Umwelt als Lebensbasis*
*Soziotechnisches System*
*Gesundheit*
*Bildung und Ausbildung*
*Arbeitswelt*
*Zeitbudget und Freizeit*
*Verfügbarkeit von Gütern und Dienstleistungen*
*Physische Umwelt*
*Sicherheit und Rechtsschutz*
*Soziale Umwelt*
*Mensch und Gesellschaft*

Diese Kategorien werden hier lediglich zur Einteilung der Teilbereiche benutzt. Auf keinen Fall soll damit angedeutet sein, daß wir uns etwa den einseitig ökonomisch orientierten Blickwinkel der OECD-Sozialindikatoren zu eigen machen.

Bevor wir die Zukunftsbilder entwickeln, entwerfen wir für jeden dieser Teilbereiche zunächst eine ›Problemskizze‹: ein kritisches Bild der heutigen Lage. Diese Problemskizzen bieten keine abgewogene Darstellung, sondern ich streiche bewußt die problematischen Aspekte der heutigen Situation heraus. Sie mögen deshalb manchem zu negativ erscheinen. Dieses Vorgehen erscheint mir aber gerechtfertigt, denn die bessere Vorbereitung auf die Zukunft verlangt von uns, daß wir uns die Konfliktstellen bewußt machen. Das sollte aber nicht als pessimistische Schwarzmalerei mißverstanden werden. Wer dieses Buch aufmerksam liest, wird feststellen, daß seine Grundtendenz eher optimistisch – vielleicht zu optimistisch ist. Der Optimismus liege in der Vorstellung begründet, daß die menschliche Gesellschaft reif und erfahren genug ist, um sich nach nüchterner Beurteilung ihrer Lage die Voraussetzungen für eine humane Zukunft nicht zu zerstören oder zerstören zu lassen.

In jede Zukunftsskizze sind eine Vielzahl von Ideen aus der Alternativenliteratur, aus Beiträgen in Rundfunk, Fernsehen und Presse, aus Gesprächen und aus Seminaren über »Alternativen für die Zukunft« eingegangen, die der Bundesverband Bürgerinitiativen Umweltschutz und die Evangelische Akademie Baden im Dezember 1976 in Bad Antogast und im Februar 1977 in Bad Herrenalb veranstalteten. Die meisten Ideen sind bereits weitverbreitetes Gedankengut, dessen Urheber sich nicht mehr identifizieren lassen. Quellenangaben erscheinen mir daher nicht sinnvoll; sie hätten immer unvollständig bleiben müssen. Der interessierte Leser sei auf die Liste der Alternativenliteratur am Ende des Buches verwiesen, die aber auch nur eine beschränkte Auswahl zum Thema enthält.

Der Begriff ›ökologisch‹ (›ökologische Alternative‹) wird hier auch auf Bereiche angewendet, die mit der natürlichen Umwelt wenig oder gar nichts zu tun haben. ›Ökologie‹ bedeutet die »Lehre von den Beziehungen der Lebewesen (allgemeiner: ›Akteure‹) zu ihrer Umwelt«. Die ökologische Sichtweise sieht die Welt als ein mit Systemen und Akteuren bevölkertes Ganzes. Diese stehen miteinander und mit ihrer Umwelt in Beziehungen. Jedes hat eigene Erhaltungs- und Entfaltungsinteressen. Dieser Begriff ›ökologisch‹ scheint mir das Gemeinsame in den vorgestellten Alternativen am besten zu charakterisieren, denn ›ökologisch‹ denken bedeutet nichts anderes, als sich dieser Beziehungen zwischen ›Lebewesen‹ und zur Umwelt bewußt zu sein und auf die Abhängigkeit auch anderer von diesen Beziehungen Rücksicht zu nehmen.

Der Begriff ›ökonomistisch‹ soll dagegen eine – aus dem ökonomischen Denken übernommene, aber nicht darauf beschränkte – Orientierung vor allem am eigenen (nicht unbedingt wirtschaftlichen) Nutzen charakterisieren, die – im Gegensatz zum Utilitarismus – aber auch für langfristige Eigeninteressen relativ blind ist.

Für welchen Zeitpunkt sollen die skizzierten Zukunftsbilder gelten? Das hängt natürlich davon ab, ob wir uns schneller oder langsamer darauf zu bewegen, aber jedes dieser Bilder – die ›Fortschreibung‹ wie auch die ›Alternative‹ – könnte in den nächsten Jahrzehnten Wirklichkeit werden. Der Leser wird feststellen, daß hier keine einzige Entwicklung geschildert worden ist, die nicht heute bereits im Keim vorhanden ist. Möglich sind also beide Zukünfte; es hängt von uns ab, welche Entwicklung wir zulassen und fördern.

## Das Bewertungsverfahren

Bei der Bewertung der durch die Skizzen hervorgerufenen Zukunftsbilder wollen wir uns fragen, inwieweit der skizzierte Zustand die Erfüllung der Leitwerte der hauptsächlich betroffenen Systeme, d.h. deren Erhaltung und Entfaltung fördert oder beeinträchtigt. Da wir uns unmöglich mit den Folgen für jeden einzelnen Betroffenen auseinandersetzen können, müssen wir die betroffenen Akteure und Systeme in irgendeiner Weise sinnvoll zusammenfassen (d.h. aggregieren). Um die Bewertung überschaubar zu halten, fassen wir die Betroffenen unter den Begriffen ›*Individuum*‹, ›*Gesellschaft*‹, ›*Mitwelt*‹, ›*Umwelt*‹ zusammen. Die Zukunft wird dadurch berücksichtigt, daß die Bewertung einmal für den Zeitpunkt, an dem der skizzierte Zustand bestehen soll (die ›Szenario-Welt‹) und einmal für die Zukunft dieses Szenarios (etwa fünf Jahrzehnte später), d.h. für seine ›*Nachwelt*‹ durchgeführt wird.

Mit diesen Begriffen sollen etwa die folgenden Kreise von Betroffenen gemeint sein: Mit ›Individuum‹ ist in der ›Szenario-Welt‹ der einzelne Mensch in dem Staat gemeint, in dem die skizzierten Bedingungen herrschen. Mit ›Gesellschaft‹ ist die nationale oder sozio-kulturelle Gesellschaft gemeint, in der das Individuum lebt, also etwa die Gesellschaft der Bundesrepublik Deutschland. Mit ›Mitwelt‹ sind andere Gesellschaften gemeint, soweit sie betroffen sind, vor allem ist dabei an die Länder der dritten Welt gedacht. ›Umwelt‹ schließlich ist im üblichen Sinne zu verstehen: die lebende oder lebenserhaltende natürliche Umwelt wie: ökologische Systeme und Kreisläufe, Tier- und Pflanzenarten, Ozean und Atmosphäre.

Für diese Betroffenen werden die Leitwerte der Erhaltung und Entfaltung angenommen, die in Kapitel 2 besprochen wurden: ›Lebensfähigkeit‹ (Erhaltung und Versorgung), ›Sicherheit‹, ›Handlungsfreiheit‹, ›Adaptivität‹, ›Wirksamkeit‹ und ›psychische Bedürfnisse‹. (Bei der ›Umwelt‹ entfällt natürlich letztere Dimension.) Wir verwenden eine dreistufige Bewertung, die natürlich relativ grob ist, aber für einen ersten Überblick ausreichen sollte:

| | | |
|---|---|---|
| X | ROT: | *die Erfüllung der Leitorientierung ist kritisch bedroht oder unmöglich* |
| ! | GELB: | *die Erfüllung der Leitorientierung ist gefährdet* |
| 0 | GRÜN: | *die Erfüllung der Leitorientierung ist gewährleistet* |

Bei der Bewertung werde ich mich auf einen Standpunkt stellen, der nicht selbstverständlich ist und den ich deshalb klar herausstellen möchte: Die Bewertung ›grün‹ wird nur dann verwendet, wenn die Erfüllung der entsprechenden Leitwerte für *alle* Teilsysteme in den Bereichen ›Gemeinschaft‹, ›Mitwelt‹ und ›Nachwelt‹ gewährleistet ist, die Bewertungen ›gelb‹ und ›rot‹ werden auch dann vergeben, wenn die Erhaltung und Entfaltung auch nur *eines* Teilsystems gefährdet sind. Wenn also z.B. mit dem Aussterben der Wale zu rechnen ist, die ›Umwelt‹ aber sonst in keiner Weise bedroht ist, so wird hinsichtlich der Leitorientierung ›Lebensfähigkeit‹ trotzdem mit ›rot‹ bewertet. Die Beeinträchtigung einzelner soll also nicht deshalb weniger ins Gewicht fallen, weil es der großen Mehrheit weiter gut geht; insbesondere soll auch die Beeinträchtigung einzelner nicht durch den Nutzen für viele andere aufgewogen werden können. Diese Bewertung ist im Sinne des partnerschaftlichen Prinzips (Kapitel 3) »Alle heutigen und zukünftigen Systeme, die hinreichend einmalig und unersetzlich sind, haben gleiches Recht auf Erhaltung und Entfaltung«.

Eine Gewichtung der Leitwerte und der Betroffenen wird nicht verwendet. Wir lassen vielmehr die Bewertungsergebnisse ohne zusammenfassende Bewertung stehen und werden uns später (Kapitel 5) überlegen, welches ethische Prinzip sich bei denen ausdrückt, die eine bestimmte Alternative befürworten und eine konkurrierende strikt ablehnen.

In den Bewertungsdiagrammen werden die folgenden Abkürzungen verwendet:

*L* *L*ebensfähigkeit
*S* *S*icherheit
*F* Handlungs*f*reiheit
*A* *A*daptivität
*W* *W*irksamkeit
*P* *P*sychische Bedürfnisse

## Umwelt als Lebensbasis

*Problemskizze*

Die Existenz des Menschen ist – wie die jedes anderen Lebewesens – vom Zustand seiner natürlichen Umwelt abhängig. Der Mensch hat das immer gewußt, aber er hat – gerade im jüdisch-christlichen Kulturkreis mit seinem Gebot des »Machet euch die Erde untertan« – sich geweigert, die Endlichkeit, Erschöpfbarkeit und Verwundbarkeit der Umwelt zur Kenntnis zu nehmen. Die ersten Rechnungen werden präsentiert (Ressourcenverknappung, irreparable Zerstörung ökologischer Systeme, vergiftete Landstriche), und wir werden in Zukunft nicht umhinkönnen, allein schon aus purem Selbsterhaltungstrieb der Belastbarkeit der Umwelt als Lebensbasis größere Aufmerksamkeit zu schenken. Im folgenden geben wir eine (unsystematische) Übersicht über Problemstellen, die heute im Verhältnis zwischen Mensch und Umwelt zu finden sind.

Unser industrielles System ist heute in hohem Maße von nicht erneuerbaren mineralischen und fossilen Ressourcen abhängig, die als Rohstoffe für Werkstoffe und Energieträger eingesetzt werden. Bei einigen Rohstoffen (z.B. Erdöl) ist die Erschöpfung in kritische Nähe gerückt. Es wäre müßig, sich hier um Erschöpfungszeitpunkte zu streiten, Tatsache ist, daß wir uns früher oder später nach Alternativen umsehen müssen. Substitution durch andere Stoffe kann sicher einige Probleme lösen, doch lassen sich Substitutionsprozesse nicht über Nacht entwickeln und einführen; manche Stoffe dürften überhaupt nicht durch andere ersetzbar sein. Die Abbaurate fast aller Rohstoffe ist heute wesentlich größer, als das eigentlich zu sein brauchte:

Verschwendung, ineffiziente Nutzung und weitgehender Verzicht auf Rückführung einmal verwendeter Werkstoffe treiben den Verbrauch über das bei rationellem Einsatz unbedingt Erforderliche weit hinaus.

Diese Tendenz wird noch unterstützt durch Preise, die die wahren sozialen Kosten (auch den langfristigen Wechsel auf die Zukunft!) nicht in Rechnung stellen, kaum Anreiz für effiziente Nutzung und Wiedergewinnung liefern und erneuerbare Rohstoffe und Energieträger (noch) konkurrenzunfähig machen (obwohl sie in früheren Jahrhunderten einmal konkurrenzfähig waren). Sie wird weiter unterstützt durch eine in Interessen, Sachzwängen und Weltanschauungen verstrickte Politik, Wirtschaft, Wissenschaft und Technik, die nur mühsam und widerwillig die Mahnzeichen an der Wand erkennen will, um sich einer neuen Technologie zu widmen, die allein ihre Lebensfähigkeit in der Zukunft garantieren kann: die Technologie der besseren Nutzung, der Wiedergewinnung und der erneuerbaren Rohstoffe. Unwiderbringliche Ressourcenverluste entstehen, weil die Praktiken der Ressourcenverwendung und Müll›entsorgung‹ durch Verdünnung und Vermischen der Materialien auch spätere Wiedergewinnung praktisch unmöglich machen.

Während wir so langsam aber sicher die nichterneuerbare Rohstoffbasis in die Umwelt verstreuen – gelegentlich in dem Wunschdenken, sie später bei Bedarf zumindest teilweise durch Einsatz noch nicht vorhandener Fusionsenergie und noch nicht bekannter Verfahren aus den Weltmeeren wiederzugewinnen –, sind wir gleichzeitig auch auf dem besten Wege, die erneuerbare Rohstoffbasis, d. h. die lebende natürliche Umwelt in ihrer Funktionsfähigkeit teilweise irreparabel zu beeinträchtigen. Fisch- und Säugerarten in den Weltmeeren werden durch Überfischen und Überjagen an den Rand ihrer biologischen Existenz gebracht, Vögel- und Insektenarten verschwinden durch die Einwirkung von Bioziden, landwirtschaftliche Fläche versalzt und verkarstet durch Überdüngung mit künstlichem Dünger und Beregnung, Monokulturen erfordern eine energie- und chemieintensive Landwirtschaft, Grundwasserbestände werden verseucht und sinken durch den ständig steigenden Bedarf der Industrie, der Haushalte, der Kraftwerke. Schwermetalle vergiften Gewässer und Ozeane, radioaktive und chemische Abfälle mit heute nicht bekannten Langzeitwirkungen werden in Land und Meer eingelagert, die Verschmutzung von Gewässern und Meeren nimmt zu, Kohlendioxyd aus Verbrennungsprozessen und Treibgase aus Sprühdosen verändern den Strahlungshaushalt der Atmosphäre und lassen langfristig Klimaveränderungen befürchten. Durch Rodung, Siedlung, Wasserbau, Straßenbau, Industrie und Erholungsgebiete werden natürlich gewachsene Ökosysteme verändert und zerstört.

Es gibt verschiedene Möglichkeiten, auf diese Herausforderungen zu reagieren. Wir skizzieren und bewerten Zukunftsbilder zu den folgenden Problemkreisen:

- Ressourcennutzung
- Eingriffe in Ökosysteme

## ÖKONOMISTISCHE FORTSCHREIBUNG

### Ressourcennutzung

Eine wachsende Wirtschaft in allen Ländern, vor allem aber denen der dritten Welt, führt zu ständig steigendem Bedarf an Rohstoffen aller Art. Rohstoffsparende Technologien und die Wiedergewinnung von Rohstoffen werden nur in geringem Maße eingesetzt, da sie im betriebswirtschaftlichen Sinne nicht wirtschaftlich sind. Trotz allmählicher Erschöpfung der bekannten und leicht erreichbaren Lagerstätten gelingt es, durch hochentwickelte Methoden der Prospektion und geologischen Untersuchung (Elektronik, Computer, Schnellbohrmethoden) neue Lagerstätten ausreichender Konzentration und Mächtigkeit in genügender Anzahl zu entdecken. Neue Abbauverfahren mit allerdings hohem Energiebedarf gestatten die Ausbeutung von Bodenschätzen auch bei geringer Rohstoffkonzentration. Die Energie kommt aus Atomkraftwerkskomplexen in der Nähe der Lagerstätten. Mit dem Abraum werden künstliche Gebirge und Erholungsgebiete, in den ausgebeuteten Lagerstätten künstliche, mit Abwärme beheizte Seen angelegt, um die sich subtropische Vegetation entfaltet. Im Meer wird Bergbau im großen Stil von oft in großer Tiefe versenkten Arbeitsplattformen aus betrieben. Wegen der unvermeidbaren Umweltverschmutzung werden Teile der Ozeane zu ›Toten Zonen‹ erklärt, in denen Bergbau ohne Rücksicht auf Ökosysteme betrieben werden darf. Der Bergbau wird gleichzeitig als Mittel der Landschaftssanierung eingesetzt, um die natürliche Landschaft den neuen Anforderungen der Gesellschaft anzupassen. Die Nutzung regenerativer Energie (Sonne, Wind) ist sinnlos, da sie

## ÖKOLOGISCHE ALTERNATIVE

### Ressourcennutzung

Dank der fast vollständigen Wiedergewinnung konnte trotz stark gestiegenem Weltbedarf an Gütern (vor allem in den Ländern der dritten Welt) die jährliche Abbaurate nicht erneuerbarer Rohstoffe auf einen Bruchteil des früheren Wertes gesenkt werden. Bergbau wird nur noch dort betrieben, wo seine Auswirkungen auf ökologische Systeme gering sind. Die Zahl und Größe der Hüttenbetriebe konnten erheblich reduziert werden, dafür stieg die Zahl der Wiedergewinnungsbetriebe stark an; sie arbeiten relativ umweltfreundlich und energiesparend. Produkte werden auf Langlebigkeit konstruiert und am Ende ihrer Lebenszeit wieder an die Herstellerfirma zurückgeschickt, die die Zerlegung übernimmt und Teile soweit möglich wieder aufarbeitet und wiederverwendet. Der Anteil nicht erneuerbarer Werkstoffe wurde durch verstärkten Einsatz erneuerbarer Werkstoffe (Holz und Holzprodukte aus einer ökologisch verträglichen Forstwirtschaft, Pflanzenprodukte, pyrolytisch aus Biostoffen gewonnene Kunststoffe usw.) stark reduziert. Produkte aus der Holzchemie und anderen biotechnischen Prozessen ersetzen Erdölprodukte. Durch konsequente Anstrengungen zur besseren Energienutzung und bei der Wiedergewinnung von Werkstoffen gelang es, den Energiebedarf soweit zu reduzieren, daß er durch erneuerbare Energien (besonders Biogas, Sonne, Wasser, Wind, Erdwärme) weitgehend gedeckt werden kann. Ein Rest – vor allem industrieller Großbedarf – wird mit Kohle gedeckt. Sonnenenergie, biogasgetriebene Wärmepumpen und Abwärmenutzung decken fast vollständig den

nur einen winzigen Bruchteil des ständig steigenden Gesamtenergiebedarfs dekken können. Dieser Bedarf ist vor allem deshalb so hoch, weil man bei der allgemeinen Einführung der Kernenergie darauf verzichtete, alle Möglichkeiten der besseren Energienutzung konsequent einzusetzen. Statt dessen wurden Arbeitskräfte und Investitionen vor allem zum Ausbau der Elektrizitätserzeugung und -versorgung verwendet.

Heizbedarf der Haushalte. Durch einen Durchbruch in der Solarzellentechnik wurde der Bau billiger Kleinanlagen zur Stromerzeugung möglich; sie versorgen den größten Teil der Haushalte.

| 1A | Individuum | | | | | | Gesellschaft | | | | | | Mitwelt | | | | | | Umwelt | | | | |
|---|---|---|---|---|---|---|---|---|---|---|---|---|---|---|---|---|---|---|---|---|---|---|---|
| | L | S | F | A | W | P | L | S | F | A | W | P | L | S | F | A | W | P | L | S | F | A | W |
| . Szenario-Welt | 0 | 0 | 0 | 0 | 0 | ! | 0 | 0 | 0 | ! | 0 | 0 | 0 | ! | ! | ! | ! | ! | X | X | X | X | X |
| . Nachwelt | 0 | ! | ! | X | X | ! | ! | ! | X | X | X | ! | ! | X | X | X | X | ! | X | X | X | X | X |

| 1B | Individuum | | | | | | Gesellschaft | | | | | | Mitwelt | | | | | | Umwelt | | | | |
|---|---|---|---|---|---|---|---|---|---|---|---|---|---|---|---|---|---|---|---|---|---|---|---|
| | L | S | F | A | W | P | L | S | F | A | W | P | L | S | F | A | W | P | L | S | F | A | W |
| . Szenario-Welt | 0 | 0 | 0 | 0 | 0 | 0 | 0 | 0 | 0 | 0 | 0 | 0 | 0 | 0 | 0 | 0 | 0 | 0 | 0 | 0 | 0 | 0 | 0 |
| . Nachwelt | 0 | 0 | 0 | 0 | 0 | 0 | 0 | 0 | 0 | 0 | 0 | 0 | 0 | 0 | 0 | 0 | 0 | 0 | 0 | 0 | 0 | 0 | 0 |

## *Erläuterungen zur Bewertung*

Die skizzierten Szenarien entsprechen etwa den Zuständen, die sich konsequenterweise in einiger Zeit einstellen würden, wenn sich die heutigen Vorstellungen ihrer jeweiligen Befürworter durchsetzen würden. Auf den genauen Zeitpunkt des Szenarios wollen wir uns hier nicht festlegen. Er ist im Grunde gänzlich irrelevant; in Wirklichkeit ist einzig von Bedeutung, auf welchen der zwei Wege wir uns begeben. Die Bewertung wird einmal für den Zustand zum Szenario-Zeitpunkt (›Szenario-Welt‹) und ein zweites Mal für die ›Nachwelt‹ des Szenarios einige Jahrzehnte später durchgeführt. Auf diese Weise zeigt sich u. a., ob das Szenario selbst eine sinnvolle Zukunft hat. Für beide Zeitpunkte wird die Erfüllung der Leitwerte ›Lebensfähigkeit‹, ›Sicherheit‹, ›Handlungsfreiheit‹, ›Adaptivität‹, ›Wirksamkeit‹, ›psychische Bedürfnisse‹ bei den vier betroffenen Systemen ›Individuum‹, ›Gesellschaft‹, ›Mitwelt‹ und ›Umwelt‹ bewertet (vgl. die früheren Erläuterungen). Die Bewertung geschieht mit den drei Skalenwerten ›rot‹ (x = akute Gefährdung), ›gelb‹ (! = bedenklich), ›grün‹ (0 = in Ordnung). Im Bewertungsblatt werden entsprechende Markierungen eingetragen.

Die ökologische Alternative scheint auch bei kritischer Betrachtung keine ›gelben‹ oder ›roten‹ Bewertungen zu verdienen – ich habe sie deshalb durchweg mit ›grün‹ bewertet. Das bedeutet insbesondere, daß diese Alternative auch für ›Mitwelt‹, ›Umwelt‹ und ›Nachwelt‹ keine Beschneidung der Erhaltung und Entfaltung bedeutet. Ich habe aber bereits gesagt, daß es sich hier um eine subjektive Bewertung handelt, in die ich zwangsläufig meine eigenen Vorstellungen einbringen muß, um die knappe Skizze soweit zu ergänzen und in ihrer Bedeutung zu verstehen, daß ich sie bewerten kann.

Es ist durchaus möglich, daß der Leser zu anderen Schlüssen gerät. So würde ich einräumen, daß man bei der ›ökologischen Alternative‹ der Ansicht sein kann, daß durch die strikten Maßnahmen zur rationellen Ressourcennutzung der einzelne in seiner Handlungsfreiheit beschnitten werden müßte, daß also diese Dimension vielleicht mit ›gelb‹ zu bewerten sei. Solange das Szenario keine genauere Auskunft über die Durchführung der einzelnen Maßnahmen gibt (das würde hier viel zu weit führen) und der Bewerter seine eigenen Vorstellungen zur Hilfe nehmen muß, werden sich also Bewertungsunterschiede sicher einstellen. Es sei aber daran erinnert, daß bei genauerer Kenntnis des Szenarios diese Bewertungsunterschiede kleiner werden müssen, da es sich bei den Leitwerten um Größen handelt, für die man im Prinzip quantifizierbare Kenngrößen entwickeln kann. Wenn man sich auf die Definition dieser Kenngrößen einigen kann, dann kann man damit auch nach einheitlichen Maßstäben bewerten.

Um uns mit der Bewertungsmethode vertrauter zu machen, wollen wir uns einige der Bewertungen der ›ökonomistischen Fortschreibung‹ genauer betrachten. Zunächst fällt auf, daß in der Szenario-Welt die Lebensentfaltung des einzelnen, wie auch die seiner Gesellschaft (etwa: Industrienationen), relativ gut gewährleistet ist (›grün‹). Beim Individuum steht ein ›gelb‹ bei den psychischen Bedürfnissen: Es kann sein, daß ihn die Entfremdung von der Natur und ihre zunehmende Vertechnisierung ebenso bedrücken werden wie die Sorge, wie denn nun alles weitergehen soll. Bei der Gemeinschaft steht ein ›gelb‹ in bezug auf die ›Adaptivität‹, weil der einseitige Verlaß auf eine Supertechnologie mit hohem Energie- und Rohstoffbedarf die Optionen immer mehr beschneidet und immer weniger Spielraum läßt, um auf unerwartete Entwicklungen flexibel zu reagieren. Die Folgen zeigen sich dann auch bei der ›Nachwelt‹: hier ist gerade noch die Lebensfähigkeit des Individuums gewährleistet, dagegen sind alle seine anderen Leitwerte stark negativ betroffen. Der Grund: Die Megamaschine (Mumford)*, von der die Gesellschaft auf Gedeih und Verderb abhängig geworden ist, gerät an die Grenzen ihrer physischen und organisationsmäßigen Funktionsfähigkeit. Um die Lebensfähigkeit des Individuums zu sichern, muß auf die adäquate Erfüllung anderer Leitwerte verzichtet werden. Aktuelles Beispiel: Die erhöhte Verwundbarkeit der modernen Industriegesellschaft gegenüber terroristischen Anschlägen läßt sich nur durch erhöhte Eingriffe in den Bereich der persönlichen Freiheit wettmachen.

Die Bewertungen für ›Mitwelt‹ und ›Umwelt‹ sind bereits in der Szenario-Welt miserabel: Auf andere Gesellschaften und auf die Umwelt wird keine Rücksicht genommen. Für die ›Mitwelt‹ verschlimmern sich in der Nachwelt die Aussichten weiter. Weder die Lebensfähigkeit der ›Mitwelt‹ noch die der ›Umwelt‹ sind gewährleistet.

Der Leser sollte sich auch diese Bewertungen durch den Kopf gehen lassen und Kritik von seiner Position aus üben. Es dürfte ihm klargeworden sein, daß ich auch bei diesen Bewertungen eine einseitige Position vertrete, die ich

* Siehe Lewis Mumford, Mythos der Maschine, fischer alternativ, Bd. 4001.

allerdings auch nicht als ›Ergebnis wertfreier und objektiver Wissenschaft‹ ausgebe. Mit der gleichen kritischen Einstellung sollte der Leser sich auch die anderen Bewertungen betrachten. Ich glaube allerdings, daß er schließlich zu Bewertungen gelangen wird, die sich von meinen lediglich quantitativ, aber nicht grundsätzlich und qualitativ unterscheiden.

ÖKONOMISTISCHE FORTSCHREIBUNG

**Eingriffe in Ökosysteme**

Steigende Ansprüche, zunehmende Bevölkerung und damit auch wachsende Wirtschaft erhöhen die Belastung der Umwelt durch menschliche Aktivitäten ständig und führen zu steigender Beeinträchtigung der Funktionsfähigkeit noch existierender Ökosysteme: Siedlung, Industrien und Verkehrswege verdrängen und zerschneiden natürliche Lebensbereiche und zerstören die Lebensgrundlage gewachsener Ökosysteme. Luft- und Wasserverschmutzung, Müllablagerung, Grundwasserverseuchung und -absenkung, Rückstände von Schädlingsbekämpfungsmitteln und anderen Chemiestoffen, oft in Nahrungsketten millionenfach konzentriert, werden von einzelnen Arten und ganzen Ökosystemen nicht mehr verkraftet und führen zu deren Aussterben bzw. Zusammenbruch. Um verbleibende Ökosysteme, auf die der Mensch angewiesen ist, zu schützen, werden z. T. komplexe Umweltschutztechnologien entwickelt, die allerdings hohen Aufwand an Ressourcen, Energie und Kapital erfordern. Dem hohen Energiebedarf des Gesamtsystems entsprechen hohe Abwärmemengen, die am Ort der Kraftwerke konzentriert über Trockenkühltürme an die Atmosphäre abgegeben werden. Diese Wärmeemissionen sowie weiterer Anstieg des Kohlendioxydanteils der Atmosphäre durch steigenden

ÖKOLOGISCHE ALTERNATIVE

**Eingriffe in Ökosysteme**

Die Umweltverträglichkeit einer menschlichen Aktivität muß nach dem jeweiligen Stand der Wissenschaft gesichert sein, bevor sie begonnen werden darf. Bereits laufende Aktivitäten werden laufend auf ihre Umweltverträglichkeit überprüft und müssen bei Verdacht bis zu dessen Widerlegung ausgesetzt werden. Da sich immer wieder erwiesen hat, daß der Stand der Wissenschaft unzureichend war, wurden Umweltforschung und ökologische Folgenabschätzung besonders stark gefördert. Bei diesen Forschungen wurden eine Reihe gefährlicher Synergismen und Spätfolgen vieler ›harmloser‹ Prozesse aufgedeckt, so daß sich allgemein eine Einstellung durchgesetzt hat, die ökologischen Eingriffe auf ein absolutes Minimum zu reduzieren und dafür lieber Abstriche im materiellen Lebensstandard in Kauf zu nehmen. Neubauten jeder Art sind mit wenigen Ausnahmen nur auf bereits früher bebautem Gelände möglich. Wegen Einführung kleinerer energiesparender Fahrzeuge, hoher Benzinpreise, Verlagerung des Fernlastverkehrs von der Straße auf die Schiene, Rückgang des Verkehrs wegen weitgehender Dekonzentration der Produktion, Einführung einer Geschwindigkeitsbegrenzung bei 100 km/h und Bau sicherer Fahrrad- und Mopedwege für den Nahverkehr ist das Verkehrsaufkommen ge-

Verbrauch von fossilen Brennstoffen (vor allem Kohle) führen zunächst zu regionalen, später auch globalen Klimaveränderungen, wovon besonders Zonen am Rande der Dürregebiete kritisch betroffen werden. Wachsender Flugverkehr in großer Höhe und weiterer Gebrauch von Sprühdosen führen zu Veränderungen der atmosphärischen Ozonschicht und zum Anstieg der Krebsfälle. Aus Energie- und Kostengründen konzentrieren sich Ressourcenförderung und Produktion in großen industriellen Komplexen an wenigen Punkten der Erde. Mit dem wachsenden Materialdurchsatz steigt auch das Transportvolumen, insbesondere auf den Weltmeeren. Unvermeidbare Schiffskatastrophen der Tanker mit synthetischen Flüssigbrennstoffen und anderen Chemieprodukten verursachen immer wieder größere ökologische Katastrophen, die empfindliche Ökosysteme in einem weiten Bereich auf Jahre hinaus und zum Teil unwiederbringlich zerstören. In den armen Ländern führt der Brennstoffbedarf zur Vernichtung der Wälder und der Buschvegetation, zur Versteppung und zu weiterer Ausbreitung der Wüstengebiete.

Da diese Beeinträchtigungen und schließlich die Existenzvernichtung beim Produzenten oder Nutznießer nicht in Form von direkten Kosten zu Buche schlagen, bleiben die meisten Ökosysteme ohne wirksamen Schutz. Arten sterben aus, natürliche Gleichgewichte werden gestört, Schädlinge verlieren ihre natürlichen Feinde, breiten sich aus und können nur durch Einsatz chemischer Mittel unter Kontrolle gehalten werden; da sich resistente Stämme bilden, muß die Wirksamkeit dieser Mittel ständig erhöht werden. Bedrohte Tier- und Pflanzenarten, deren Zahl ständig steigt, können teilweise in zoologischen und botanischen Gärten unter künstlichen Bedin-

schrumpft; der weitere Ausbau des Straßennetzes war nicht mehr erforderlich. Die Umweltverschmutzung durch den Verkehr hat entsprechend abgenommen. Außer Luftbestandteilen und Wasser bei Umgebungstemperatur dürfen keinerlei Emissionen an die Umwelt abgegeben werden: sie müssen zurückgehalten und rückgeführt werden. Produktionen, deren Rückstände nicht in irgendeiner Form rückgeführt oder wiederverwendet werden können, werden nur ausschließlich dann gestattet, wenn ihre Produkte lebensnotwendig sind. Unvermeidliche Rückstände werden konzentriert und so gelagert, daß nach dem Stand des Wissens ein Einfluß auf die Umwelt für alle Zeiten ausgeschlossen werden kann. Insbesondere der Kohlendioxydpegel der Luft wird ständig überwacht; global werden die zulässigen Emissionen so kontingentiert, daß sie der natürlichen Adsorption in den Weltmeeren entsprechen. Die chemische Schädlingsbekämpfung ist weitgehend durch die biologische ersetzt. Der Einsatz von Kunstdünger konnte durch sparsamere, aber effektivere Düngetechniken, durch biologische Düngeverfahren (stickstoffsammelnde Pflanzen, organischer Dünger, Kompost), durch neue Pflanzensorten und Anbaumethoden reduziert werden, so daß die Bodenqualität auch wieder besser wurde. Der Wasserverbrauch wurde durch effizientere Nutzung und gelegentliche Rationierung soweit reduziert, daß die Grundwasserspiegel wieder auf die ökologisch erforderlichen Höhen steigen konnten. Das Abwärmeproblem konnte durch Abwärmenutzung und Fernwärme sowie Einschränkung der Stromerzeugung auf das Notwendige (Licht und Kraft) weitgehend entschärft werden. Der größte Teil des Heizwärmebedarfs und des Elektrizitätsbedarfs der Kleinverbraucher stammen aus der Son-

gungen vor dem Aussterben bewahrt werden: für viele Insekten und viele Vogelarten ist dies nicht möglich. Gelegentliche Rettungsmaßnahmen kommen oft zu spät, weil sie erst einsetzen, wenn bereits die kritische Populationsschwelle unterschritten ist, bei der sich Arten nicht mehr regenerieren.

2A

| | Individuum | | | | | | Gesellschaft | | | | | | Mitwelt | | | | | | Umwelt | | | | |
|---|---|---|---|---|---|---|---|---|---|---|---|---|---|---|---|---|---|---|---|---|---|---|---|
| | L | S | F | A | W | P | L | S | F | A | W | P | L | S | F | A | W | P | L | S | F | A | W |
| . Szenario-Welt | 0 | 0 | 0 | ! | 0 | 0 | 0 | 0 | 0 | ! | 0 | 0 | 0 | ! | 0 | ! | ! | ! | X | X | X | X | X |
| . Nachwelt | ! | ! | ! | X | ! | ! | ! | X | X | X | ! | ! | ! | X | X | X | ! | ! | X | X | X | X | X |

nenenergie. Die Tier- und Pflanzenwelt kehrt in die ehemals emissionsverseuchten Gebiete und Gewässer zurück, so daß der Erholungswert der Landschaft auch in der Nähe von Industrieansiedlungen und Städten stark gestiegen ist.

2B

| | Individuum | | | | | | Gesellschaft | | | | | | Mitwelt | | | | | | Umwelt | | | | |
|---|---|---|---|---|---|---|---|---|---|---|---|---|---|---|---|---|---|---|---|---|---|---|---|
| | L | S | F | A | W | P | L | S | F | A | W | P | L | S | F | A | W | P | L | S | F | A | W |
| . Szenario-Welt | 0 | 0 | 0 | 0 | 0 | 0 | 0 | 0 | 0 | 0 | 0 | 0 | 0 | 0 | 0 | 0 | 0 | 0 | 0 | 0 | 0 | 0 | 0 |
| . Nachwelt | 0 | 0 | 0 | 0 | 0 | 0 | 0 | 0 | 0 | 0 | 0 | 0 | 0 | 0 | 0 | 0 | 0 | 0 | 0 | 0 | 0 | 0 | 0 |

## Sozio-technisches System

### *Problemskizze*

Mit ›sozio-technisches System‹ meinen wir die Wirtschaft und Technik einer Gesellschaft, ihre Infrastruktur, ihre Wissenschaft, ihre Organisationen und ihre Entscheidungsmechanismen. Es ist klar, daß die Gestalt dieser einzelnen Bereiche des sozio-technischen Systems auf die zukünftige Entwicklung maßgeblichen Einfluß hat und daß davon auch die Erhaltung und Entfaltung der Beteiligten betroffen ist.

Zunächst zu den Bereichen Wirtschaft und Technik. Sie sind in den westlichen Industrieländern weitgehend am Konsum orientiert. Daran wäre wenig auszusetzen, wenn der Konsum der Entfaltung der Individuen diente. Aber inzwischen hat sich das Verhältnis längst umgedreht: vom Verbraucher wird erwartet, daß er mehr und mehr konsumiert, unter Hintanstellung seiner Entfaltung zwecks Erhaltung der Funktionsfähigkeit von Wirtschaft und Staat. Wo er es nicht tut, zieht er sich die Schelte von Regierung, Wirtschaft, Parteien und Gewerkschaften zu. Wo er vage zu ahnen beginnt, daß er seine eigene Zukunft und die seiner Kinder verkonsumiert, wird er an seine patriotische Pflicht erinnert, die Wirtschaft heute in Schwung zu halten. Wo er glaubt, Güter zu besitzen, die seine Bedürfnisse zweckmäßig erfüllen, wird er durch Mode und Statuszwänge der öffentlichen Lächerlichkeit preisgegeben, bis er sich den Konsumwerbern beugt, ›Überholtes‹ wegwirft und Neues kauft. Wo er ein funktionales, langlebiges Gerät erwerben möchte, bekommt er vorprogrammierten Verschleiß und technische Spielereien. Unsere ›Staatsmänner‹ scheuen sogar nicht davor zurück, erste Zweifel an der Moralität dieses Systems mit erheuchelter Moral zum Schweigen zu bringen: »Wir brauchen Wachstum, um den armen Völkern der dritten Welt zu helfen.«

Der Bürger spielt das Spiel mit, weil es alle tun, und weiß doch dumpf, daß er unfair spielt: unfair gegenüber den Entfaltungschancen der Menschen in der dritten Welt, der Umwelt und zukünftiger Generationen.

Der freie Markt kann Fairneß nur herstellen zwischen Gleichberechtigten, die kaufen und verkaufen können, aber nicht darauf angewiesen sind. Wer kaufen oder verkaufen *muß,* ist abhängig, kann ausgebeutet werden. Aber inzwischen müssen wir alle kaufen und verkaufen, um existieren zu können: Wir müssen Wohnung und Nahrung kaufen, wir müssen unsere Arbeitskraft verkaufen. Der Markt ist damit Ausdruck der Lebensinteressen der heute Lebenden, vom Wirtschaftssystem Abhängigen. Er handelt ausschließlich mit den Interessen Heutiger, die an ihm aktiv teilhaben. Der ›freie‹ Markt ist damit blind gegenüber den Interessen, die sich an ihm nicht artikulieren und die deshalb keinen Marktpreis haben: die Zukunft, Natur und Umwelt, arme Länder. Das wäre ganz in Ordnung, wenn diese Interessen vom Markt überhaupt nicht betroffen würden. Tatsache ist aber, daß mit jedem Liter Benzin, mit jeder Kilowattstunde Strom, mit jeder Flugreise in der Concorde die Interessen anderer in Umwelt, Mitwelt und Nachwelt ungefragt (und ungestraft) verhökert und verpfändet werden.

Weil an ihm nur heutige Interessen oder bestenfalls die der näheren Zukunft gehandelt werden, fehlt dem Markt als gesellschaftliches Regelinstrument das wichtigste Element jeder guten Regelung: die vorausschauende Berücksichtigung auch der langfristigen zukünftigen Entwicklung, die das rechtzeitige Einleiten vorbeugender Maßnahmen gestatten würde. So ist die ›Sichtweite‹ des Piloten ›Gesellschaft‹ durch die kurze Zukunftsperspektive bestimmt. Hindernisse können erst kurz vor dem Zusammenstoß erkannt werden; erst dann läßt sich das Steuer herumreißen. Zwar muß über Investitions- und Produktionszeiträume hinweg von der Wirtschaft geplant werden, aber die Abstimmung der Interessen von Anbieter und Käufer kann prinzipiell erst am Markt erfolgen: das Ergebnis wird selten mit der Planung übereinstimmen.

So ergibt sich nicht selten ein kaum absetzbares Überangebot, das entweder vom Staat auf Halde gekauft wird, um die Unternehmen vor den Folgen von Fehlplanungen zu bewahren (z.B. der europäische Agrarmarkt), oder das zu einem ruinösen Wettbewerb der Produzenten führt, der einige von ihnen zur Aufgabe zwingt: in beiden Fällen kommt es zu einer Vergeudung und Verschwendung von Ressourcen, Investitionen und Arbeitskraft. Oder aber die Nachfrage übersteigt das Angebot: Dann muß der Verbraucher durch Knappheit und höhere Preise die Konsequenzen der Fehleinschätzungen auf sich nehmen. Einen ›optimalen‹ Regelmechanismus kann der Markt nur unter den vereinfachenden Annahmen der wirtschaftswissenschaftlichen Lehrbücher abgeben.

Die Planwirtschaft fügt zum Risiko der Fehleinschätzung noch das Manko hinzu, daß ein Markt als Regelmechanismus fehlt. Wo wir heute Planwirtschaften sehen, müssen wir feststellen, daß sie schwerfällig sind, daß ihnen

Flexibilität und Anpassungsfähigkeit fehlen, daß die schöpferische Kraft der Eigeninitiative nicht in dem Maße genutzt wird, wie das möglich wäre, daß die Motivation der Mitarbeiter zu wünschen übrigläßt und die Tendenz zur Ineffizienz nicht zu leugnen ist. Viele dieser Entscheidungen sind sicher Folgen zentralistischer Entscheidungsmechanismen, die dem einzelnen wenig Autonomie für Verantwortung, Erfolg, aber auch Fehler lassen. Wo die Marktwirtschaft Ressourcen vergeudet, da verschleudert die Planwirtschaft außerdem menschliche Arbeitskraft, Motivation, Phantasie, individuelle Entfaltung und damit Menschenwürde.

Marktwirtschaften und Planwirtschaften arbeiten mit einem fast identischen technischen Apparat und müssen sich seinen Gesetzen unterwerfen. Der Mensch mußte sich bisher an die Maschine anpassen; erst neuerdings bestehen Tendenzen, Maschinen und Produktionsablauf den menschlichen Entfaltungsbedürfnissen anzupassen. Betriebswirtschaftliche Überlegungen bevorzugen größere Anlagen mit höherer Leistung, entsprechendem Kapitalbedarf und Betriebsaufwand, weil die relativ kleineren Kosten der größeren Produktion den Produzenten weniger belasten und die größeren sozialen Kosten von der Allgemeinheit getragen werden. Das führt zur Konzentration und Akkumulation von Macht, Kapital und Wissen, aber auch zu Komplexität, Anfälligkeit gegen Störungen und Sabotage, Abhängigkeit von technischen Eliten, Konzentration von Energie-, Wasser- und Rohstoffverbrauch und Konzentration der Umweltverschmutzung. Der technische Fortschritt selbst führt – u. a. durch den Einsatz von Mikroprozessoren – in die Richtung komplexerer und ›intelligenterer‹ Anlagen, Geräte, Maschinen, Produkte und Produktionsstätten. Als Folge ergibt sich Rationalisierung und Automatisierung, der Verlust von Arbeitsplätzen, aber auch effizientere Energie- und Rohstoffnutzung.

Dieses System von Wirtschaft und Technik sieht sich heute in zunehmendem Maße einschränkenden Bedingungen ausgesetzt, die es bisher nicht kannte: Abfallstoffe aus der Produktion wie aus der Energieerzeugung – Chemiegifte, Verbrennungsprodukte, Abwässer, Abwärme, radioaktive Stoffe – können nicht mehr von der Umwelt wie in früheren Zeiten absorbiert werden und müssen oft unter hohem Aufwand ›entsorgt‹ werden. Die zentralisierten Strukturen der Großtechnik erweisen sich in steigendem Maße anfällig gegenüber Nachlässigkeit, Unfällen, Sabotage und Terror. Andere Länder nehmen sich in steigendem Maße ebenfalls das Recht, für den Weltmarkt produzieren zu dürfen – bei geringeren Lohnkosten. Die Länder der dritten Welt, insbesondere die Lieferanten wichtiger Rohstoffe, kuschen nicht mehr wie früher, sondern erproben ihre in Kartellen und anderen Zusammenschlüssen neugewonnene Macht. In den Industrieländern sättigen sich langsam die Verbrauchermärkte, Qualitätsanforderungen steigen. Förderungsprogramme der öffentlichen Hand, die jahrzehntelang ganze Wirtschaftszweige in Schwung hielten, haben entweder ihr ursprüngliches Ziel mehr oder weniger erfüllt oder entsprechen nicht mehr den neuen Anforderungen und jüngsten Entwicklungen: so beim Straßenbau (ständige ›Verbesserung‹ eines bereits guten Straßennetzes auf Kosten der Umwelt und gewachsener sozialer Strukturen), beim Wohnungsbau (leerstehende Hochhauswüsten als Steuerparadiese), bei öffentlichen Bauten (protzige Unzweckmäßigkeit), bei der Landwirtschaft (Subvention von Überkapazität), bei der Luft- und Raumfahrt (kostspielige Extravaganzen wie Concorde und Spacelab), bei der Kerntechnik und Energieversorgung (einseitige Festlegung auf Kernenergie und Stromerzeugung unter Vernachlässigung der Forschung zur besseren Energienutzung und alternativer Energiequellen).

Mit Wirtschaft und Technik ist auch die Wissenschaft gewachsen; gleich ihnen muß sie sich heute kritischen Fragen stellen. Weil sie unmittelbarer und stärker als je zuvor zur Entwicklung von Wirtschaft und Technik und damit des gesamten sozio-technischen Systems beiträgt, kann ihre Orientierung nicht mehr unhinterfragt oder hinter dem fadenscheinigen Mäntelchen der ›Wertfreiheit‹ versteckt bleiben. Dabei zeigt sich, daß die Interessen von Individuum und Gesellschaft, aber auch von Mitwelt, Umwelt und Nachwelt bei der etablierten Wissenschaft nur vergleichsweise geringes Interesse finden. Die ›Freiheit der Forschung‹ wird allzu oft als Freibrief für teure Irrelevanz betrachtet, auf deren Finanzierung durch die Gesellschaft ein moralischer Anspruch hergeleitet wird. Trotz öffentlicher Finanzierung ist Wissenschaft nicht öffentlich – entweder, weil sie sich nur Eingeweihten mitteilt oder weil sie sich den Interessen von Institutionen fügt. Eine öffentliche Diskussion über die Richtung künftiger wissenschaftlicher und technischer Forschung und Entwicklung findet nicht statt – und wenn sie stattfände, könnte sie gegen etablierte Interessen und festgeschriebene Forschungsprogramme wenig ausrichten. Die institutionalisierte Wissenschaft der staatlich finanzierten Forschungsanstalten ist peinlich auf das Wohlwollen der Geldgeber und Gutachter in Politik und Wirtschaft bedacht und enthält sich jeder kritischen Äußerung, ja, sie scheut sich nicht davor, Wissenschaftler zu disziplinieren oder kaltzustellen, die öffentlich abweichende Meinungen vertreten.

Gleichzeitig erhebt diese interessengebundene Wissenschaft den Anspruch, in gesellschaftlichen Fragen ›objektiv‹ beraten zu können, durch Gutachter, die über ausgezeichnete Kenntnisse in einem Spezialbereich, aber nicht über die Kompetenz verfügen, die gesellschaftlichen Folgen ihrer Empfehlungen richtig zu erfassen und zu bewerten. Selbstgewählte Anpassung, Selbstzensur, aber auch die Kontrolle durch Institutsleitungen in diesen Anstalten verhindern die Veröffentlichung unliebsamer wissenschaftlicher Ergebnisse. Eine kritische Wissenschaft existiert, wenn überhaupt, dann unter privaten Opfern im gesellschaftlichen Abseits. Eine Alternativenforschung, so wichtig für die gründliche Vorbereitung der Zukunft, wird nicht gefördert – Denken in Alternativen wird als Ketzerei empfunden.

Wir haben es nicht bemerkt – und die Wissenschaftler selber haben es oft nicht bemerkt –, wie ihr Einfluß auf Entscheidungen gewachsen ist, ohne daß sie aber die Verantwortung für die Konsequenzen tragen müssen. Der Politiker kann oft nichts anderes tun, als sich auf die Aussagen und Empfehlungen des Wissenschaftlers zu verlassen und sich für die ausgesprochenen Empfehlungen zu entscheiden. Dazu kommt, daß der wissenschaftliche Sachverstand nicht selten konkurrenzlos dort angesiedelt ist, wo auch die wirtschaftlichen Interessen liegen – von ›Objektivität‹ zu sprechen ist entweder Naivität oder Zynismus. Trotz – oder wegen? – ihres einseitigen Spezialistentums sind nicht wenige Gutachter von der Unfehlbarkeit ihrer Empfehlungen zutiefst überzeugt und betrachten Kritik als persönliche Beleidigung – selbst wenn ihnen die Voraussetzungen zur Beurteilung der Konsequenzen für die Gesellschaft fehlen.

Ein Großteil von Wissenschaftlern träumt insgeheim den Traum vom idealen, von Wissenschaftlern gelenkten Staat. Die Gesellschaft bestärkt sie in diesem Traum, indem sie einige von ihnen in den Rang von inoffiziellen nationalen Gurus und Vordenkern erhoben hat. Durch vergangene Leistungen aufgebautes Vertrauen in die Wissenschaft in der Öffentlichkeit ist heute zur Wissenschaftsgläubigkeit degeneriert, die einem Anwachsen der Technokratie und Expertokratie in die Hände spielt. Ihre vermeintliche ›Wissenschaftlichkeit‹ schützt die Wissenschaftler davor, ihre Arbeit im gesellschaftlichen Bezug zu sehen und sich ihrer Verantwortung bewußt zu werden. Ihre ›Objektivität‹ erlaubt es ihnen, ›differenziert‹ zu denken und sich um ein klares ›Ja‹ oder ›Nein‹ zu drücken.

Eine weitere Problematik besonders der Industrienationen bildet die bereits erwähnte wachsende Tendenz zu Groß- und Monosystemen und zur Zentralisierung. In beiden Fällen verringert sich die Fähigkeit, auf stark wechselnde Anforderungen flexibel zu reagieren. Es erhöhen sich die Anfälligkeit und die Verwundbarkeit. Große, zentral verwaltete Systeme mit spezieller Zielrichtung finden sich in steigendem Maße in der öffentlichen Verwaltung und bei übernationalen Institutionen, in Gemeinden, Ländern, Bund, der Europäischen Gemeinschaft und den verschiedenen Organisationen der Vereinten Nationen. Sie finden sich ebenfalls in der Wirtschaft. Multinationale Gesellschaften verfügen nicht selten über eine Macht, die die ihrer Gastländer weit übersteigt. Großsysteme betreiben die Elektrizitäts-, Gas- und Erdölversorgung, den Schienenverkehr, den Post- und Fernmeldeverkehr. Die Presse wird von einigen wenigen Nachrichten- und Meinungskonzernen beherrscht. Die Landwirtschaft verläßt sich mehr und mehr auf Monokulturen, die nur noch bei hohem Einsatz technischer und chemischer Mittel produzieren.

Das Zusammenbrechen technischer Groß- und Monosysteme, das mit zunehmender Größe auch bei geringer Ursache immer wahrscheinlicher wird, ist deshalb besonders problematisch, weil es dramatische Folgen haben kann, die weit über den unmittelbaren Anlaß hinausgehen (Beispiel: Plündereien und Brandstiftungen nach dem Stromausfall in New York im Juli 1977) und regional oder national wirksam werden. Eine etwas andere Problematik ist durch große Organisationen mit zentral organisierter Verwaltung gegeben.

Durch die Konzentration auf wenige Entscheidungszentren konzentriert sich die Macht in den Händen weniger, die Organisation bietet weniger Demokratie, Partizipation und Meinungsvielfalt, dafür aber – als Folge – geringere Anpassungsfähigkeit und höhere Krisenanfälligkeit. Sie fördert die Bürokratisierung und Technokratisierung, schafft Kommunikationsbarrieren und lange Entscheidungswege, trennt Verantwortung und Ausführung und damit den Entscheider von den Auswirkungen seiner Entscheidung und vermindert damit persönlichen Einsatz, Motivation und Verantwortlichkeit.

Schließlich müssen wir noch auf Probleme zu sprechen kommen, die in den Entscheidungsmechanismen der Gesellschaft selbst liegen. Das Nachdenken über die Zukunft sollte eines der wichtigsten Geschäfte der Gesellschaft sein. Doch werden Prognosen nur unter den Bedingungen der Vergangenheit und des Status quo gemacht, der Handlungsspielraum wird von vornherein durch Denken des bereits Gedachten und Wohlvertrauten eingeengt, Politiker haben Angst davor, ihren Wählern neue Ideen und Konzepte zuzumuten, Alternativen werden nicht gesucht, nicht gedacht, nicht diskutiert. Zukunft wird, wenn überhaupt, nur in extrem kurzer Perspektive berücksichtigt.

Planung und Entscheidung leiden unter ähnlich gravierenden Beschränkungen: Vorgeschobene oder tatsächliche Sachzwänge bestimmen die Entscheidungen auf allen Ebenen und hindern daran, alles noch einmal von vorn zu überdenken (›to zero-base‹). Inkrementalismus, das Fortschreiben der Vergangenheit, wird zum normalen Entscheidungsverhalten. Damit beschneidet sich der Akteur seinen eigenen Handlungsspielraum, verordnet sich Inflexibilität und riskiert seine Adaptionsfähigkeit. Risikoscheu führt zum Strukturkonservatismus und schließlich zum Verrat ursprünglicher Werte, wo Wertkonservatismus die unbequemere Änderung von Strukturen erfordern würde. Im Extremfall paart sich solcher Strukturkonservatismus mit Dummheit und Intoleranz und beraubt in Militär- und Parteidiktaturen Millionen ihrer Menschenrechte.

Weitere Probleme stellen sich bei Planung und Entscheidung: die Beschneidung zukünftiger Handlungsmöglichkeiten durch Entscheidungsfolgen, die irreversible Prozesse in Bewegung setzen (so bei der Energieplanung); Entscheidungsmechanismen, die mit raschem Wandel nicht fertig werden; das Fehlen langfristiger Zielvorstellungen; fehlende Rücksichtnahme auf Mitwelt, Umwelt, Nachwelt als ›Partner‹; fehlende demokratische Legitimation administrativer Entscheidungen (z. B. in der Regionalplanung); sektorales Denken der verschiedenen am Planungsprozeß beteiligten Ressorts; Planung ohne direkte Verantwortung für die Folgen; Anwendung des ›Sankt-Florian-Prinzips‹; schließlich wieder: Abhängigkeit von ›Experten‹.

Auch auf die zentrale Rolle der Wertvorstellungen, die Entscheidungen und Verhalten bestimmen, muß hier hingewiesen werden. Inwieweit sind sie überhaupt den Anforderungen der Zukunft angepaßt? Ist notwendiger Wertwandel nicht überhaupt erst bei direkter Betroffenheit zu erwarten?

Wie beeinflußt Wertwandel das sozio-technische System? Wie wirkt sich Wandel in diesem System auf das Wertsystem aus? Wie lassen sich *echte* menschliche Bedürfnisse bestimmen?

Das Wertsystem der Gesellschaft scheint sich heute nicht so sehr an den Bedürfnissen von Mensch, Gemeinschaft, Zukunft, Umwelt und Mitwelt zu orientieren, als vielmehr an Bedürfnissen des Wirtschaftssystems, oder auch denen einer Bürokratie oder eines Parteiapparates, nach dem Motto: Was gut ist für den Apparat, muß auch gut sein für den einzelnen. Das Wirtschaftssystem selbst orientiert sich am Verkaufbaren (genannt ›Bedarf‹), nicht am gesellschaftlich Vernünftigen, geschweige an der Entfaltung des Einzelnen. Die Maximierung des materiellen Besitzes wird als ›Lebensqualität‹ mißverstanden; ›Haben‹ für ›Sein‹ substituiert (Erich Fromm). Die Sozial- und die Zukunftsperspektive der Gesellschaft entsprechen der des Wirtschaftssystems: ›ich‹, nicht: ›wir alle‹; ›heute‹, nicht: ›morgen auch noch‹.

Aus der großen Zahl der angedeuteten Probleme können wir nur einige herausgreifen. Wir skizzieren und bewerten im folgenden Zukunftsbilder für die folgenden Problemkreise:

- *Wirtschaftssystem*
- *Technik und technischer Fortschritt*
- *Wissenschaft und Forschung*
- *Konzentration*
- *Entscheidungsmechanismen*
- *Gemeinsames Erbe, Eigentum, Verteilung*

ÖKONOMISTISCHE FORTSCHREIBUNG

**Wirtschaftssystem**

Um Verteilungskonflikte (Einkommen, Arbeitsplätze, Eigentum), soweit möglich, zu vermeiden und um die direkten und indirekten Folgen wachsender wirtschaftlicher Aktivitäten (Umweltverschmutzung, Landschaftszerstörung, Zerfall der Städte, Zivilisationskrankheiten, Versorgungsabhängigkeiten, Rohstoffverknappung usw.) wenigstens teilweise durch öffentliche Ausgaben auffangen und kurieren zu können, ist der Staat auf eine weiter wachsende Wirtschaft angewiesen: der größte Teil seiner Einnahmen stammt aus Wirtschaftsaktivitäten. Die Abgaben können aber nur so

ÖKOLOGISCHE ALTERNATIVE

**Wirtschaftssystem**

Um die Folgekosten für Gesellschaft, Umwelt, Mitwelt und Nachwelt so gering wie möglich zu halten, wird versucht, die erforderlichen Konsumdienstleistungen mit dem geringstmöglichen Aufwand an Rohstoffen und Energie zu erbringen. In die Entwicklung von Gebrauchsgütern, Anlagen, Gebäuden fließt erheblicher Forschungs- und Entwicklungsaufwand, um Lebensdauer, Betriebsnutzen, Wartungsfreundlichkeit, geringen Energie- und Rohstoffverbrauch im Betrieb, schließlich leichte Zerlegbarkeit und weitgehende Wiederverwendbarkeit nicht verschlissener Teile zu gewährlei-

lange erhöht werden, solange die Rentabilität nicht gefährdet ist. Da diese Grenze meist längst erreicht wurde, bleibt als Ausweg nur weiteres Wachstum. Um ihre eigene Wirtschaft und Entwicklung nicht zu gefährden, schützen sich die meisten Länder vor Importen aus anderen Ländern. Die Wirtschaftsproduktion muß also im wesentlichen im Inland vermarktet werden. Dieser Markt ist aber längst weitgehend gesättigt; es besteht also nur noch Ersatzbedarf. Um das erforderliche Wachstum zu erreichen, müssen die Ersatzperioden verkürzt werden: durch ›Erziehung zum Konsum‹, Mode, geplanten Verschleiß, neue Modelle, Anschaffungserleichterungen und Investitionsanreize, hohe Steuern auf ältere Gebäude, Anlagen, Geräte; Negativzinsen auf Sparkonten, Einführung von Mindestkonsumquoten usw. Trotz Ausweitung der Produktion gelingt es aber wegen starker Produktivitätszuwächse vor allem durch weitverbreiteten Einsatz der Mikroelektronik nicht, der steigenden Arbeitslosigkeit Einhalt zu gebieten. Die Konsumfähigkeit der Arbeitslosenfamilien wird durch weiteres Wirtschaftswachstum gesichert. Oberstes Ziel aller staatlichen Anstrengungen wird schließlich die ›Sicherung des Konsumwachstums‹. Bürgern, die sich ihrer Konsumpflicht entziehen, drohen empfindliche Strafen und in schweren Fällen Einweisung in psychiatrische Kliniken. Ein ständig wachsender Teil staatlicher Einnahmen stammt aus dem Mehrwert der Produktion von Gütern und Dienstleistungen zur Beseitigung von direkten und indirekten Folgen von Produktion und Konsum, vor allem bei Umwelt und Gesundheit (z. B. Flußbelüfter, Klärwerke, Bodenentseuchung, Arzt- und Krankenhauskosten usw.). Um die Wirtschaftsaktivitäten nicht bremsen zu müssen, werden ständig steigende Folgekosten und sten. Die Produktion wird deshalb forschungs-, entwicklungs- und arbeitsintensiver; gleichzeitig wächst der Umfang der Wartungs- und Instandsetzungsaufgaben. Güter, die von einzelnen immer nur gelegentlich gebraucht werden, werden gemeinschaftlich oder auf Leihbasis benutzt (z. B. Sportboote, Fahrzeuge, Elektrowerkzeuge, Waschmaschinen). Da der Produktionsumfang bei Gütern, wie auch der entsprechende Bedarf an Vorprodukten, Energie und Rohstoffen, wie auch die Produktion von Geräten und Anlagen zur Beseitigung der Produktionsfolgen (Umweltschutz, Krankenhauseinrichtungen) durch diese Maßnahmen zurückgegangen ist, ist die Wirtschaft zum Teil auf den Dienstleistungssektor ausgewichen und übernimmt dort in steigendem Maße auch Aufgaben, die früher direkt vom Staat wahrgenommen wurden; entweder in eigener Regie und in Konkurrenz mit anderen Unternehmen, oder als Auftragnehmer und unter direkter Kontrolle der öffentlichen Hände: im Gesundheits- und Sozialwesen, bei der Versorgung und Entsorgung, bei Bildung und Ausbildung. Für die Bereitstellung der direkt lebensnotwendigen Güter und Dienstleistungen wird nur noch ein kleiner Teil der vorhandenen Arbeitskräfte gebraucht. Dieses Minimum an Gütern und Dienstleistungen kann jedem Bürger garantiert werden. Die dafür erforderliche durchschnittliche Lebensarbeitszeit wird gerecht verteilt und kann monats- oder jahresweise abgeleistet werden. Damit bleiben große Spannen frei verfügbarer Zeit, in denen u. a. durch eigene Dienstleistung (Bürgerdienst; z. B. im Gesundheits- und Sozialwesen wie auch in Verwaltung und öffentlichem Leben) Anrechte auf den Genuß von Dienstleistungen anderer erworben werden können (z. B. Bildung und Ausbildung, persönliche Beratung und Unter-

Soziallasten zur Beseitigung von Folgeschäden in Kauf genommen, die die öffentlichen Hände übernehmen. Um das dringend Notwendige tun zu können, müssen weniger dringende öffentliche Belange zurückstehen, und besonders die, deren Nutzen nicht in Geldwert ausdrückbar ist, oder die nicht durch starke Interessengruppen mit Nachdruck vertreten werden: soziale Probleme bei Randgruppen; Kunst, Geisteswissenschaften und Bildung; Schule und Jugend, besonders Jugendarbeitslosigkeit; Natur- und Umweltschutz; Forschung über die Folgen der Wirtschaftsaktivitäten; Sicherung der Zukunft auch für die weiteren Generationen.

| 3A | Individuum | | | | | | Gesellschaft | | | | | | Mitwelt | | | | | | Umwelt | | | | |
|---|---|---|---|---|---|---|---|---|---|---|---|---|---|---|---|---|---|---|---|---|---|---|---|
| | L | S | F | A | W | P | L | S | F | A | W | P | L | S | F | A | W | P | L | S | F | A | W |
| Szenario-Welt | 0 | 0 | ! | ! | ! | ! | 0 | ! | ! | ! | ! | ! | 0 | ! | ! | ! | ! | ! | ! | ! | ! | ! | ! |
| Nachwelt | 0 | ! | X | X | ! | ! | 0 | ! | X | X | ! | ! | ! | ! | ! | X | ! | ! | ! | ! | ! | X | X |

ÖKONOMISTISCHE
FORTSCHREIBUNG

**Technik und technischer Fortschritt**

Die Entwicklung der Technik und des technischen Fortschritts werden weiter im wesentlichen von den Bedingungen des Marktes bestimmt: durch die Güter

weisung usw.), die aber auch für Selbstverwirklichung in eigener Regie genutzt werden können. Die staatlichen Einnahmen verringern sich wegen des insgesamt kleineren Wirtschaftsvolumens, dafür sind die Ausgaben ebenfalls kleiner, da nur geringfügige Produktionsfolgekosten von der Öffentlichkeit übernommen werden müssen und der größte Teil der Dienstleistungen entweder von der Wirtschaft oder über den ›Bürgerdienst‹ geleistet wird. Mit der geringeren Bindung an einen Arbeitsplatz zur Sicherung der Existenz und der größeren sozialen Einbindung des einzelnen durch den Dienstleistungstausch im Rahmen des Bürgerdienstes verstärkt sich die Tendenz zu eigenverantwortlicher Beschäftigung mit Tätigkeiten, die im traditionellen Wirtschaftssystem als ›unrentabel‹ auf der Strecke blieben: Handwerk und Kunst, Gartenbau und eigene Lebensmittelerzeugung, Haus- und Möbelbau, Ausbildung auf jedem Gebiet durch einen ›Meister‹ mit nur wenigen Schülern, private Forschung von einzelnen oder Gruppen usw. Damit kann der persönliche Bezug zur Arbeit und zur Leistung wieder hergestellt werden, der im traditionellen Wirtschaftssystem verlorengegangen war.

| 3B | Individuum | | | | | | Gesellschaft | | | | | | Mitwelt | | | | | | Umwelt | | | | |
|---|---|---|---|---|---|---|---|---|---|---|---|---|---|---|---|---|---|---|---|---|---|---|---|
| | L | S | F | A | W | P | L | S | F | A | W | P | L | S | F | A | W | P | L | S | F | A | W |
| Szenario-Welt | 0 | 0 | 0 | 0 | 0 | 0 | 0 | 0 | 0 | 0 | 0 | 0 | 0 | 0 | 0 | 0 | 0 | 0 | 0 | 0 | 0 | 0 | 0 |
| Nachwelt | 0 | 0 | 0 | 0 | 0 | 0 | 0 | 0 | 0 | 0 | 0 | 0 | 0 | 0 | 0 | 0 | 0 | 0 | 0 | 0 | 0 | 0 | 0 |

ÖKOLOGISCHE
ALTERNATIVE

**Technik und technischer Fortschritt**

Die Entwicklung der Technik und des technischen Fortschritts werden ständig an ihren Beiträgen zur Entfaltung des einzelnen, der Gesellschaft, der Mitwelt,

und Dienstleistungen, die am Markt mit Gewinn absetzbar sind, durch die Erfordernisse kostensparender Produktion, durch die Notwendigkeit, den Markt durch wenigstens teilweise Beseitigung abträglicher Folgen (Umweltverschmutzung, Zivilisationskrankheiten, soziale Probleme) weiter aufnahmefähig und expansionsfähig zu erhalten. Die technische Entwicklung orientiert sich also im wesentlichen am möglichen Absatz und an der betriebswirtschaftlichen Seite der Produktion. Um den Absatz über den Ersatzbedarf an vorhandenen Produktarten hinaus erweitern zu können, konzentriert sich ein großer Teil der Forschung und Entwicklung auf Produktinnovationen, die zur Erweiterung des Bedürfnisspektrums des Konsumenten führen und entsprechenden Absatz gewährleisten sollen. Ständige – wenn auch relativ geringfügige – technische Verbesserungen der Produkte und ständige Verbesserungen technischer Standards und Zulassungsauflagen sorgen dafür, daß Gebrauchs- und Investitionsgüter relativ häufig ersetzt werden müssen. Betriebswirtschaftliche Überlegungen geben großen, durchrationalisierten und automatisierten technischen Anlagen den Vorzug und führen zu weiterer Konzentration in allen Bereichen des technischen Systems: Energieversorgung, Transportwesen, Rohstoffverarbeitung, Produktionsstätten jeder Art, aber auch Verwaltung, Verkauf und Service. Da mit der Größe der Anlagen auch deren Komplexität zunimmt und die Folgen von Betriebsstörungen, Managementfehlern, Versorgungsunterbrechnungen für Unternehmen und Allgemeinheit weit gravierender sind als bei kleinen Anlagen, müssen umfangreiche und zuverlässige Verfahren und Anlagen für Sicherung vor Maschinenschäden, Unachtsamkeit, Nachlässigkeit, Fehlverhalten des Betriebs-

Umwelt und Nachwelt gemessen; sowohl in offiziellen Analysen wie auch in ständiger Diskussion in der Öffentlichkeit. Dabei verfeinern sich auch die Bewertungsmaßstäbe und -methoden. Neue technische Entwicklungen werden sorgfältig auf ihre Folgewirkungen und Nebeneffekte untersucht, bevor sie in das sozio-technische System eingeführt werden. Diese ständige Bewertung führt zur allmählichen Einführung hochentwickelter, extrem umweltverträglicher Technologien, die auch die Entfaltungschancen künftiger Generationen kaum beeinträchtigen: Häuser, die sich mit Wärme und Strom selbst versorgen können, biotechnische Prozesse zur Energieerzeugung, biologische Methoden der Schädlingsbekämpfung und Düngung. Gleichzeitig führt die Bewertung dazu, daß andere technische Entwicklungen abgebrochen werden oder auf begrenzte wissenschaftliche Versuche beschränkt bleiben: Überschallverkehrsflugzeuge, Raumfahrt, Massenvernichtungswaffen, Waffen, die töten oder verletzen, Großkraftwerke, gewisse chemietechnische Prozesse, Hochgeschwindigkeitsbahnen, Groß-Staudämme. Praktische Erfahrungen und gründliche Systemanalysen führen zur Einführung wesentlich kleinerer dezentraler technischer Anlagen jeder Art, um die Störanfälligkeit des sozio-technischen Systems herabzusetzen, Umwelteinflüsse zu mindern und die Versorgungssicherheit zu erhöhen: so bei Kraftwerken und anderen Versorgungs- und Entsorgungsanlagen, aber auch Industrieanlagen, Städten und Verwaltungen. Aus den gleichen Gründen führt die Entwicklung zu größerer regionaler Autonomie und weitgehender Selbstversorgung kleinerer Gebiete. Damit reduzieren sich auch die Verkehrs- und Transportströme über große Entfernungen. Elektronik und Datenverarbei-

personals, Sabotage, Terrormaßnahmen, Fehlplanungen und Fehlentscheidungen, Unterbrechungen der Energie-, Rohstoff- und Vorproduktzufuhr, Verwundbarkeit durch Streiks, Ausstände und ›Dienst nach Vorschrift‹, vor den Folgen konzentriert anfallender Emissionen und Abfälle usw. entwickelt werden. Ein steigender Anteil der technischen Forschung und Entwicklung gilt der Beseitigung der Folgen von Produktion und Konsum: Anlagen, die ein gewisses Mindestmaß an Umweltqualität wiederherstellen sollen; Geräte und Mittel für die vorbeugende Behandlung von Zivilisations- und Konsumkrankheiten, wie auch für Therapie und Rehabilitation; Abfallbeseitigung. Ein großer Teil der Forschung ist mit der Entwicklung besserer Prognose- und Planungssysteme unter Einsatz immer aufwendigerer Computersimulation beschäftigt, um die Gesellschaft vor den Folgen ihrer Aktivitäten wenigstens rechtzeitig zu warnen. Der Mensch ist seinerseits gezwungen, sich auf der einen Seite den Anforderungen des technischen Systems, auf der anderen Seite den an ihn gestellten Konsumanforderungen anzupassen, um das ökonomisch-sozio-technische System, von dem er immer abhängiger ist, funktionsfähig zu erhalten. Seine eigenen Bedürfnisse werden dabei nur noch nebenbei erfüllt, wenn sie zufällig mit denen des ökonomisch-technischen Systems übereinstimmen sollten.

tung spielen eine zunehmende Rolle, werden aber nur dort eingesetzt, wo Gefährlichkeit, Monotonie oder Umfang und Komplexität einer Aufgabe ihren Einsatz rechtfertigen. Die technische Entwicklung orientiert sich sehr stark an biologischen und ökologischen Vorbildern. Geräte, Prozesse und Anlagen sind auf die Symbiose mit dem Menschen zugeschnitten und tragen seinen Schwächen und Beschränkungen bei Betrieb und Instandsetzung Rechnung. Im besonderen Maße gilt dies für die technische Entwicklung im Kulturbereich außerhalb der traditionellen Industrieländer. Hier wird die Technik den lokalen ökologischen, sozialen und kulturellen Bedingungen angepaßt, um sich in das vorhandene sozio-ökologische System weitgehend ohne Störungen und Umbrüche einfügen zu können. Das führt dort im allgemeinen zum Einsatz einer arbeitsintensiveren Kleintechnik. Verwandte Entwicklungen gibt es allerdings auch in den Industrieländern, wo körperliche Betätigung als wichtiger Gesundheitsfaktor mehr in den Vordergrund tritt und z. B. zum starken Aufschwung des Fahrrads als Nahverkehrsmittel führt. Mit der Einführung kleinerer dezentraler technischer Anlagen verringert sich die Krisenanfälligkeit des Gesamtsystems erheblich, während sich seine Fehlerverträglichkeit erhöht und damit Planung und Entscheidung wieder mehr Spielraum erhalten, der in vielen Fällen ausführliche Systemanalysen, Datenverarbeitung und Computersimulation überflüssig macht.

| 4A | Individuum | | | | | | Gesellschaft | | | | | | Mitwelt | | | | | | Umwelt | | | | |
|---|---|---|---|---|---|---|---|---|---|---|---|---|---|---|---|---|---|---|---|---|---|---|---|
| | L | S | F | A | W | P | L | S | F | A | W | P | L | S | F | A | W | P | L | S | F | A | W |
| Szenario-Welt | 0 | 0 | ! | 0 | 0 | ! | 0 | 0 | ! | ! | 0 | 0 | 0 | 0 | 0 | ! | 0 | 0 | 0 | 0 | 0 | 0 | 0 |
| Nachwelt | 0 | 0 | ! | ! | ! | ! | 0 | ! | ! | X | ! | ! | 0 | 0 | ! | ! | ! | ! | 0 | 0 | 0 | ! | 0 |

| 4B | Individuum | | | | | | Gesellschaft | | | | | | Mitwelt | | | | | | Umwelt | | | | |
|---|---|---|---|---|---|---|---|---|---|---|---|---|---|---|---|---|---|---|---|---|---|---|---|
| | L | S | F | A | W | P | L | S | F | A | W | P | L | S | F | A | W | P | L | S | F | A | W |
| Szenario-Welt | 0 | 0 | 0 | 0 | 0 | 0 | 0 | 0 | 0 | 0 | 0 | 0 | 0 | 0 | 0 | 0 | 0 | 0 | 0 | 0 | 0 | 0 | 0 |
| Nachwelt | 0 | 0 | 0 | 0 | 0 | 0 | 0 | 0 | 0 | 0 | 0 | 0 | 0 | 0 | 0 | 0 | 0 | 0 | 0 | 0 | 0 | 0 | 0 |

ÖKONOMISTISCHE
FORTSCHREIBUNG

### Wissenschaft und Forschung

Um wachsende Förderungsansprüche begründen zu können, muß die Wissenschaft sich immer mehr an der Verwertungsaufgabe und immer weniger an der Suche nach (nicht unbedingt verwertbarer) Erkenntnis orientieren. Zwar wird der Wissenschaft noch im Rahmen von Kunst und Kultur auch die Möglichkeit zu gelegentlicher ›zweckfreier‹ Forschung eingeräumt, doch wird der größte Teil der Forschungsmittel nur gewährt, wenn ein Verwertungsinteresse demonstriert werden kann. Als Geldgeber fungiert vor allem der Staat, in geringerem Umfang die Industrie. Damit geraten die Forscher und wissenschaftlichen Institute in Abhängigkeit und unter Erfolgszwang. Lediglich die Forscher an den Hochschulen können sich einen kleinen Freiheitsspielraum in ihrer Forschung bewahren, obwohl dieser durch wachsende Betonung der Lehrfunktionen, durch Mitspracherechte der Selbstverwaltungen und durch Weisungsabhängigkeit von der Aufsichtsbehörde ständig eingeengt wird. Da die Wirtschaft die Forschung lediglich ihrem Eigeninteresse entsprechend fördert, sieht sich der Staat gezwungen, eigene Forschungsinstitutionen aufzubauen und zu finanzieren, die ihn bei seinen Aufgaben unterstützen sollen. Die Institute sehen die Vertretung der staatlichen Interessen als Aufgabe und beschränken ihre Untersuchungen auf entsprechende Gebiete. Die Untersuchung konkurrierender Alternativen findet aus Gründen der ›Forschungseffizienz‹ nicht statt. Um die gerade im gesellschaftlichen Bereich nicht immer widerspruchsfreien Ergebnisse als ›objektives‹ und eindeutiges Ergebnis

ÖKOLOGISCHE
ALTERNATIVE

### Wissenschaft und Forschung

Von Wissenschaftlern wird verlangt, daß sie außer ihrem Fachgebiet auch die Grundzüge der Systemwissenschaften soweit beherrschen, daß sie sich über die Verbindungen ihres Fachgebietes mit anderen Wissenschaften, mit dem sozio-technischen System und mit der Gesellschaft und über ihre eigene Rolle im klaren sind und mit entsprechender Umsicht Stellung nehmen können. Von Wissenschaftlern, die als Gutachter Stellung nehmen, wird erwartet, daß sie eine rechtlich bindende Verpflichtung ähnlich dem ärztlichen Eid anerkennen und nach bestem Wissen und Gewissen die Interessen von Individuum und Gesellschaft sowie von Mitwelt, Umwelt und Nachwelt berücksichtigen. Entsprechende Bewertungs- und Beurteilungsmethoden und -kriterien werden entwickelt. Diese Verpflichtung steht rechtlich höher als jede andere Verpflichtung gegenüber Dienstherr oder Auftraggeber, so daß der Gutachter Rechtsschutz vor Druck und Repressalien von dieser Seite genießt und weitgehend unabhängig urteilen kann. Die vom Staat geförderten zentralistisch und hierarchisch aufgebauten großen Forschungsinstitutionen werden in eine losere, dezentrale Organisationsform übergeführt, bei der die demokratisch geführten Forschergruppen voll autonom und entsprechend der erwähnten Verpflichtung verantwortlich sind. Die Gruppen werden entsprechend dem jeweiligen gesellschaftlichen Erkenntnisbedarf für eine zur Bearbeitung der Forschungsaufgabe ausreichende Zeit (meist um fünf Jahre) konstituiert und danach wieder aufgelöst, wenn kein weiterer Bedarf besteht. Eine vorzeitige Auflösung einer

›wertfreier Wissenschaft‹ in der Öffentlichkeit vertreten zu können, bleibt die Forschung nicht-öffentlich. Alle Veröffentlichungen unterliegen der Zensur der Institutsleitungen und übergeordneter Behörden. Die öffentliche Diskussion wird mit dem Hinweis unterbunden, daß nur die Wissenschaftler selbst für die Beurteilung kompetent seien. Gutachter kommen wieder aus den Reihen der von der Wirtschaft oder von öffentlichen Mitteln abhängigen Institute. Obwohl sie lediglich Spezialisten auf engen Fachgebieten sind, werden sie von der wissenschaftsgläubigen Öffentlichkeit in ihrer Meinung bestärkt, auch komplexe gesellschaftspolitische Problemstellungen kompetent beurteilen zu können. Der Wissenschaftler ist in bezug auf seine persönliche Karriere voll auf das Wissenschaftsestablishment angewiesen, das vor allem konformes (d. h. an den Interessen von Wirtschaft und Staat orientiertes) Verhalten honoriert. Der Konformitätsdruck verstärkt sich mit wachsendem Überangebot qualifizierter Wissenschaftler. Die Wissenschaft fungiert schließlich nur noch als Legitimationsinstrument für Staat und Wirtschaft auf der einen Seite und als Vollzugsgehilfe entsprechender Interessen auf der anderen. Die Orientierung an der Erkenntnis oder gar am Menschen ist vergessen.

Gruppe oder Einflußnahme des Auftraggebers Staat auf die wissenschaftliche Arbeit ist ausgeschlossen. Generell werden für alle gesellschaftlich relevanten Aufgaben mindestens zwei konkurrierende Forschergruppen beauftragt, denen Absprachen untersagt sind. Außerdem wird die Alternativenforschung gezielt und massiv unterstützt. Die Forschungen und Forschungsergebnisse sind öffentlich und unterliegen keiner Zensur. ›Abstimmung‹ mit anderen Gruppen ist nur zum Zwecke der Datenbeschaffung, nicht aber bei der Formulierung der Aufgabe oder der Ergebnisse gestattet. Die Ergebnisse müssen erstens in wissenschaftlich voll dokumentierter Form und zweitens als allgemeinverständliche und vollständige Aussagen vorliegen. Unterschiedliche Ergebnisse verschiedener Gruppen müssen öffentlich diskutiert und evtl. von dritten Gruppen begutachtet werden. (Im Freiraum der ›zweckfreien‹ Forschung entfallen natürlich diese Vorsichtsmaßnahmen.) Die Auswahl der Forschungsthemen, deren Bearbeitung jährlich an Forschergruppen vergeben werden soll, erfolgt in einem öffentlichen Diskussions- und Auswahlprozeß, an dem Wissenschaft, Öffentlichkeit und politische Instanzen gleichermaßen beteiligt sind, wobei die oben erwähnten Kriterien und Bewertungsmethoden zu Hilfe genommen werden. Nach einer Übergangszeit spielen sich neue wissenschaftliche Arbeitsformen ein, die den Forderungen nach verantwortlicher, kritischer, öffentlicher Wissenschaft und Alternativenforschung mit einem Minimum an formeller Reglementierung nachkommen.

| 5A | Individuum | | | | | | Gesellschaft | | | | | | Mitwelt | | | | | | Umwelt | | | | |
|---|---|---|---|---|---|---|---|---|---|---|---|---|---|---|---|---|---|---|---|---|---|---|---|
| | L | S | F | A | W | P | L | S | F | A | W | P | L | S | F | A | W | P | L | S | F | A | W |
| Szenario-Welt | 0 | 0 | 0 | ! | 0 | 0 | 0 | 0 | 0 | ! | 0 | 0 | 0 | 0 | 0 | 0 | 0 | 0 | 0 | 0 | 0 | 0 | 0 |
| Nachwelt | 0 | 0 | 0 | ! | 0 | 0 | 0 | 0 | ! | ! | ! | 0 | 0 | 0 | 0 | ! | 0 | 0 | 0 | 0 | 0 | 0 | 0 |

| 5B | Individuum | | | | | | Gesellschaft | | | | | | Mitwelt | | | | | | Umwelt | | | | |
|---|---|---|---|---|---|---|---|---|---|---|---|---|---|---|---|---|---|---|---|---|---|---|---|
| | L | S | F | A | W | P | L | S | F | A | W | P | L | S | F | A | W | P | L | S | F | A | W |
| Szenario-Welt | 0 | 0 | 0 | 0 | 0 | 0 | 0 | 0 | 0 | 0 | 0 | 0 | 0 | 0 | 0 | 0 | 0 | 0 | 0 | 0 | 0 | 0 | 0 |
| Nachwelt | 0 | 0 | 0 | 0 | 0 | 0 | 0 | 0 | 0 | 0 | 0 | 0 | 0 | 0 | 0 | 0 | 0 | 0 | 0 | 0 | 0 | 0 | 0 |

ÖKONOMISTISCHE FORTSCHREIBUNG

**Konzentration**

Zum Teil aus betriebswirtschaftlichen Gründen, zum Teil aus dem Wunsch nach ›straffer‹ Organisation, zum Teil aus machtpolitischen Überlegungen werden große, zentral organisierte Systeme aller Art bevorzugt aufgebaut: Unternehmen, kommunale, regionale, nationale und internationale Verwaltungen, Forschungsorganisationen, Justizbehörden, Hochschulen, Energie- und Rohstoffversorgung. Bei diesen Systemen gehen die unmittelbare Beteiligung der Betroffenen und die Orientierung am Problem vor Ort und an der Aufgabe teilweise verloren, die Funktionsfähigkeit wird kritisch von einigen zentralen Entscheidungs-Einheiten abhängig, erfolgreiches Zusammenwirken aller unter- und übergeordneten Einheiten erfordert die strikte Einhaltung von Regeln und damit den Verlust an Flexibilität, neuen Anforderungen ist das System nicht gewachsen, da das gesamte ›straff organisierte‹ System neu angepaßt werden muß, schließlich erfordert es einen umfangreichen Verwaltungsapparat, der immer mehr Zeit damit verbringen muß, ›innere‹ Funktionsprobleme zu überwinden und kaum noch auf ›äußere‹ Anforderungen reagieren kann. Es gelingt Störenfrieden immer wieder und immer leichter, durch Entführung von Schlüsselpersonen, Lahmlegen wichtiger Systemkomponenten, durch Anschläge, Streiks oder Boykott, durch Blockierung eingefahrener Abläufe durch harmlose und legale Aktionen, die aber das System nicht zu ›verkraften‹ gelernt hat, die Funktionsfähigkeit der zentralisierten Systeme und damit der von ihnen abhängigen Gesellschaft empfindlich zu beeinträchtigen. Da an

ÖKOLOGISCHE ALTERNATIVE

**Konzentration**

Der Aufbau der für das Funktionieren der Gesellschaft erforderlichen Verwaltungs-, Kommunikations- und Versorgungsstrukturen orientiert sich an dem ökologischen Prinzip, Robustheit und Anpassungsfähigkeit durch Vielfalt und Redundanz relativ autonomer und sich selbst organisierender Einheiten zu sichern. Konkreter: lokale Selbstverwaltung auf überschaubarer Nachbarschafts-, Stadtteil- oder Dorfebene; Produktion in Betrieben, die dieser Größe etwa angemessen sind, aber relativ autonom entscheiden können, auch wenn sie zu einem größeren Unternehmen gehören; lokale Stromerzeugung mit direkter Abwärmenutzung ohne lange Fernwärmeleitungen; dezentrale Strom- und Wärmeerzeugung beim Kleinverbraucher durch Solarenergie; lokale Produktion der Grundnahrungsmittel, soweit möglich; d. h. kurze Transportwege und dezentrale Speicherung; lokale Primärenergien, soweit möglich: Pyrolyse und Vergasung von Abfällen und Biostoffen, biotechnische und photolytische Prozesse der Wasserstofferzeugung, Wind-, Wasser- und Sonnenenergie, Holz und schnellwüchsige Pflanzen usw.; Arbeitsplätze und Einkaufstätten in der Nähe der Wohnstätten, so daß der Weg zu Fuß oder mit dem Fahrrad zurückgelegt werden kann; medizinische Helfer, Ambulatorien und Polikliniken am Ort; lokale Sozialhilfe mit Nachbarschaftshilfe und persönlichem Engagement der Bürgerschaft gekoppelt; Bildungs- und Kulturstätten am Ort mit reger Laienbeteiligung und regem Austausch mit auswärtigen Institutionen, um Vielfalt und Qualität des Angebots zu gewährleisten. Auf interna-

den zentralen Strukturen festgehalten wird, führt jeder Versuch, sich gegen diese und ähnliche Störungen zu sichern, zur Vergrößerung der Schwerfälligkeit und Inflexibilität, zur weiteren Versteinerung und schließlich selbst herbeigeführter Funktionsunfähigkeit. Diese Funktionskollapse haben weitreichende Folgen, da die Gesellschaft schließlich von wenigen zentralisierten Systemen abhängig geworden ist. Probleme ähnlicher Art ergeben sich überall dort, wo aus Rationalisierungs- und Standardisierungsgründen auf Monosysteme und Monokulturen gesetzt und nicht darauf geachtet wurde, durch Vielfalt und Redundanz die Robustheit und Anpassungsfähigkeit gegenüber unvorhersehbaren Störungen und zukünftigen Entwicklungen zu sichern: in der Landwirtschaft durch Verlaß auf einige hochgezüchtete Tier- und Pflanzenarten; in der Energieversorgung durch einseitigen Verlaß auf einige wenige importierte Energieträger; bei der Lebensmittelversorgung durch industrielle Verarbeitung und Vertrieb; bei den Medien durch Informations- und Meinungsmonopole; bei Bildung und Ausbildung durch Zertifikationsmonopole; im Gesundheitswesen durch Technisierung usw.

| 6A | Individuum | | | | | | Gesellschaft | | | | | | Mitwelt | | | | | | Umwelt | | | | |
|---|---|---|---|---|---|---|---|---|---|---|---|---|---|---|---|---|---|---|---|---|---|---|---|
| | L | S | F | A | W | P | L | S | F | A | W | P | L | S | F | A | W | P | L | S | F | A | W |
| . Szenario-Welt | 0 | 0 | ! | 0 | ! | ! | 0 | ! | ! | ! | ! | ! | 0 | 0 | 0 | ! | ! | 0 | 0 | 0 | 0 | ! | 0 |
| . Nachwelt | 0 | ! | X | ! | X | X | ! | X | X | X | X | X | 0 | ! | ! | X | ! | ! | 0 | ! | X | X | ! |

ÖKONOMISTISCHE FORTSCHREIBUNG

**Entscheidungsmechanismen**

Planung und Entscheidung der einzelnen Gruppen der Gesellschaft orientieren sich am kurzfristig für jeden Akteur er-

tionaler Ebene: Problemorientierte Kooperation betroffener Selbstverwaltungseinheiten unter Einhaltung akzeptierter Spielregeln und Beachtung der gemeinsamen Ziele, aber ohne Zentralbürokratie, ›Standardisierung‹, ›einheitliche Normen‹, Durchführungsverordnungen, mit einem Minimum an Vorschriften und ›Abstimmung‹, und mit einem Maximum an Rücksichtnahme auf lokale ökologische, ökonomische und sozio-kulturelle Gegebenheiten: also z. B. kein zentral verwaltetes Europa, sondern ein kooperierender Verbund relativ autonomer Regionen, die in sich relativ homogenen Charakter haben und ihn durch ihre relative Eigenständigkeit auch bewahren können. Die Vielfalt und Redundanz auf allen Ebenen verringert Verwundbarkeit und Krisenanfälligkeit des gesellschaftlichen Systems erheblich. So kann z. B. durch einzelne Störfälle, Sabotage oder Terrorakte das Energiesystem schlimmstenfalls lokal, nicht aber gar national oder übernational getroffen werden; eine unfähige Bürokratie oder Regierung kann nicht ganze Nationen in wirtschaftliche Krisen bringen und existentiell gefährden. Für Härtefälle (Mißernten oder Überschwemmungen in einer Region z. B.) steht ein unbürokratisch und großzügig gehandhabter gemeinsamer Fonds zur Verfügung.

| 6B | Individuum | | | | | | Gesellschaft | | | | | | Mitwelt | | | | | | Umwelt | | | | |
|---|---|---|---|---|---|---|---|---|---|---|---|---|---|---|---|---|---|---|---|---|---|---|---|
| | L | S | F | A | W | P | L | S | F | A | W | P | L | S | F | A | W | P | L | S | F | A | W |
| . Szenario-Welt | 0 | 0 | 0 | 0 | 0 | 0 | 0 | 0 | 0 | 0 | 0 | 0 | 0 | 0 | 0 | 0 | 0 | 0 | 0 | 0 | 0 | 0 | 0 |
| . Nachwelt | 0 | 0 | 0 | 0 | 0 | 0 | 0 | 0 | 0 | 0 | 0 | 0 | 0 | 0 | 0 | 0 | 0 | 0 | 0 | 0 | 0 | 0 | 0 |

ÖKOLOGISCHE ALTERNATIVE

**Entscheidungsmechanismen**

Bei der Planung und Entscheidung werden die Interessen von Individuum, Gesellschaft, Mitwelt, Umwelt und Nachwelt

zielbaren Nutzen. Politiker wollen einige Jahre an der Macht bleiben, die Wirtschaft will Gewinne sichern, Gewerkschaften wollen die Einkommen ihrer Mitglieder verbessern, die Industrie will Umweltauflagen möglichst minimieren usw. Unter Einsatz machtpolitischer Mittel wird von Jahr zu Jahr ein Kompromiß erhandelt, mit dem jeder Akteur leben kann, da er seinen Vorstellungen wenigstens teilweise entgegenkommt. Veränderte Bedingungen fordern im nächsten Jahr eine Neuverteilung von Kosten und Nutzen. Dieses Verfahren hat erstens eine sehr kurze gesellschaftliche Zukunftsperspektive zur Folge, zweitens bewirkt es, daß vor allem die Interessen derjenigen berücksichtigt werden, die über irgendwelche Machtmittel – und seien es auch nur Wählerstimmen – verfügen. Während man so auf dem einmal eingeschlagenen Weg fast blind in die Zukunft tappt, garantiert das Verfahren, daß man wenigstens gleichzeitig stolpert und fällt. Wegen der engen Perspektive werden Untersuchungen über langfristige zukünftige Entwicklungen und Rahmenbedingungen, über Entscheidungs- und Entwicklungsalternativen, über direkte und indirekte langfristige Folgen nicht gefördert und langfristige Ziele nicht abgesteckt. Weil Alternativen nicht gedacht werden, entsteht der Eindruck, daß die Entwicklung auf dem einmal eingeschlagenen Wege kaum änderbar ist; man läßt sich durch vermeintliche oder echte Sachzwänge die Entscheidungen aus der Hand nehmen und verstrickt sich tiefer in immer weniger umkehrbare Entwicklungen. Die zunehmende Begrenzung des Handlungsspielraums der Gesellschaft bedeutet auch für den einzelnen ständig wachsende Einschränkungen. Da Entscheidungsfolgen für andere und für zukünftige Generationen nicht berücksichtigt werden, ergeben sich im

gleichermaßen berücksichtigt. Hierzu werden sorgfältige Analysen der gegenwärtigen Lage und der möglichen zukünftigen Entwicklung, der Handlungsmöglichkeiten und ihrer Folgen, und der langfristig anzustrebenden Ziele unternommen und der laufenden Entwicklung ständig neu angepaßt. Generell gelten als Grundsätze: so viel Information über die Zukunft wie nur möglich zusammentragen; systematisch und umfassend nach Alternativen suchen; jeden vermeintlichen Sachzwang überprüfen; sich vor neuen Wegen nicht scheuen, solange damit eine bessere Entfaltung für alle Beteiligten und Betroffenen erreicht werden kann; dies bedeutet: Wertkonservatismus anstelle von Strukturkonservatismus; irreversible Entwicklungspfade und andere Einschränkungen zukünftigen Handlungsspielraums soweit möglich vermeiden. Die größere Umsicht, Vorsicht und Rücksicht bei der Entscheidungsvorbereitung führt zwar gelegentlich zu Ergebnissen, die den direkt Beteiligten kurzfristig weniger Vorteile als eigentlich möglich bringen; im ganzen gesehen ergibt sich aber ein stetiger, relativ harmonischer und für alle Beteiligten und Betroffenen zufriedenstellender Entwicklungspfad, der die Zukunft besser sichert, weil er stets einen breiten Handlungsspielraum offen hält. In dem Maße, wie der Handlungsspielraum wieder wächst und die Verwundbarkeit des gesellschaftlichen Systems abnimmt, verringert sich auch die Notwendigkeit der ständig neu anzupassenden kritischen Überwachung der Entwicklung.

Laufe der Zeit generell und unausweichlich ständig größere Probleme.

| 7A | Individuum | | | | | | Gesellschaft | | | | | | Mitwelt | | | | | | Umwelt | | | | |
|---|---|---|---|---|---|---|---|---|---|---|---|---|---|---|---|---|---|---|---|---|---|---|---|
| | L | S | F | A | W | P | L | S | F | A | W | P | L | S | F | A | W | P | L | S | F | A | W |
| Szenario-Welt | 0 | 0 | ! | ! | 0 | ! | 0 | 0 | ! | ! | 0 | 0 | 0 | 0 | ! | ! | ! | ! | 0 | ! | ! | ! | ! |
| Nachwelt | 0 | ! | X | X | X | ! | 0 | ! | X | X | X | ! | 0 | ! | ! | X | ! | ! | 0 | ! | ! | X | ! |

## ÖKONOMISTISCHE FORTSCHREIBUNG

### Gemeinsames Erbe, Eigentum, Verteilung

Der Besitz von oder die Kontrolle über Boden, Bodenschätze, Produktionsmittel, Intelligenz, Arbeitskraft, Wissen, Information, Luftraum, Verkehrswege, Wasser und Meer verschaffen die Möglichkeit zur Machtausübung über andere. Akteure jeder Art – Individuen, Interessengruppen, Unternehmen, Nationen – streben daher nach größtmöglicher Kontrolle über diese Mittel, die sie entweder direkt zur eigenen Existenzsicherung und Entfaltung einsetzen können oder aber im Tausch gegen andere Mittel zur Erhaltung und Entfaltung vermarkten können. Eine gerechte Verteilung der Entfaltungschancen ist daher nicht gegeben, zumal Zufälligkeiten wie geographische Lage, geologische Bedingungen, soziokulturelle Bedingungen, ererbte Fähigkeiten usw. eine Rolle spielen. Die Gesellschaft schützt aber diese Entfaltungsunterschiede bei Individuum und kollektiven Akteuren (bis zur Nation) durch entsprechende Gesetzgebung. Eine Ausnahme besteht lediglich bei Gütern, die traditionell im Überfluß vorhanden waren, so daß sich Interessenten nur selten gegenseitig behinderten: das Meer, der Luftraum, der Weltraum, der freie Raum zur drahtlosen Nachrichtenübertragung, die Umwelt als Depositorium für Abfallstoffe jeder Art. Durch neue Technolo-

| 7B | Individuum | | | | | | Gesellschaft | | | | | | Mitwelt | | | | | | Umwelt | | | | |
|---|---|---|---|---|---|---|---|---|---|---|---|---|---|---|---|---|---|---|---|---|---|---|---|
| | L | S | F | A | W | P | L | S | F | A | W | P | L | S | F | A | W | P | L | S | F | A | W |
| Szenario-Welt | 0 | 0 | 0 | 0 | 0 | 0 | 0 | 0 | 0 | 0 | 0 | 0 | 0 | 0 | 0 | 0 | 0 | 0 | 0 | 0 | 0 | 0 | 0 |
| Nachwelt | 0 | 0 | 0 | 0 | 0 | 0 | 0 | 0 | 0 | 0 | 0 | 0 | 0 | 0 | 0 | 0 | 0 | 0 | 0 | 0 | 0 | 0 | 0 |

## ÖKOLOGISCHE ALTERNATIVE

### Gemeinsames Erbe, Eigentum, Verteilung

Das Eigentum an oder die Kontrolle über die genannten Mittel (Boden, Bodenschätze, Produktionsmittel usw.) verpflichtet zu einer Nutzung, die an den Interessen des Individuums, der Gesellschaft, der Umwelt, der Mitwelt und der Nachwelt orientiert sein muß. Da die Gesellschaft über die strikte Einhaltung dieser Bedingung wacht, ist es unerheblich, ob Eigentum und Kontrolle bei einem Individuum, einem privaten Unternehmen oder beim Staat liegen und ob diese Rechte ererbt oder erworben wurden. Die Gesellschaft wird Eigentums- und Nutzungsrechte demjenigen übertragen, der die Kriterien am besten erfüllen kann. Die Gesellschaft wird sie ihm aber auch wieder entziehen, wenn er seinen Verpflichtungen nicht nachkommt. Der Zusammenhang zwischen der Verfügung über diese Mittel und den Möglichkeiten zur eigenen Entfaltung besteht damit nicht mehr; die Mittel können nicht zur Machtausübung über andere eingesetzt werden. Damit entfällt auch eine Ursache ungerechter Verteilung von Entfaltungschancen. Die Verpflichtung zu partnerschaftlich orientierter Nutzung gilt sowohl auf nationaler wie auf internationaler Ebene. Falls ein ausländisches Unternehmen in einem Entwicklungsland die Bedingungen erfüllt (insbesondere auch

gien und stark steigenden Bedarf an Ressourcen und tierischem Eiweiß steigen allerdings die Ansprüche an die Weltmeere plötzlich sehr stark, und noch bevor Besitz- und Nutzungsrechte vereinbart werden können, kommt es dort zur Überbeanspruchung einiger ökologischer Systeme. Das gleiche Problem entsteht durch unkontrollierte Abgabe von Abfallstoffen aller Art an die Umwelt: Solange einzelnen Akteuren die freie Verfügbarkeit insbesondere von Ozeanen, Atmosphäre und Umwelt noch zum Vorteil gereicht, so lange widersetzen sie sich auch einer für alle verbindlichen Regelung. Als Folge stellen sich irreversible Schäden ein: Zerstörung ökologischer Systeme, Vernichtung nicht erneuerbarer Ressourcen, Verschwinden der Quellen erneuerbarer Ressourcen (Wälder, Ackerland, Fischbestände), Änderungen des Klimas. Zur ungleichmäßig verteilten Verfügung über das gemeinsame Erbe kommt jetzt noch die Gefährdung des bisher unverteilt gebliebenen Erbes durch den Egoismus einzelner Akteure.

ohne Autonomie und Selbstwert des Landes zu verletzen), ist es dort willkommen. Das gleiche Prinzip wird auch auf die gemeinschaftlich genutzten Güter der Weltmeere und der Umwelt angewandt: solange partnerschaftliche Rücksichtnahme in jeder Richtung gewährleistet bleibt, ist deren Nutzung gestattet. Da dieses Prinzip und entsprechende Kriterien und Bewertungsmethoden, mit denen die Einhaltung überprüft werden kann, von allen Staaten akzeptiert worden sind, erübrigt sich u. a. die Aufteilung der Weltmeere in Hoheitszonen.

| 8A | Individuum | | | | | | Gesellschaft | | | | | | Mitwelt | | | | | | Umwelt | | | | |
|---|---|---|---|---|---|---|---|---|---|---|---|---|---|---|---|---|---|---|---|---|---|---|---|
| | L | S | F | A | W | P | L | S | F | A | W | P | L | S | F | A | W | P | L | S | F | A | W |
| Szenario-Welt | 0 | 0 | ! | 0 | ! | ! | 0 | 0 | 0 | ! | ! | ! | 0 | 0 | 0 | ! | 0 | ! | ! | X | ! | X | ! |
| Nachwelt | ! | X | ! | X | ! | X | ! | X | X | X | X | X | 0 | ! | ! | X | X | X | X | X | X | X | X |

| 8B | Individuum | | | | | | Gesellschaft | | | | | | Mitwelt | | | | | | Umwelt | | | | |
|---|---|---|---|---|---|---|---|---|---|---|---|---|---|---|---|---|---|---|---|---|---|---|---|
| | L | S | F | A | W | P | L | S | F | A | W | P | L | S | F | A | W | P | L | S | F | A | W |
| Szenario-Welt | 0 | 0 | 0 | 0 | 0 | 0 | 0 | 0 | 0 | 0 | 0 | 0 | 0 | 0 | 0 | 0 | 0 | 0 | 0 | 0 | 0 | 0 | 0 |
| Nachwelt | 0 | 0 | 0 | 0 | 0 | 0 | 0 | 0 | 0 | 0 | 0 | 0 | 0 | 0 | 0 | 0 | 0 | 0 | 0 | 0 | 0 | 0 | 0 |

## Gesundheit

*Problemskizze*

Gesundheit des Individuums ist unabdingbare Voraussetzung für die Lebensentfaltung sowohl des einzelnen wie auch jeden Gemeinwesens. Dazu gehören sowohl richtige und ausreichende Ernährung wie das Fernhalten gesundheitsschädigender Einflüsse wie auch Heilung und Wiederherstellung verlorener Gesundheit.

In den Industrieländern wurde die Ernährung weitgehend gesichert durch eine rationalisierte Landwirtschaft, die mit hohem Einsatz von Technik,

Energie und Chemiestoffen arbeitet. Doch diese Entwicklung ist nicht problemlos, und viele der Probleme, die sie erzeugt, werden erst in der Zukunft spürbar werden. Die gewachsenen sozialen Strukturen der ländlichen Gebiete wurden aufgebrochen, ihre Einwohner verließen zu einem großen Teil die Armut, die ihnen gleichwohl relative Unabhängigkeit des eigenen Landbesitzes garantierte und verdingten sich in den relativen Wohlstand, aber auch in die Abhängigkeit städtischer Arbeitsplätze. Rationalisierung räumte unter den Mischproduzenten auf und ließ die verbliebenen Landwirte zu Spezialisten für Milch, Rinder, Schweine, Hühner, Weizen oder Kartoffeln werden. Die rationelle Betriebsgröße liegt dort, wo die gesamte Bauernfamilie durch die anfallende Arbeit eigentlich physisch überlastet wird, Arbeitskräfte aus Kostengründen aber nicht eingestellt werden können. Hochgezüchtete Pflanzen- und Tierstämme haben ihre ursprüngliche Widerstandsfähigkeit und Anspruchslosigkeit verloren und können nur bei entsprechenden Gaben von Kunstdünger, Bioziden, Wuchsförderern, Kraftfutter, Antibiotika existieren. Genetische Vielfalt der Kulturpflanzen geht allmählich verloren. Landwirtschaftlicher Boden versalzt, verkarstet und verliert an organischer Substanz; seine Bearbeitung erfordert ständig größere und schwerere Maschinen.

Landwirtschaftliche Produkte kommen kaum noch unverarbeitet auf den Markt. Sie werden homogenisiert, pasteurisiert, angereichert, raffiniert, pulverisiert, eingedickt und verdampft, kondensiert, konserviert, denaturiert, vitaminisiert, gefriergetrocknet, vorgekocht, aufgeschlossen, tiefgefroren, gefärbt, aromatisiert. Die Haltbarkeit dieser Industrieprodukte erleichtert Handel und Lagerung, aber sie zeugt gleichzeitig auch von einem Nährwertverlust. Andere Lebewesen (Schädlinge) können sich davon nicht mehr ernähren.

Dem Nahrungsüberschuß in Industrieländern steht Nahrungsmangel in vielen Gebieten der Dritten Welt gegenüber, der sich mit ansteigenden Bevölkerungszahlen noch verstärken wird. Versuche, die Landwirtschaft nach dem Vorbild der Industrieländer durch eine ›Grüne Revolution‹ zu rationalisieren, haben zur erhöhten Abhängigkeit von Wasser, Maschinen, Kunstdünger, Bioziden geführt. Damit ist auch hier der industriell geführte Großbetrieb im Vorteil. Klein- und Kleinstbauern, die sich bisher wenigstens selbst ernähren konnten, müssen aufgeben und reihen sich in das hungernde Heer des Lumpenproletariats der großen Städte ein. Die »Favelas« der Hoffnungslosen aus Kistenbrettern, Pappkartons und Konservenbüchsenblech wachsen: ohne Trinkwasserversorgung, sanitäre Anlagen und Müllabfuhr; Brutstätten von Krankheit, Verbrechen und Resignation. Unterernährung raubt Millionen von Menschen bereits im Mutterleib und im Kindesalter die Chance normaler körperlicher und geistiger Entwicklung.

Den Mangelkrankheiten der Dritten Welt stehen die ›Zivilisationskrankheiten‹ der überentwickelten Welt gegenüber. Sie werden verursacht durch falsche, industriell verarmte Nahrung und Überernährung, durch Mangel an körperlicher Betätigung, durch Chemiestoffe – in Nahrungsmitteln, Trinkwasser, Atemluft, Pharmaka und Gebrauchsgegenständen –, die teils erwiesene, teils vermutete pathogene und karzinogene Wirkungen haben, wobei Langzeiteffekte und synergistische Wirkungen noch kaum erforscht sind. Andere Ursachen, vor allem psychischer Erkrankungen, müssen in Zwängen zur Leistung ohne Selbstbestätigung und Erfolgserlebnisse, im Konkurrenz- und Statusdenken, in beruflicher Unsicherheit und Sorge um den Arbeitsplatz, in Unterforderung, aber auch (oft selbstverschuldeter) Überlastung, in monotoner und einseitiger Arbeit gesucht werden. Das Produkt der eigenen Arbeit ist nicht mehr erlebbar, der Sinn der Anstrengungen unklar, die Motivation stirbt, die Unzufriedenheit wächst und mit ihr die psychischen Spannungen und ihre physischen Folgen. Die Bedingungen der Gesellschaft färben auf Schule und Elternhaus ab und lassen auch die Kinder nicht ungeschoren. Wo natürliche Regelmechanismen des Gesprächs, der Liebe und Freundschaft, der Solidarität, der familiären Geborgenheit nicht weiterhelfen können oder abgestorben sind, verbreiten sich Pharmaka, Nikotin, Alkohol, Rauschgifte, selbst zwanghafte Arbeit.

Die Medizin hat sich dem Trend von Wirtschaft, Wissenschaft und Technik zur Spezialisierung, Rationalisierung, Zentralisierung, Bürokratisierung, Mechanisierung und Computerisierung angeschlossen. Der kranke Mensch ist eine defekte Maschine, die repariert werden muß. Der Arzt als Körpermechaniker hat weder die Vorbildung, noch die Zeit, noch die Kenntnisse über die soziale Lage des Patienten, um sich mit seinem Seelenleben auseinanderzusetzen, das immer häufiger die Ursache der Beschwerden ist. Die chromglitzernden Apparate der ärztlichen Reparaturwerkstatt – nicht immer wirksam und nicht immer wirksam eingesetzt – verbessern zwar die Heilungschancen und verschaffen dem Arzt ein mehr als angenehmes Auskommen, sie belasten aber auch Staat und Versicherungszahler mit ständig steigenden Ausgaben. Der Patient kann nicht überprüfen (und hat meist gar kein Interesse daran), was in seiner Rechnung steht, die seine Versicherung zu zahlen hat. Wo ambulante Behandlung durch medizinische Helfer ausreichen würde, muß er den hochbezahlten und raren Spezialisten bemühen. Die pharmazeutische Industrie wirft neue Arzneimittel auf den Markt und unterstützt ihren Verkauf mit Werbekampagnen, ohne Nebenwirkungen genau zu kennen; durch unvorsichtigen Gebrauch von Antibiotika werden Erregerstämme immun und zu einer steigenden Bedrohung. Krankenhäuser wandeln sich zu durchrationalisierten Produktionsstätten für die Fließbandbetreuung von Patienten durch elektronische Apparate und weißbekittelte Akkordarbeiter.

Im folgenden betrachten wir Zukunftsbilder aus den Problembereichen

- *Landwirtschaft*
- *Ernährung*
- *Gesundheitsvorsorge*
- *Heilung*

ÖKONOMISTISCHE FORTSCHREIBUNG

**Landwirtschaft**

Die Landwirtschaft wird fast ausschließlich an den Maßstäben der industriellen Produktion gemessen; in Erholungsgebieten wird ihr gelegentlich die Rolle des staatlichen besoldeten Landschaftspflegers zugewiesen. Als Grundstoffproduzenten für die Nahrungsmittelindustrie treten alle landwirtschaftlichen Betriebe als Konkurrenten gegeneinander auf und sind zu größtmöglicher Rationalisierung gezwungen, um bestehen zu können. Bei der betriebswirtschaftlichen Rechnung können nur unmittelbare Betriebskosten, nicht aber mittelbare oder langfristige Kosten oder Kosten für dritte oder die Gesellschaft, Umwelt und Nachwelt berücksichtigt werden, da diese Kosten von niemandem zum Zeitpunkt der Produktion in Rechnung gestellt werden können. Dies führt zu physischer Überlastung der mitarbeitenden Familie ohne Entgelt; Veränderungen der sozialen Struktur auf dem Lande und entsprechende soziale Belastungen, Spannungen und Konflikte; Verarmung der landwirtschaftlichen Böden; Abhängigkeit vom industriellen System und entsprechend höhere Verwundbarkeit und Krisenanfälligkeit der Nahrungsmittelversorgung, allmähliche Verseuchung der Umwelt und der Nahrungsmittel durch Anreicherung von Chemiegiften in Nahrungsketten; Aussterben von Tier- und Pflanzenarten; Grundwassersenkung und Verseuchung durch künstliche Bewässerung, Düngung und Biozide; Veränderung der Landschaft und Verlust von Agrarland. Diese bei der betriebswirtschaftlichen Rechnung unberücksichtigten Kosten werden allmählich und in immer stärker werdendem Maße wirksam und verrin-

ÖKOLOGISCHE ALTERNATIVE

**Landwirtschaft**

Die Landwirtschaft bekommt einen ganz anderen Stellenwert: erstens spielt sie als Produzent von Ernährungsgrundstoffen ihre traditionelle Rolle; zweitens aber soll sie vor allem die ökologische Basis der menschlichen Ernährung erhalten, verbessern und absichern; drittens kommt eine wachsende Rolle als Produzent erneuerbarer Energie- und Rohstoffressourcen hinzu; viertens dient sie einem wachsenden Anteil der Bevölkerung als Mittel eigener Entfaltung, die sie in den Städten und in der industriellen Produktion nicht finden kann. Die langfristige ökologische Orientierung führt zu einer anderen Landwirtschaft: weitgehend organische Düngung; verbreiteter Einsatz stickstoffsammelnder Pflanzen (Schmetterlingsblütler) zur Gründüngung; biologische Schädlingsbekämpfung; Wurzeldüngung und -bewässerung; Ausnutzung symbiontischer und synergistischer Verhältnisse zwischen Pflanzen und zwischen Tier und Pflanze zur Schädlingsbekämpfung, Düngung und Ertragssteigerung; relative Verringerung der Produktion an tierischem Eiweiß wegen des hohen Futtermittelaufwands (und damit Energieaufwands) und dafür erhöhter Anbau pflanzlicher Eiweißproduzenten. Hinzu kommen teilweise neue Funktionen als Energie- und Rohstoffproduzent: Methanproduktion aus Abfällen, aber auch durch Abbau eigens dafür angebauter Kulturen in Biogasgeneratoren, bei gleichzeitiger Gewinnung von Dünger; Stromversorgung aus lokalen Methankraftwerken (Gasturbinen); Erzeugung von Kohlenwasserstoffen durch Vergasung, Fermentierung, Pyrolyse usw.; Erzeugung von Tier- und Pflanzenfasern.

gern Leistungsfähigkeit und Ertrag, Krisensicherheit und Umweltqualität. Besonders benachteiligte Betriebe scheiden eher aus, was den Druck auf die anderen noch verstärkt und die Berücksichtigung externer und indirekter Kosten erst recht nicht zuläßt.

| 9A | Individuum | | | | | | Gesellschaft | | | | | | Mitwelt | | | | | | Umwelt | | | | |
|---|---|---|---|---|---|---|---|---|---|---|---|---|---|---|---|---|---|---|---|---|---|---|---|
| | L | S | F | A | W | P | L | S | F | A | W | P | L | S | F | A | W | P | L | S | F | A | W |
| Szenario-Welt | 0 | 0 | 0 | 0 | 0 | 0 | 0 | ! | ! | ! | 0 | 0 | 0 | 0 | 0 | ! | ! | 0 | 0 | ! | ! | X | ! |
| Nachwelt | 0 | ! | 0 | ! | 0 | ! | 0 | ! | ! | X | ! | ! | 0 | 0 | ! | X | X | ! | ! | X | X | X | X |

ÖKONOMISTISCHE
FORTSCHREIBUNG

**Ernährung**

Die Nahrungsmittelproduktion orientiert sich – wie alle Zweige der Wirtschaft – am Verkaufbaren. Da die Bevölkerungen der reichen Länder über die Mittel verfügen, um sich fast jeden Ernährungsluxus leisten zu können, werden ihre Interessen bevorzugt bedient; lediglich verbleibende Überschüsse fließen auf die Märkte der armen Länder. So geht z.B. der größte Teil der Getreideerzeugung als Futtermittel in die Fleischproduktion für die reichen Länder, während in armen Ländern weiterhin Unterernährung und Hunger herrschen. Um für ihre Entwicklung notwendige Devisen zu beschaffen, müssen diese Länder oft trotz miserabler Ernährungslage im eigenen Land Nahrungsmittel ausführen. In den Industrieländern gelingt es der Nahrungsmittelindustrie, durch breite Werbung und ›Aufklärung‹ die Bevölkerung über die Grundlagen gesunder Ernährung und die

Der Landwirtschaft kommt eine wachsende Bedeutung bei der gesellschaftlichen Aufgabe zu, das durch die Industrialisierung und Ökonomisierung gestörte Verhältnis zu Natur und Umwelt als Lebensbasis wiederherzustellen: durch Ferien- und Arbeitsaufenthalte; durch neue Teilzeit- und Zeitarbeitsplätze; durch Umwelt- und Landschaftspflege und die Erhaltung historischen Erbes; und weiter durch langfristige Sicherung der Ernährungsbasis auch unter weltwirtschaftlich ungünstigen Bedingungen.

| 9B | Individuum | | | | | | Gesellschaft | | | | | | Mitwelt | | | | | | Umwelt | | | | |
|---|---|---|---|---|---|---|---|---|---|---|---|---|---|---|---|---|---|---|---|---|---|---|---|
| | L | S | F | A | W | P | L | S | F | A | W | P | L | S | F | A | W | P | L | S | F | A | W |
| Szenario-Welt | 0 | 0 | 0 | 0 | 0 | 0 | 0 | 0 | 0 | 0 | 0 | 0 | 0 | 0 | 0 | 0 | 0 | 0 | 0 | 0 | 0 | 0 | 0 |
| Nachwelt | 0 | 0 | 0 | 0 | 0 | 0 | 0 | 0 | 0 | 0 | 0 | 0 | 0 | 0 | 0 | 0 | 0 | 0 | 0 | 0 | 0 | 0 | 0 |

ÖKOLOGISCHE
ALTERNATIVE

**Ernährung**

Die Nahrungsmittelproduktion konzentriert sich darauf, für die Bevölkerungen aller Länder ein ausgewogenes und ausreichendes Nahrungsmittelangebot bereitzustellen. Da dieses Ziel über die Mechanismen eines internationalen freien Marktes nicht zu erreichen ist, solange bei Grundnahrungsmitteln Knappheiten und bei den Einkommen in reichen und armen Ländern sehr große Unterschiede bestehen, sollen Anbau- und Verarbeitungsquoten dafür sorgen, daß z.B. Getreide nicht zur Fleischerzeugung verfüttert wird, solange noch in einem Land Mangel an Getreide für die menschliche Ernährung herrscht. Um die Konsequenzen von Mißernten abzumildern und Weltmarktpreise relativ stabil zu halten, werden Vorratslager unter internationaler Kontrolle angelegt. Die industrielle Verarbeitung von Nahrungsmitteln wird auf ein notwendiges Mindestmaß be-

verschiedenen Bedingungen der Nahrungsmittelerzeugung weitgehend im unklaren zu lassen, so daß sich der Verkauf industriell verarbeiteter oder mit hohem energetischem Aufwand erzeugter (jede Fleischkalorie erfordert zehn Futtermittelkalorien) Nahrungsmittel weiter erhöht. Neuentwickelten Nahrungsmitteln sind Nährwerte weitgehend entzogen (›kalorienarm‹), so daß mehr davon verzehrt werden kann. Der unaufgeklärte Verbraucher steigert vor allem seinen Konsum an relativ wertlosen Nahrungsmitteln (Süßwaren und künstlichen Getränken). Die Konsequenzen falscher Ernährung schlagen sich in Milliardenhöhe – allerdings positiv – im Sozialprodukt nieder: es erhöhen sich insbesondere die Umsätze von Zahnärzten und Medizinern jeder Art, von Krankenhäusern, Pflegeheimen, Rehabilitationszentren, der pharmazeutischen Industrie, der medizintechnischen Industrie, der Kurorte, der Industrie für Trimmgeräte und Sportartikel. Ein großer Teil dieser Folgekosten muß von der Gesellschaft als Soziallasten übernommen werden. Mit der fortschreitenden Verindustrialisierung der Nahrungsmittelproduktion geht auch das Gefühl der Abhängigkeit von Natur und Umwelt weiter verloren; dies wirkt sich in wachsender Gleichgültigkeit gegenüber der fortschreitenden Gefährdung dieser Basis aus.

| 10A | Individuum | | | | | | Gesellschaft | | | | | | Mitwelt | | | | | | Umwelt | | | | |
|---|---|---|---|---|---|---|---|---|---|---|---|---|---|---|---|---|---|---|---|---|---|---|---|
| | L | S | F | A | W | P | L | S | F | A | W | P | L | S | F | A | W | P | L | S | F | A | W |
| Szenario-Welt | 0 | ! | 0 | X | 0 | ! | 0 | 0 | 0 | ! | 0 | 0 | ! | X | ! | X | X | ! | 0 | 0 | 0 | ! | 0 |
| Nachwelt | 0 | ! | 0 | X | 0 | ! | 0 | 0 | 0 | ! | 0 | 0 | ! | X | ! | X | X | ! | 0 | ! | 0 | ! | 0 |

schränkt. Durch Erhöhung der lokalen Obst- und Gemüseproduktion und Verbesserungen bei den Methoden der Lagerhaltung kann der Anteil frischer oder frisch verarbeiteter Nahrungsmittel im Angebot gesteigert werden. Eine stark geförderte unabhängige Ernährungsforschung und entsprechende Aufklärung des Verbrauchers führen zu einer stark gesundheitsbewußten Ernährungsweise und zu einem entsprechenden Rückgang der Nachfrage nach Nahrungsmitteln, die überflüssige Verarbeitungsstufen hinter sich haben. Mit der vernünftigeren Ernährung sinken die Zahl der ernährungsbedingten Krankheitsfälle und damit auch die finanziellen Belastungen im Gesundheitswesen erheblich. Das Wissen über gesunde Ernährung und ernährungsbedingte Krankheit schärft allgemein das Bewußtsein gegenüber der Umwelt, wie auch die kritische Einstellung gegenüber insbesondere den chemischen und pharmazeutischen Industrien, die in der Vergangenheit durch Unkenntnis oder Mißachtung möglicher Folgen oder synergistischer Effekte gelegentlich sorglos mit Chemiestoffen umgegangen waren, die sich später als gesundheitsgefährdend herausstellen.

| 10B | Individuum | | | | | | Gesellschaft | | | | | | Mitwelt | | | | | | Umwelt | | | | |
|---|---|---|---|---|---|---|---|---|---|---|---|---|---|---|---|---|---|---|---|---|---|---|---|
| | L | S | F | A | W | P | L | S | F | A | W | P | L | S | F | A | W | P | L | S | F | A | W |
| Szenario-Welt | 0 | 0 | 0 | 0 | 0 | 0 | 0 | 0 | 0 | 0 | 0 | 0 | 0 | 0 | 0 | 0 | 0 | 0 | 0 | 0 | 0 | 0 | 0 |
| Nachwelt | 0 | 0 | 0 | 0 | 0 | 0 | 0 | 0 | 0 | 0 | 0 | 0 | 0 | 0 | 0 | 0 | 0 | 0 | 0 | 0 | 0 | 0 | 0 |

ÖKONOMISTISCHE FORTSCHREIBUNG

**Gesundheitsvorsorge**

Gesundheit hat ihren Preis – einen Preis, der nur von denen gezahlt werden kann, die mindestens für Arbeitskraft am Markt einen Tauschwert erhalten, oder deren Stimmen im politischen Geschehen ihres Landes eine Rolle spielen. Die Leute ohne Tauschwert und Einfluß bleiben vergessen, besonders die namenlosen Massen in den überfüllten Großstädten der armen Länder und unter ihnen in erster Linie die Kinder, die durch Unterernährung und Krankheit bleibende Schäden davontragen. Derjenige, der das Glück hat, einen Interessenten für seine Arbeitskraft zu finden, muß Arbeitskraft und Gesundheit oft genug aufs Spiel setzen, um für sich und seine Familie die nackte Existenz zu sichern. Wo nicht gelegentlich Humanität mitschwingt, haben staatliche Programme zur Verbesserung der Gesundheitslage vor allem den Zweck, Arbeitskräfte, nationale Macht oder politischen Einfluß zu sichern. In reichen Ländern dagegen ist die Gesundheit zum Teil vom Überfluß bedroht: Überernährung, falsche Ernährung, Unterforderung, Langeweile, Mißbrauch von Alkohol, Nikotin, Pharmaka und Drogen, Bewegungsmangel, Mangel an körperlicher Arbeit, psychische Krankheiten durch Isolation im Luxus. Andere Gesundheitsschäden, besonders psychische, gehen auf das Konto einer Arbeit, die zur Leistung zwingt, ohne Motivation oder Erfolgserlebnis dafür geben zu können. Obwohl die Ursache-Wirkung-Beziehungen gesehen werden, kann nicht vorbeugend gehandelt werden, weil erst die manifeste Krankheit ›marktfähig‹ ist. Wo dennoch vorbeugend gehandelt wird, beschränkt sich dieses Handeln auf die

ÖKOLOGISCHE ALTERNATIVE

**Gesundheitsvorsorge**

Ein ›Recht auf Gesundheit‹ wird als Menschenrecht anerkannt. Bei der Durchführung entsprechender Maßnahmen wird armen Staaten von reichen Ländern und internationalen Fonds solidarisch Hilfe geleistet. Wichtigste Schritte sind die Sicherung einer ausreichenden und richtigen Ernährung, ausreichender Wohnraum und Kleidung, Hygiene und sanitäre Anlagen, Trinkwasserversorgung, medizinische Betreuung, aber vor allem auch Aufklärung und gelegentlich Änderung sozio-kultureller Einstellungen und Verhaltensnormen. Die Beschränkung der Geburtenzahl wird von allen Ländern als oberste Voraussetzung einer stabilen gesellschaftlichen Entwicklung anerkannt und verwirklicht. Im Laufe ihrer weiteren Entwicklung profitieren die armen Länder von den Erkenntnissen über die systembedingten ›Zivilisationskrankheiten‹ der industrialisierten Welt und können ihre eigene sozio-technische Entwicklung so steuern, daß sie diese Probleme weitgehend vermeiden. Um die systemtypischen Gesundheitsschäden in ihren Ländern einzudämmen, führen die Industrieländer entsprechende Programme durch: Aufklärungsarbeit über Gesundheit und Ernährung, mehr körperliche Betätigung bei Arbeit und Sport, das Fahrrad als bevorzugtes Nahverkehrsmittel, strikte Kontrolle aller Emissionen, Chemieprozesse und Chemieprodukte (besonders in Nahrungsmitteln), Abbau von Leistungszwängen und Entfremdung in Schule und Beruf und Verstärkung der Selbstverwirklichungs- und Selbstbestätigungsmöglichkeiten. Es zeigt sich, daß dabei in einigen Industrieländern fundamentale Änderungen

Früherkennung. Die ›Zivilisationskrankheiten‹ werden fatalistisch hingenommen, da die Beseitigung ihrer Ursachen – im übermäßigen Konsum, im ›technischen Fortschritt‹ vor allem der Chemie, in der Zwangsleistung, im Konkurrenzdenken – an den Fundamenten des sozio-ökonomischen Systems rütteln würde.

| 11A | Individuum | | | | | | Gesellschaft | | | | | | Mitwelt | | | | | | Umwelt | | | | |
|---|---|---|---|---|---|---|---|---|---|---|---|---|---|---|---|---|---|---|---|---|---|---|---|
| | L | S | F | A | W | P | L | S | F | A | W | P | L | S | F | A | W | P | L | S | F | A | W |
| Szenario-Welt | 0 | ! | 0 | ! | 0 | ! | 0 | 0 | 0 | ! | 0 | 0 | ! | X | X | X | X | X | | | - | | |
| Nachwelt | 0 | ! | 0 | ! | 0 | ! | 0 | 0 | 0 | ! | 0 | 0 | ! | X | X | X | X | X | | | - | | |

## ÖKONOMISTISCHE FORTSCHREIBUNG

### Heilung

Die Medizin sieht ihre Aufgabe vornehmlich in der Heilung akut Kranker, in der Wiederherstellung der Funktionsfähigkeit – der Reparatur – der wertvollen Maschine Mensch. Die medizinische Forschung und Technik konzentriert sich daher in erster Linie auf diese Aufgabe. Mit wachsender wissenschaftlicher Erkenntnis wächst auch die Spezialisierung des Wissens, der Fachleute, der technischen Geräte, der Verfahren. Die Spezialisten wissen immer mehr über immer weniger, die Geräte werden immer besser in immer engeren Anwendungsbereichen. Die gleichzeitige Konsultation einer Vielzahl von Spezialisten wird selbst bei kleineren Beschwerden zur Regel, schon weil sich die Ärzte vor dem Vorwurf der Fehldiagnose und rechtlichen Konsequenzen schützen müssen. Mit steigender Komplexität und Spezialisierung des Wissens und der Apparate steigen auch die Behandlungskosten rapide; ebenso nehmen die durch Behandlung verursachten sekundären Gesundheitsschäden zu (z.B. Beeinträchtigung natürlicher Resistenz durch Drogenkonsum). Entsprechend fließt ein ständig wachsender Teil des

der Einstellungen zu Arbeit, Betrieb, Leistung, Freizeit, Familie und der engeren und weiteren sozialen Gemeinschaft notwendig werden.

| 11B | Individuum | | | | | | Gesellschaft | | | | | | Mitwelt | | | | | | Umwelt | | | | |
|---|---|---|---|---|---|---|---|---|---|---|---|---|---|---|---|---|---|---|---|---|---|---|---|
| | L | S | F | A | W | P | L | S | F | A | W | P | L | S | F | A | W | P | L | S | F | A | W |
| Szenario-Welt | 0 | 0 | 0 | 0 | 0 | ! | 0 | 0 | 0 | 0 | 0 | 0 | 0 | 0 | 0 | 0 | 0 | 0 | | | - | | |
| Nachwelt | 0 | 0 | 0 | 0 | 0 | 0 | 0 | 0 | 0 | 0 | 0 | 0 | 0 | 0 | 0 | 0 | 0 | 0 | | | - | | |

## ÖKOLOGISCHE ALTERNATIVE

### Heilung

Die Medizin soll zur größtmöglichen Entfaltung aller beitragen. Das bedeutet, daß sie sich vor allem und besonders der Gesundheitsvorsorge widmen muß, um akute Erkrankung soweit überhaupt möglich zu vermeiden. Voraussetzung für diese Vorsorgemedizin ist die intensive Forschung über Ursachen von Erkrankungen, insbesondere über sozial bedingte und psychische Ursachen. Im Rahmen dieser Ursachenforschung werden die unmittelbaren Ursachen vieler Erkrankungen besser identifiziert, wie Gegebenheiten des gesellschaftlichen Systems, soziale Bedingungen, Anforderungen des Arbeitsplatzes, Bewegungsmangel, falsche Ernährung, Nahrungsbestandteile, Drogen und Genußgifte jeder Art, Chemiestoffe in der Umwelt. Die Beseitigung dieser Ursachen bedeutet z. T. erhebliche Änderungen im gesellschaftlichen System, wird aber unternommen, weil sie zur starken Reduzierung der Zahl der Krankheitsfälle und damit des volkswirtschaftlichen Aufwands für das Gesundheitssystem führt. Beispiele: Maßnahmen zur Verminderung von Zwangsleistung, Entfremdung

Volkseinkommens in das Gesundheitswesen; die Zahl der dort Beschäftigten erhöht sich stark. Um die Aufgaben bewältigen und die Kosten unter Kontrolle halten zu können, muß soweit überhaupt möglich mechanisiert, automatisiert, rationalisiert und computerisiert werden. Das führt zwar dazu, daß Symptome weit besser als früher diagnostiziert und kuriert werden können, bedeutet aber auch gleichzeitig, daß das medizinische Interesse noch weniger den eigentlichen Ursachen der Symptome und der Vorsorge gilt. Dieser Entwicklung kommt auch die in der Gesellschaft vorherrschende Einstellung entgegen, die Gesundheitsrisiken erst ernst nimmt, wenn sich bereits Symptome zeigen. Aus diesen Gründen bleiben die Ursachen- und Vorsorgeforschung und die Gesundheitsvorsorge selbst relativ unbedeutend. Es läßt sich so auch nicht feststellen, ob die Kosten des Gesundheitswesens – und die volkswirtschaftlichen Kosten von Erkrankungen und Gesundheitsschäden – durch strikte Vorsorgemaßnahmen nicht gesenkt werden können, von einer Verringerung der Zahl und Schwere der Krankheitsfälle ganz zu schweigen.

und Isolation, Förderung der Familie, mehr Sport und Spiel, Radwege zum Arbeitsplatz, gesündere Nahrungsmittel und Ernährung, Umweltschutzmaßnahmen. Dem einzelnen werden in Bildungssystem und Medien relativ gute Kenntnisse über Gesundheit und seinen Körper vermittelt, so daß er einfache Diagnosen selbst stellen und mit einfachen medizinischen Geräten selbst umgehen kann, aber auch weiß, wann er sich dem Arzt anvertrauen muß. Als Folge des weit besseren durchschnittlichen Gesundheitszustands der Bevölkerung kann den wirklich Kranken mit den besten Fachkräften, Methoden und technischen Hilfsmitteln intensivere Hilfe gewährt werden. Durch die bessere Kenntnis vor allem auch psychischer Krankheitsursachen gelangt die Medizin zu einer ganzheitlichen Diagnose und ähnlich ganzheitlichen Therapien.

| 12A | Individuum | | | | | | Gesellschaft | | | | | | Mitwelt | | | | | | Umwelt | | | | |
|---|---|---|---|---|---|---|---|---|---|---|---|---|---|---|---|---|---|---|---|---|---|---|---|
| | L | S | F | A | W | P | L | S | F | A | W | P | L | S | F | A | W | P | L | S | F | A | W |
| Szenario-Welt | 0 | 0 | 0 | ! | 0 | ! | 0 | 0 | 0 | ! | ! | 0 | | - | - | | | | | | - | | |
| Nachwelt | 0 | ! | 0 | ! | 0 | ! | 0 | 0 | ! | ! | ! | ! | | | - | | | | | | - | | |

| 12B | Individuum | | | | | | Gesellschaft | | | | | | Mitwelt | | | | | | Umwelt | | | | |
|---|---|---|---|---|---|---|---|---|---|---|---|---|---|---|---|---|---|---|---|---|---|---|---|
| | L | S | F | A | W | P | L | S | F | A | W | P | L | S | F | A | W | P | L | S | F | A | W |
| Szenario-Welt | 0 | 0 | 0 | 0 | 0 | ! | 0 | 0 | 0 | 0 | 0 | ! | | | - | | | | | | - | | |
| Nachwelt | 0 | 0 | 0 | 0 | 0 | 0 | 0 | 0 | 0 | 0 | 0 | 0 | | | - | | | | | | - | | |

## Bildung und Ausbildung

*Problemskizze*

Bildung und Ausbildung sollen den einzelnen wie auch die Gesellschaft befähigen, relativ selbständig mit den wechselnden Anforderungen der Zukunft fertig zu werden und eine eigene Identität zu entwickeln. Um unterschiedlichen Interessen und Neigungen und den Anforderungen der spezialisierten und arbeitsteiligen Gesellschaft gerecht zu werden, sorgen informale und formale Bildungswege und Bildungssysteme in den verschiedenen Ländern für die notwendige Vermittlung von Wissen und Kenntnissen, aber auch von sozio-kulturellen Werten und Normen.

Es erhebt sich die Frage, ob Bildung und Ausbildung heute tatsächlich noch auf zukünftige Anforderungen adäquat vorbereiten. Es wird eine Unmenge von Wissen in die Köpfe der Lernenden gestopft. Wissen mit denkbar schlechter affektiver Bindung, weil es erpaukt und nicht selbst erarbeitet wurde; Wissen, das deshalb nach der Prüfung vergessen wird. Information wird gespeichert, aber nicht Erkenntnis vermittelt. Gelöste Probleme werden gelernt, aber nicht, wie Probleme zu erkennen, abzugrenzen und zu lösen sind. Es wird nicht gelernt, wie man lernt, wie man sich neue Kenntnisse selbst aneignen kann, wie man zur Erkenntnis finden kann. Kreativität, Eigeninitiative, Motivation, Forschungs- und Erkenntnisdrang werden nicht gefördert, weil es den Lehrbetrieb stören würde. Junge Menschen werden um Erfolgserlebnisse betrogen, weil ihr eigenverantwortlicher Einsatz nicht gefordert wird. Die Hochschule diplomiert und promoviert ihre Studenten nach einem zeitaufwendigen kaum strukturierten Studium erst in einem Alter, in dem einstiger jugendlicher Elan längst dem Wunsch nach einem lebenslänglich sicheren Arbeitsplatz gewichen ist (im Gegensatz zur Hochschulpraxis z.B. der USA): erst dann – aber dann endgültig – wird der Ausgebildete in die Gesellschaft entlassen. Es gibt immer noch nur wenig Durchlässigkeit zwischen den verschiedenen Bildungswegen. Es ist fast unmöglich, aus dem Arbeitsleben auszusteigen, um neues Wissen zu erwerben oder seinen Horizont zu verbreitern. Zeugnisse bedeuten nichts weiter als Checklisten über Wissen, das einmal an einem Prüfungstage gewußt wurde: sie geben keine Auskunft über Kreativität und Originalität, über Einsatz, Umsicht und Können, über die Fähigkeit, mit Hilfe des Gelernten zur eigenen Entfaltung und der der Gesellschaft beizutragen. Wissen wird vor allem als Bildung vermittelt, wo doch handwerkliche, musische, schöpferische, kommunikative und innovative Fähigkeiten genau so zur Bildung gehören. Es wird strikt getrennt zwischen Schule und Universität auf der einen und dem ›praktischen‹ Leben auf der anderen Seite: wo doch gerade an der Praxis orientiertes Forschen und Lernen besonders fruchtbar und befriedigend ist. Mit Diplomen werden immer noch Privilegien vergeben, die gegen Undiplomierte gleicher Leistung diskriminieren.

Wir befassen uns hier mit Zukunftsbildern zum Problembereich:

- *Bildung und Ausbildung*

ÖKONOMISTISCHE FORTSCHREIBUNG

**Bildung und Ausbildung**

Zwischen Ausbildung und Bildung wird säuberlich unterschieden: Während Aus-

ÖKOLOGISCHE ALTERNATIVE

**Bildung und Ausbildung**

Zwischen Bildung und Ausbildung wird nicht unterschieden. Eine breite Ausbil-

bildung dem Individuum zu Arbeitsqualifikationen und damit zu einem Tauschwert am Markt verhelfen soll, der ihm ein Einkommen erbringt, wird Bildung zunächst als nutzlose und bestenfalls erbauliche Freizeitbeschäftigung verstanden. Später wird Bildung auch als Mittel zur teilweisen Bekämpfung der Arbeitslosigkeit durch längere Schulzeit und Bildungsurlaub eingesetzt. Da die Gesellschaft ein vitales Interesse an einem gut funktionierenden sozio-technischen System hat, fördert sie die Ausbildung qualifizierter Spezialisten aller Berufe für den augenblicklichen Bedarf. Als Folge raschen technischen Wandels veralten jedoch die meisten Spezialistenkenntnisse relativ rasch, und die Ausbildung wird immer weniger zur ›Ausbildung fürs Leben‹. Es ergeben sich wachsende Umschulungsprobleme sowohl für den einzelnen wie auch für die Gesellschaft. Da größtenteils daran festgehalten wird, alle Ausbildungszeit in die Jugend zu legen, ergibt sich tendenziell ein Marktwertverlust der einzelnen Arbeitskraft – stagnierendes oder sinkendes Realeinkommen – mit zunehmendem Lebensalter. Aus Effizienzgründen beteiligt sich die Wirtschaft immer weniger an der Ausbildung und überläßt diese Aufgabe vor allem dem Staat. An der Massenhochschule läßt sich die erforderliche Qualitätsausbildung jedoch nicht mehr gewährleisten; es kommt daher zur verbreiteten Gründung von Privathochschulen und -akademien, die denjenigen, die bezahlen können, eine gute und vermarktbare Ausbildung bieten können. Im Zuge dieser Entwicklungen wird Bildung vollends zur zeitaufwendigen und teuren Privatsache. Da wegen des steigenden Drucks am Arbeitsmarkt die meisten Beschäftigten große Teile ihrer Freizeit der Fortbildung und Umschulung widmen müssen, wird Bildung vor allem eine Angelegenheit

dung wird zum großen Teil als Bildung verstanden. Während seiner Jugendzeit, aber auch während seines ganzen Lebens durchläuft der einzelne immer wieder längere Perioden (mehrere Monate bis mehrere Jahre), die ihm beides getrennt oder gleichzeitig vermitteln: Ausbildung an der Werkbank, in der Landwirtschaft, in der Sozialfürsorge, am Datensichtgerät, als Lehrer; Kurse über Geschichte, Ökologie, Philosophie, andere Länder und Kulturen. Mit den vielfältigen Erfahrungen und Kenntnissen weiten sich Horizont und Möglichkeiten des einzelnen: er selbst ist neuen Situationen und Anforderungen (besonders auch am Arbeitsmarkt) besser gewachsen; der Gesellschaft als Ganzes fallen notwendige Umstrukturierungen leichter. Wichtiger ist, daß die Entfaltung des einzelnen nicht durch enge Spezialistenkenntnisse sowohl materiell als auch intellektuell beschränkt bleibt, sondern daß ihm durch seine umfassenden praktischen wie auch theoretischen Kenntnisse und Fertigkeiten viele Wege zu besserer Entfaltung offenstehen, sowohl im Beruf wie auch bei der Selbstverwirklichung in der Freizeit. Ein großer Teil der Lehrfunktionen wird von Praktikern übernommen, die zeitweise unterrichten. Das gesamte Bildungs- und Ausbildungssystem wird flexibler und durchlässiger und dient Studierenden jeden Alters. Schulen und Hochschule bieten anstelle mehrjähriger Spezialistenausbildungen vermehrt thematisch begrenzte Kursprogramme, die sich zu individuell gestalteten Ausbildungs- und Bildungswegen zusammenfügen lassen. Das lebenslange Lernen wird erleichtert durch die Möglichkeit, daß Beschäftigte sich alle paar Jahre für mehrere Monate zu Bildungszwecken beurlauben lassen können. In der Lehre steht nicht die Vermittlung von Wissen und Verteilung von Privilegien im Vorder-

der Rentner. Da diese über Zeit und ausreichende Mittel verfügen, etabliert sich eine blühende Bildungsindustrie für diesen Bevölkerungskreis.

| 13A | Individuum | | | | | | Gesellschaft | | | | | | Mitwelt | | | | | | Umwelt | | | | |
|---|---|---|---|---|---|---|---|---|---|---|---|---|---|---|---|---|---|---|---|---|---|---|---|
| | L | S | F | A | W | P | L | S | F | A | W | P | L | S | F | A | W | P | L | S | F | A | W |
| Szenario-Welt | 0 | 0 | ! | ! | ! | ! | 0 | 0 | ! | ! | ! | ! | | | | - | | | | | - | | |
| Nachwelt | 0 | ! | ! | X | X | ! | 0 | 0 | ! | X | X | ! | | | | - | | | | | - | | |

grund, sondern die Anleitung zu eigener schöpferischer Arbeit und zur Suche nach Erkenntnis und der Erwerb der hierzu erforderlichen Kenntnisse und Fähigkeiten.

| 13B | Individuum | | | | | | Gesellschaft | | | | | | Mitwelt | | | | | | Umwelt | | | | |
|---|---|---|---|---|---|---|---|---|---|---|---|---|---|---|---|---|---|---|---|---|---|---|---|
| | L | S | F | A | W | P | L | S | F | A | W | P | L | S | F | A | W | P | L | S | F | A | W |
| Szenario-Welt | 0 | 0 | 0 | 0 | 0 | 0 | 0 | 0 | 0 | 0 | 0 | 0 | | | | - | | | | | - | | |
| Nachwelt | 0 | 0 | 0 | 0 | 0 | 0 | 0 | 0 | 0 | 0 | 0 | 0 | | | | - | | | | | - | | |

## Arbeitswelt

### *Problemskizze*

Arbeit hat in unserer Gesellschaft eine dreifache Funktion: Sie schafft Güter und Dienstleistungen, sie verschafft dem einzelnen und seiner Familie die finanzielle Basis zur Lebensentfaltung, und sie bietet dem Arbeitenden im Idealfall – leider nicht immer – die Möglichkeit, grundlegende psychische Bedürfnisse der Selbstwerterhaltung, Selbstbestätigung und Selbstverwirklichung zu erfüllen. Wir hatten uns fast an den Gedanken gewöhnt, daß diese drei Funktionen untrennbar miteinander verkoppelt seien, und wir hingen außerdem der naiven Vorstellung nach, daß der Bedarf an Gütern und Dienstleistung immer auch irgendwie automatisch allen Arbeitswilligen und Arbeitsfähigen Arbeit und Brot verschaffen würde.
Die brutale Wahrheit – die uns erst langsam bewußt wird – ist vielmehr, daß diese drei Funktionen bisher eher zufällig verkoppelt waren, daß jede auch getrennt für sich erfüllt werden kann. Mit weiteren Fortschritten der Informatik, der Mikroelektronik und der künstlichen Intelligenz ist es immerhin denkbar, daß in einer (noch etwas fernen) Zukunft der weitaus größte Teil der erforderlichen Güter und Dienstleistungen vollautomatisch mit nur geringem Einsatz menschlicher Arbeitskraft erbracht wird; insbesondere kann die materielle Basis der Erhaltung und Entfaltung des einzelnen auch ebenso wie heute, aber (fast) ohne Beteiligung menschlicher Arbeitskraft erstellt und nach irgendwelchen Kriterien verteilt werden, die mit der Arbeitsleistung des einzelnen nicht das geringste zu tun zu haben brauchen; und schließlich kann der einzelne die Erfüllung wesentlicher Identitätsbedürfnisse ebenso, oder sogar besser, außerhalb eines von Maschinen oder den Anforderungen rationeller Produktion strukturierten Arbeitsprozesses finden. Aus dieser Betrachtung geht auch hervor, daß zwischen der Zahl der Arbeitsfähigen und der Zahl der Arbeitsplätze prinzipiell nicht der geringste Zusammenhang besteht. Daß für einige Jahrzehnte diese beiden Zahlen bei uns mehr oder weniger übereingestimmt haben, lag einzig daran, daß das gesamtgesellschaftliche Produkt geringer war als die gesamtgesellschaftlichen Bedürfnisse. Wo allerdings Kapital, know-how und Infrastruktur fehlen, wie in Ländern der Drit-

ten Welt, kann trotz ungesättigter gesellschaftlicher Bedürfnisse die Zahl der Arbeitsplätze auch wesentlich unter der Zahl der Arbeitsfähigen liegen.

Diese Einsichten zwingen uns, unsere Einstellungen zur Arbeit neu zu überdenken. Wir werden dabei darauf bestehen müssen, daß das Überdenken sich an den Erfordernissen der Entfaltung des einzelnen und der Gemeinschaft und nicht an den Interessen der Wirtschaft orientiert. Es besteht gerade hier nicht mehr der geringste Grund für die Annahme, daß die Befriedigung wirtschaftlicher Interessen auch die bestmögliche Erfüllung der Interessen des Individuums garantiert. Im folgenden skizzieren wir einige Problembereiche.

Zunächst einmal müssen wir die Faktoren zur Kenntnis nehmen, die zu einer Begrenzung des zur Verteilung anstehenden Arbeitsvolumens beitragen. Beim Bedarf nach Gütern und Dienstleistungen sind Sättigungsgrenzen in manchen Bereichen nicht mehr zu übersehen. Entweder, weil z.B. Haushalte nahezu vollständig mit gewissen Geräten ausgerüstet sind und nur noch Ersatzbedarf besteht, oder weil allein die dem einzelnen z.B. für Freizeitkonsum zur Verfügung stehende Zeit begrenzt ist. Weiter senken Rationalisierung und Automatisierung vorläufig noch das für menschliche Arbeitskräfte verbleibende Arbeitsvolumen. Es ist anzunehmen, daß auch durch eine allmähliche Abkehr vom Wegwerfkonsum sich wegen geringerem Ersatzbedarf in der Produktion eine Verminderung des Arbeitsvolumens ergibt, wenn auch der Bedarf für Reparatur und Überholungsleistungen steigen könnte. Weiter wird zwar der Bedarf in anderen Ländern, besonders denen der Dritten Welt noch steigen, diese Länder werden aber immer mehr versuchen, die benötigten Güter und Dienstleistungen selbst zu produzieren, und vor allem auch: selbst zu exportieren. Dieser Export wird auch in das Arbeitsvolumen der Industrieländer schneiden. Weiter wird die verstärkte Tendenz bestehen, Halbfabrikate und Fertigprodukte in zunehmendem Maße in den Ländern herzustellen, in denen auch die erforderlichen Rohstoffe gewonnen werden.

Dieser Tendenz einer Verminderung des Arbeitsvolumens steht in der Bundesrepublik Deutschland bis in die späten achtziger Jahre eine gegenläufige demographische Entwicklung gegenüber: durch die stärkeren Geburtenjahrgänge der frühen sechziger Jahre steigt der Bedarf nach Arbeitsplätzen erheblich an. Folge kann – unter den gegenwärtigen Bedingungen der Verteilung des Arbeitsvolumens – nur eine steigende Jugendarbeitslosigkeit sein. Bei langfristig festgelegten Arbeitsplätzen, wie z.B. an den Hochschulen, ist die Aussperrung einer ganzen Wissenschaftlergeneration über die nächsten Jahrzehnte bereits vorprogrammiert.

Selbst wenn die Zahl der Arbeitsplätze mit der der Arbeitskräfte zahlenmäßig übereinstimmen würde, so würden sich doch wegen der Veränderungen bei Absatz und Produktion Umstrukturierungen in der Wirtschaft ergeben, die nicht ohne Zeitverzögerung aufzufangen sind. Alte Industrien müssen abgebaut werden; Umschulungsprozesse müssen durchgeführt werden;

neue Ausbildungswege müssen geschaffen werden. Auch das mögliche Ansteigen des Anteils der Dienstleistungen läßt ähnliche Konsequenzen erwarten.

Wenn heute und in der nächsten Zukunft das vorhandene Arbeitsvolumen unter dem Arbeitskräfteangebot liegt, so werden die Folgen dieses Mangels des sozio-technischen Systems, an dem der einzelne Beschäftigte nicht die geringste Schuld trägt, doch in beispielloser Ungerechtigkeit auf den einzelnen überwälzt. Der Arbeitslose hat die Folgen einer unternehmerischen Entscheidung – zu der der Unternehmer wahrscheinlich aufgrund der allgemeinen Entwicklung gezwungen wurde – zu tragen, selbst wenn er als Ausgleich von der Gesellschaft auch ein Arbeitslosengeld erhält, das seine materielle Existenz einigermaßen sichert. Dieses Alles-oder-nichts-Verfahren der Verteilung der vorhandenen Arbeitsplätze wird praktiziert, obwohl ein steigender Bedarf nach Teilzeitarbeit besteht, der möglicherweise genügen könnte, um das Arbeitsvolumen dem Arbeitskräfteangebot anzupassen.

Vergessen wird dabei, daß die Sicherung der materiellen Existenz nur einer der Leitwerte ist, deren Erfüllung zur Erhaltung und Entfaltung erforderlich ist. Arbeitslosigkeit bedeutet in den meisten Fällen auch den Verlust von Chancen zur Selbstbestätigung und Selbstverwirklichung; Selbstwertverlust und Identitätsverlust sind die Folge. Andere Leitwerte als lediglich die der ›Lebensfähigkeit‹ werden also beim Arbeitslosen kritisch betroffen, und die gesellschaftlichen Mechanismen kompensieren heute für diesen Verlust in keiner Weise.

Ungleiche Erfüllung der Leitwerte bei ähnlicher finanzieller Kompensation für geleistete Arbeit ist ebenfalls die Regel. Weder ungleiche Arbeitsplatzsicherheit (wie zwischen Wirtschaft und öffentlichem Dienst) noch ungleiche psychische Belastung und Selbstverwirklichungschancen werden entsprechend berücksichtigt. Der Fließbandarbeiter muß sich in monotoner und ermüdender Arbeit nicht nur psychisch und evtl. auch physisch mehr verschleißen, er erhält dafür auch erheblich geringere Entlohnung als der Wissenschaftler, dem seine Arbeit auch noch Spaß macht. Wie steht es auch mit der Tatsache, daß an Millionen von Arbeitsplätzen wesentliche Grundrechte, die außerhalb des Fabriktors oder der Pförtnerloge jedem zugebilligt werden, eingeengt und beschnitten werden: Die Würde des Menschen (Grundgesetz, Artikel 1.1), die freie Entfaltung seiner Persönlichkeit (GG 2.1), seine Freiheit (GG 1.2), die Gleichberechtigung von Mann und Frau (GG 3.2), das Verbot der Benachteiligung aufgrund von Heimat und Herkunft oder von politischen Anschauungen (GG 3.1), die Freiheit des Glaubens und des Gewissens (GG 4.1), das Recht auf freie Meinungsäußerung und das Verbot von Zensur (GG 5.1), das Brief-, Post- und Fernmeldegeheimnis (GG 10)?

Die Einführung der Gleitzeit ist sicher ein erster Fortschritt, um dem Beschäftigten einen Teil seiner verlorenen Autonomie wiederzugeben und damit seine Entfaltungsmöglichkeiten zu verbessern. Andere, noch bedeutendere Entwicklungen kommen langsam ins Blickfeld. Die Möglichkeit, die jährliche Gesamtarbeitszeit selbst zu bestimmen (d. h. weniger zu arbeiten mit entsprechender Einkommenseinbuße); leichtere Beurlaubung, um Bildungschancen wahrzunehmen oder zeitweise persönlichen Neigungen nachzuhängen; die Möglichkeit, sich periodisch an neuen Aufgaben und Arbeitsgebieten, sogar an einem neuen Beruf zu messen und als Mensch weiterzuentwickeln.

Wir skizzieren im folgenden Zukunftsbilder aus zwei verschiedenen Problembereichen:

- *Arbeitsplatz*
- *Arbeitsbefriedigung*

ÖKONOMISTISCHE FORTSCHREIBUNG

**Arbeitsplatz**

Von den drei Funktionen der Arbeit (Produktion von Gütern und Dienstleistungen, finanzielle Basis des Beschäftigten sowie seine Selbstverwirklichung) hat die erste absolute Priorität. Wenn das Arbeitsvolumen zurückgeht, sei es aus Rationalisierungsgründen oder aus Absatzgründen, dann vermindert sich damit auch die Zahl der Arbeitsplätze. Die nicht direkt vom Markt abhängigen Arbeitsplätze (z.B. die im öffentlichen Dienst) sind dabei in ähnlicher Weise betroffen, da erstens die Mittel letztlich vor allem aus Wirtschaftsaktivitäten stammen und zweitens Rationalisierungsfortschritte gleichzeitig auch hier zum Tragen kommen. Unter Bedingungen konstanter Produktion, konstanten Absatzes und konstanten Arbeitskräfteangebots führt dabei Rationalisierung zwar betriebswirtschaftlich gesehen zu höherer Pro-Kopf-Produktion (gleiche Produktion bei weniger Beschäftigten), volkswirtschaftlich gesehen ändert sich aber an der Pro-Kopf-Produktion überhaupt nichts (die gleiche Produktion verteilt sich auf die gleiche Zahl – beschäftigter oder unbeschäftigter – Arbeitskräfte). Unter diesen Bedingungen bedeutet Rationalisie-

ÖKOLOGISCHE ALTERNATIVE

**Arbeitsplatz**

Die erforderlichen Konsumdienstleistungen aller Art werden so effizient wie nur möglich bereitgestellt, d. h. besonders: mit kleinstmöglichem Aufwand an Ressourcen und geringstmöglicher Belastung der Umwelt. Dies führt zu einer sinkenden und schließlich stagnierenden Produktion materieller Güter. Der Bedarf nach vermarktbaren Dienstleistungen steigt nicht wesentlich. Das Wirtschaftsprodukt verbleibt im wesentlichen auf einer relativ bescheidenen Höhe, das gleiche gilt für die davon abhängigen Einnahmen des Staates und die davon finanzierten Aktivitäten. Bemühungen zur Vermeidung gefährlicher und stupider Arbeitsvorgänge in industriellen Fertigungsprozessen und bei routinemäßigen Verwaltungsvorgängen führen durch Automatisierung dazu, daß das zur Erstellung der gleichbleibenden wirtschaftlichen und staatlichen Leistungen erforderliche Arbeitsvolumen ständig sinkt. Dies heißt, bei gleichbleibender wöchentlicher Arbeitszeit würden also schließlich sehr viele keinen Arbeitsplatz haben. Ein gleiches Recht auf Arbeit führt aber dazu, daß die durchschnittliche Arbeitszeit aller entsprechend gesenkt

rung lediglich eine Erhöhung der Verteilungsungerechtigkeit zwischen den in Arbeit Stehenden mit besserem Einkommen und besseren Entfaltungsmöglichkeiten und den Arbeitslosen mit weit geringerem Einkommen und starker Beschneidung dieser Möglichkeiten. Um diesen negativen Effekt der Rationalisierung bei konstantem Markt zu vermeiden, bleiben zwei Möglichkeiten: erstens kann das nach der Rationalisierung noch erforderliche Arbeitsvolumen wieder gleichmäßig verteilt werden, d.h. eine allgemeine Verkürzung der durchschnittlichen Arbeitszeit bei gleichbleibendem Durchschnittseinkommen (das Wirtschaftsprodukt bleibt ja gleich); oder es kann zweitens die Produktion von Gütern und Dienstleistungen weiter erhöht werden, um damit Ersatz für wegfallende Arbeitsplätze bei gleicher durchschnittlicher Arbeitszeit zu schaffen. Da bei der letzteren Lösung nicht nur der Arbeitslosigkeit begegnet wird, sondern sich damit auch das Wirtschaftsprodukt und damit auch die öffentlichen Einnahmen erhöhen, wird diese Lösung vorgezogen werden, solange sie die geringste Aussicht auf Erfolg verspricht; erst dann können auch zusätzliche öffentlich finanzierte Aufgaben angegangen werden. Das führt nun allerdings zu der Notwendigkeit, den Markt für Wirtschaftsgüter ständig durch Schaffung neuer künstlicher Bedürfnisse auszuweiten bzw. für kürzere Ersatzzeiten durch Verringerung der Qualität und Lebensdauer zu sorgen usw. Für die heutigen Exportländer wird die Lage dabei besonders prekär, da ihre bisherigen Kundenländer in steigendem Maße ihren eigenen Bedarf selber decken können und wollen und darüber hinaus ebenfalls exportieren wollen. Um der Situation Herr werden zu können, d.h. um trotzdem Arbeitsplätze zu erhalten und ein wachsendes Bruttosozialprodukt zu erwird. Jeder hat Anrecht auf ein jährliches Arbeitszeitkontingent, das er in Abstimmung mit dem Arbeitgeber auf beliebige Weise ableisten kann: tägliche Teilzeitarbeit, Vollzeitarbeit während einiger Monate, Arbeit in alternierenden Wochen usw. Bei gleichbleibendem Markt verkürzt sich dieses Kontingent bei zunächst noch fortschreitender Rationalisierung vor allem eintöniger und gefährlicher Beschäftigungen, gleichzeitig bleibt aber das durchschnittliche Einkommen jedes einzelnen konstant, da ja auch die Produktion konstant bleibt (wir vernachlässigen einmal die Rationalisierungskosten). Da nun auch eine Ausweitung der staatlichen Leistungen nicht finanziert werden kann, hier aber ein wachsender Bedarf an Dienstleistungen besteht (Lehre, Forschung, Verwaltung, Sozial-, Alten-, Krankenfürsorge, Jugendarbeit usw.), bietet die Gesellschaft dem einzelnen die Möglichkeit, Teile seiner neugewonnenen Freizeit für öffentliche Aufgaben nach eigener Wahl zur Verfügung zu stellen, um hiermit selbst auch Anrechte auf eigene öffentliche Dienstleistungen zu erwerben. Ähnlicher Dienstleistungstausch entwickelt sich auch auf privater Ebene (Privatunterricht, Nachbarschaftshilfe usw.). Da der einzelne auf diese Weise auch von unentgeltlichen Leistungen anderer profitiert, erhöht sich sein Realeinkommen an Dienstleistungen selbst bei gleichbleibendem finanziellen Einkommen. Rationalisierungseffekte bei stupiden oder gefährlichen Beschäftigungen kommen auf diese Weise dem einzelnen und der Gesellschaft direkt zugute. Die Lebensqualität erhöht sich wesentlich, ohne daß dies auf Kosten der Ressourcenvorräte oder der Umwelt ginge. Art und Ort der öffentlichen oder privaten Dienstleistungen kann jeder im Rahmen der sich anbietenden Möglichkeiten selbst suchen und wählen, um

wirtschaften, muß schließlich zu drastischen Maßnahmen gegriffen werden: Bußen und hohe Steuern für Gebrauchsgüter (Waschmaschinen, Fernseher, Kraftfahrzeuge), die nicht nach zwei Jahren durch Neuanschaffung ersetzt werden; das gleiche für Investitionsgüter (Maschinen), die nicht binnen fünf Jahren ersetzt werden; Sanierung von Bauten alle zehn Jahre; ständige Verbesserung von Straßen; Sanierung aller Stadtkerne, die älter als 20 Jahre sind; Sanierung von Landschaften; Schaffung von Arbeitsgelegenheiten durch ständige Vernichtung der Arbeitsergebnisse. Es gelingt dann, trotz stagnierendem Bedarf nach Konsumdienstleistungen (Transportdienstleistung eines Autos, Unterhaltungsdienstleistung eines Fernsehers, Wohndienstleistung einer Wohnung) das Bruttosozialprodukt dadurch weiter zu erhöhen, daß der durchschnittliche Aufwand für diese Konsumdienstleistungen wesentlich erhöht wird (z.B. Verdopplung, wenn ein Auto nur zwei anstatt vier Jahre genutzt werden kann). Wachstum also als Resultat volkswirtschaftlicher Ineffizienz, die Ressourcen vernichtet, die Umwelt stark belastet und der Gesellschaft die Grundlage längerfristiger Existenz allmählich entzieht.

auch seiner eigenen Selbstverwirklichung soweit wie möglich entgegenzukommen.

| 14A | Individuum | | | | | | Gesellschaft | | | | | | Mitwelt | | | | | | Umwelt | | | | |
|---|---|---|---|---|---|---|---|---|---|---|---|---|---|---|---|---|---|---|---|---|---|---|---|
| | L | S | F | A | W | P | L | S | F | A | W | P | L | S | F | A | W | P | L | S | F | A | W |
| Szenario-Welt | 0 | ! | ! | 0 | ! | ! | 0 | ! | ! | ! | ! | ! | 0 | ! | ! | ! | ! | ! | 0 | ! | ! | ! | ! |
| Nachwelt | 0 | ! | X | X | ! | X | 0 | ! | X | X | X | X | ! | X | X | X | X | X | ! | X | X | X | X |

ÖKONOMISTISCHE
FORTSCHREIBUNG

**Arbeitsbefriedigung**

Das Entgelt für geleistete Arbeit entspricht dem Marktpreis der für die Arbeit erforderlichen Qualifikation: ein Überangebot auf einer Qualifikationsstufe

| 14B | Individuum | | | | | | Gesellschaft | | | | | | Mitwelt | | | | | | Umwelt | | | | |
|---|---|---|---|---|---|---|---|---|---|---|---|---|---|---|---|---|---|---|---|---|---|---|---|
| | L | S | F | A | W | P | L | S | F | A | W | P | L | S | F | A | W | P | L | S | F | A | W |
| Szenario-Welt | 0 | 0 | 0 | 0 | 0 | 0 | 0 | 0 | 0 | 0 | 0 | 0 | 0 | 0 | 0 | 0 | 0 | 0 | 0 | 0 | 0 | 0 | 0 |
| Nachwelt | 0 | 0 | 0 | 0 | 0 | 0 | 0 | 0 | 0 | 0 | 0 | 0 | 0 | 0 | 0 | 0 | 0 | 0 | 0 | 0 | 0 | 0 | 0 |

ÖKOLOGISCHE
ALTERNATIVE

**Arbeitsbefriedigung**

Im allgemeinen Bemühen, die Entfaltungsmöglichkeiten des einzelnen soweit wie möglich zu verbessern, wird auch das Verhältnis zur Arbeit neu über-

drückt den Preis und damit die Entlohnung. Das Lohnbild eines Landes ist damit ein Spiegel seines Ausbildungssystems. Dabei bleibt unberücksichtigt, daß der einzelne ja nicht nur seine Qualifikation in den Arbeitsprozeß einbringt, sondern daß er seine ganze Persönlichkeit diesem Prozeß aussetzt und die Wirkungen auf ihn selbst damit nicht auf den Inhalt der Lohntüte beschränkt bleiben: er verkauft also Qualifikation und u.U. einen Teil seiner Selbstverwirklichung, wird aber nur für die Qualifikation bezahlt. Für viele Berufe gilt aber auch das Gegenteil: sie verlangen und honorieren Qualifikation, bieten aber außerdem noch – gratis und franko – ein hohes Maß an Selbstverwirklichungsmöglichkeiten. In dem Maße, wie Selbstverwirklichung gefördert oder beeinträchtigt wird, ist auch das Ausmaß an Arbeitsbefriedigung an verschiedenen Arbeitsplätzen sehr verschieden. Das führt – abgesehen von weiteren Unterschieden in der Entlohnung – zur ungerechten Verteilung von Lebensentfaltungschancen. Mit fortschreitender Absicherung materiellen Wohlstands steigt die Bedeutung des Faktors ›Arbeitsbefriedigung‹ im Vergleich zu dem der Entlohnung. Fehlende Rücksichtnahme auf diesen Faktor führt zu wachsenden (subjektiv empfundenen) Ungerechtigkeiten und Spannungen zwischen Berufsgruppen, die sich in Arbeitsniederlegungen und höheren Lohnforderungen (d.h. Festsetzen eines Preises für entgangene Selbstverwirklichung) niederschlagen, obwohl sich die fehlende Selbstverwirklichungskomponente nicht durch einen finanziellen Zugewinn kompensieren, sondern nur durch ein entsprechendes Zugeständnis an Selbstverwirklichung wiedergewinnen läßt. Lohnzugeständnisse können daher das Problem fehlender Arbeitsbefriedigung nicht lösen; es bleibt als Zündstoff und dacht. Neben der finanziellen Kompensation für Leistung wird auch ihre Rolle bei der Selbstverwirklichung besser gesehen und berücksichtigt. Das hat zwei Folgen: zum einen wird der positive oder negative Beitrag einer Beschäftigung zur Selbstverwirklichung bewußt zur Kenntnis genommen und soweit möglich gerecht kompensiert. Dies geschieht teilweise (aber nicht sehr wirksam) durch Entlohnung, teilweise durch befristete Beschäftigung (Stunden, Tage, Wochen, Monate, Jahre; je nach Fall) an besonders unbefriedigenden Arbeitsplätzen und periodischer Rotation zu befriedigenderen Aufgaben. Zum anderen wird aber auch bewußt versucht, die Arbeitsbefriedigung an vorhandenen Arbeitsplätzen dadurch zu erhöhen, daß so viel Autonomie und Selbstverwirklichungsmöglichkeiten wie möglich gewährt werden: z.B. durch eigenverantwortliche Fertigung ganzer Aggregate (vgl. Motorenfertigung bei Volvo); durch Individualisierung von Arbeitsvorgängen auch mit Hilfe der Mikroelektronik; durch mehr Eigenverantwortung von Sachbearbeitern und wissenschaftlichen Mitarbeitern, durch flexiblere Arbeitsanforderungen, die Raum für individuelle Anpassung gewähren; durch Orientierung an Zielen anstelle von Vorschriften, um Raum für Kreativität zu geben; durch die Möglichkeit der Wahl einer geringeren jährlichen Gesamtarbeitszeit (bei entsprechender Einkommenseinbuße) und flexible Wahl der Arbeitsperioden; durch Erleichterungen beim Wechsel und Tausch von Arbeitsplätzen im Betrieb und außerhalb; durch kritisches Überdenken der ganzen Rationalisierungsfrage wie auch einzelner Rationalisierungsmaßnahmen, bei denen u.U. eine ursprünglich interessante und befriedigende Tätigkeit durch das ermüdende und abstumpfende Beobachten von Skalen und gelegentliches

gewinnt in dem Maße an Bedeutung, wie die Sicherung der materiellen Basis für den einzelnen verbessert wird.

Knöpfedrücken ersetzt wurde; durch Erhaltung eines gesunden Maßes an körperlicher Betätigung und geistiger Anforderung.

| 15A | Individuum | | | | | | Gesellschaft | | | | | | Mitwelt | | | | | | Umwelt | | | | |
|---|---|---|---|---|---|---|---|---|---|---|---|---|---|---|---|---|---|---|---|---|---|---|---|
| | L | S | F | A | W | P | L | S | F | A | W | P | L | S | F | A | W | P | L | S | F | A | W |
| Szenário-Welt | 0 | 0 | ! | ! | ! | ! | 0 | ! | ! | ! | X | ! | | | - | | | | | | - | | |
| Nachwelt | 0 | 0 | ! | ! | ! | X | 0 | ! | ! | ! | X | X | | | - | | | | | | - | | |

| 15B | Individuum | | | | | | Gesellschaft | | | | | | Mitwelt | | | | | | Umwelt | | | | |
|---|---|---|---|---|---|---|---|---|---|---|---|---|---|---|---|---|---|---|---|---|---|---|---|
| | L | S | F | A | W | P | L | S | F | A | W | P | L | S | F | A | W | P | L | S | F | A | W |
| Szenario-Welt | 0 | 0 | 0 | 0 | 0 | 0 | 0 | 0 | 0 | 0 | 0 | 0 | | | - | | | | | | - | | |
| Nachwelt | 0 | 0 | 0 | 0 | 0 | 0 | 0 | 0 | 0 | 0 | 0 | 0 | | | - | | | | | | - | | |

## Zeitbudget und Freizeit

### *Problemskizze*

Die Zeit ist wichtigstes Maß allen Lebens und Erlebens: das eigentliche begrenzte und annähernd gleichmäßig verteilte Lebensgut. Wenn wir von einem ›erfüllten Leben‹ sprechen, so meinen wir wahrscheinlich damit so etwas wie das Produkt aus Entfaltung (d. h. der Intensität der Erfüllung der Leitwerte) mit der Länge der Erfüllungszeit. Wenn die Gesellschaft strafen will oder muß, verhängt sie Entzug der Erfüllung der verschiedenen Leitwerte über Zeiträume, die der Höhe des vorgeworfenen Vergehens entsprechen: Entzug der Erfüllung des Leitwerts ›Lebensfähigkeit‹ auf Zeit (Hunger und Durst) oder auf Dauer (Tod); Entzug der ›Sicherheit‹ durch Konfiszierung des Besitzes, durch Vogelfreiheit und nächtliche Verhaftungen durch die Geheimpolizei; Entzug der ›Handlungsfreiheit‹ durch Gefängnis- und Zuchthausstrafen; Entzug der ›Adaptivität‹ durch Zensur, Informationsentzug, Isolierung, Hausarrest; Entzug der ›Wirksamkeit‹ durch Pranger, Verleumdung, Rede-, Publikations- und Berufsverbot, Verbannung; Entzug der Erfüllung der ›psychischen Bedürfnisse‹, vor allem der Identität, durch Einweisung in psychiatrische Kliniken oder Exil. Wenn wir uns also darüber Gedanken machen, wie die Entfaltung des einzelnen bestmöglich gesichert werden soll, müssen wir uns damit befassen, mit welchen Tätigkeiten Menschen wieviel Zeit verbringen oder verbringen müssen. Das Zeitbudget des einzelnen über seinen Tageslauf, über die Woche, über das Jahr und über seine Lebensspanne kann also Aufschluß über den Grad seiner Entfaltung geben. Besonders interessieren dabei die Zeiträume, die nicht der Sicherung seiner ›Lebensfähigkeit‹ oder der seiner Familie oder sozialen Gruppe gewidmet sind, sondern die ihm echt zur eigenen Entfaltung in freier Gestaltung zur Verfügung steht, d. h. die Freizeit.

Nehmen wir einmal das Zeitbudget eines fiktiven Arbeitstages: 8 Stunden Schlaf, 1 Stunde Körperpflege, 2 Stunden für Mahlzeiten und Gespräche mit Familienmitgliedern, 1 Stunde für Informationsaufnahme (Zeitung, Radio, Fernseher), 2 Stunden für notwendige Beschäftigungen im Haushalt, Einkaufen, Unterhaltung und Freizeitbeschäftigungen, 8 Stunden Arbeitszeit,

2 Stunden für den Weg zum und vom Arbeitsplatz. 14 Stunden also zur Erhaltung und Entfaltung, d.h. zur direkten Erfüllung der Leitwerte; 10 Stunden, die der Beschaffung der finanziellen und materiellen Basis für die Erhaltung und Entfaltung dienen, die aber zur Erfüllung der Leitwerte selbst möglicherweise sehr viel, unter Umständen aber gar nicht beitragen, ja, die ihr vielleicht sogar in höchsten Maße abträglich sind. Der Wissenschaftler oder Künstler kann sich fast völlig seiner Entfaltung widmen, der Fließbandarbeiter muß diesbezüglich 8 Stunden erhebliche Einschränkungen auf sich nehmen. Die Fahrt zum und vom Arbeitsplatz kann vielleicht im Zug mit Unterhaltung, Spiel oder Lesen verbracht werden, vielleicht aber auch am Steuer des eigenen Wagens in einer stinkenden stockenden Autokolonne. Die Statistiken des Zeitbudgets sagen also noch gar nichts aus über den Grad der Entfaltung, solange nicht auch bekannt ist, welche Leitwerte in jedem Zeitraum wie intensiv erfüllt werden (selbstverständlich können auch mehrere gleichzeitig befriedigt werden). Eine solche ›Abbildung auf die Leitwerte‹ kann in der Weise geschehen, wie sie in Kapitel 2 allgemein für die Bewertung von Situationen oder Sachverhalten besprochen wurde. Eine solche Untersuchung würde recht seltsame Ergebnisse zeitigen. Da muß jemand z.B. am Arbeitsplatz acht Stunden lang eine starke Einschränkung seiner Entfaltung auf sich nehmen, aber nur ein kleiner Teil dieser Arbeitszeit würde genügen, um Nahrung, Wohnung und Kleidung zu beschaffen, der größere Teil ist erforderlich, um die Mittel aufzubringen, mit denen er das Auto beschaffen und betreiben muß, das ihn zum Arbeitsplatz bringen soll, um wieder mehr Beeinträchtigung seiner Entfaltung einzustecken, als eigentlich notwendig wäre.

Wenn wir uns zu einem Prinzip der gleichberechtigten Entfaltungschancen entschließen könnten, kämen wir auch um eine Bewertung der am Arbeitsplatz verbrachten Zeit im Hinblick auf die Erfüllung oder Beeinträchtigung der verschiedenen Leitwerte und damit um Fragen der gerechteren Kompensation nicht herum. Weiter müßten wir uns der Frage stellen, ob bei vielen Beschäftigungen die für die Entfaltung optimale Arbeitszeit nicht doch erheblich unter den üblichen acht Stunden liegen könnte, selbst wenn eine entsprechende Verringerung des Einkommens damit verbunden wäre. Diese Überlegungen gewinnen natürlich gerade im Zusammenhang mit starker Arbeitslosigkeit an Bedeutung. Was nützt der Zeitaufwand, um ›Haben‹ zu können, wenn keine Zeit mehr bleibt, um zu ›Sein‹, zur Lebensentfaltung?

Was hier für die Zeit am Arbeitsplatz und auf dem Arbeitsweg gesagt wurde, gilt gleichermaßen für die freie Zeit, die neben dem Schlafen noch bleibt und während der auch Tätigkeiten erledigt werden müssen, die nicht unbedingt oder nur indirekt zur Entfaltung beitragen (z.B. Haushaltsarbeit, Einkaufen), und für die etwa noch verbleibende echte Freizeit, in der also nicht irgendwelche Pflichten erledigt werden müssen. Eine genaue Untersuchung würde hier z.B. wahrscheinlich eine enorme Beeinträchtigung der Leitwerte besonders der berufstätigen Hausfrauen zeigen, besonders in jenen Ländern, wo Schlangestehen beim Einkaufen noch zur täglichen Erfahrung gehört. Wir sehen uns heute gezwungen, gelegentlich vom ›Problem‹ der Freizeit, von ›Freizeitlangeweile‹ oder von der Freizeitbewältigung‹ zu reden, weil Freizeit nicht immer ›sinnvoll‹ verbracht wird. ›Sinnvoll‹ soll dabei wohl heißen: im Sinne eines Beitrags zur eigenen Entfaltung, und ohne unfaire Beeinträchtigung der Entfaltungschancen anderer. So wäre Nachdenken oder ein philosophisches Gespräch sinnvoll verbrachte Freizeit, die nächtliche Mopedjagd durchs schlafende Dorf sicher nicht. Unsere Erfahrung mit Freizeit ist noch nicht sehr groß, wächst aber offensichtlich. Einige Trends, die die zukünftige Entwicklung bestimmen könnten: der Trend zum Selbermachen und zur Selbsthilfe, zum Handwerk, zur Kunst, Hobby und Garten, ja zur teilweisen Selbstversorgung mit Nahrung, Kleidung und Gebrauchsgegenständen, zu Sport und Spiel, zur Bildung, zum anspruchsvollen technischen Hobby und sogar zur wissenschaftlichen Betätigung, zum Bildungs- und zum Hobbyurlaub; zur Musik, zum Laientheater, zum Videofilm. Vielleicht werden wir auf diesem Wege lernen, was Lebensentfaltung heißen kann und heißen sollte, und damit auch den Blick für eine neue Beurteilung der Zeit am Arbeitsplatz gewinnen, der uns den Mut zu neuen Ansätzen geben kann.

Wir skizzieren hier wieder je zwei Zukunftsbilder zu den Problemkreisen

- *Zeitbudget*
- *Freizeit*

ÖKONOMISTISCHE FORTSCHREIBUNG

**Zeitbudget**

Die Lebenszeit eines Menschen zählt nur, wenn sie gekauft oder verkauft werden kann: da werden acht Stunden Arbeitszeit an der Stempeluhr auf die Minute genau gezählt und abgerechnet, während zwei weitere Stunden täglich im Verkehrsstau ›verloren‹gehen; Millionen Frauen führen ein kleines Unternehmen genannt Haushalt und erfüllen wichtige Erziehungs- und Bildungsaufgaben und werden doch erst halbwegs für voll genommen, wenn sie am Fließband stehen; man nimmt Rentnern am Tage ihrer Pensionierung schlagartig ihren Lebenssinn und ihr Selbstwertgefühl; da muß – mangels eines Marktes – wichtige soziale Ar-

ÖKOLOGISCHE ALTERNATIVE

**Zeitbudget**

Maßstab der Zeitnutzung ist die Entfaltung des Handelnden und die Entfaltung anderer, die er dabei hindert, fördert oder fördern könnte. Mit Hilfe des Zeitbudgets lassen sich die Entfaltungsmöglichkeiten verschiedener Individuen und sozialer Gruppen vergleichen; das Zeitbudget ist so besser als andere Maße als Maßstab für soziale Gerechtigkeit geeignet. Es wird für diesen Zweck eingesetzt. Die Ergebnisse führen, nach öffentlicher Diskussion, zu entsprechenden sozialpolitischen Maßnahmen. Vertraute Handlungen und Unternehmungen, ja ganze Industrien und nationale Programme verlieren so ihr einstiges Gewicht und müssen

beit freiwillig außerhalb der Arbeitszeit geleistet werden; Menschen brauchen an jedem Tag, jedem Wochenende, in jedem Urlaub Stunden, Tage, ja Wochen, um sich von dem zu erholen, was ihnen während der Arbeitszeit angetan wurde (oder was sie sich auch nicht selten selbst – sogar in ihrer Freizeit – antun); ein Mensch verbringt – überspitzt gesagt – etwa ein Viertel seiner wachen Zeit, um ein Auto zu verdienen, zu versteuern und zu versichern, aufzutanken und zu pflegen, mit dem er zur Arbeit fahren kann, um das nächste Auto zu verdienen; da ›widmen‹ Menschen ihr Leben ›ihrer‹ Arbeit, lassen ihre Talente verkümmern und vergessen ihre Träume, um schließlich – meist zu spät – zu erkennen, daß es ihre eigentliche Aufgabe doch wohl war, Mensch zu sein: nicht mehr und nicht weniger. Der am Markt absetzbaren Arbeitszeit hat sich jede andere Art der Zeitnutzung unterzuordnen, Familie und Freundschaften, vor allem aber die eigene Entfaltung und damit das eigene Leben. Wo das Leben doch den Markt bestimmen sollte, bestimmt der Markt das Leben.

| 16A | Individuum | | | | | | Gesellschaft | | | | | | Mitwelt | | | | | | Umwelt | | | | |
|---|---|---|---|---|---|---|---|---|---|---|---|---|---|---|---|---|---|---|---|---|---|---|---|
| | L | S | F | A | W | P | L | S | F | A | W | P | L | S | F | A | W | P | L | S | F | A | W |
| Szenario-Welt | 0 | 0 | ! | 0 | ! | ! | 0 | 0 | 0 | ! | 0 | 0 | | | | - | | | | | - | | |
| Nachwelt | 0 | 0 | ! | ! | ! | X | 0 | 0 | 0 | ! | 0 | ! | | | | - | | | | | - | | |

ÖKONOMISTISCHE
FORTSCHREIBUNG

**Freizeit**

Nach der weitgehenden Sättigung der Konsummärkte verspricht sich die Wirtschaft vom Freizeitkonsum neue Wachstumsimpulse. Der Freizeitkonsum zeichnet sich durch relative Kurzlebigkeit der Moden und Interessen, durch seinen Statuswert und durch die Vielfalt der Pro-

Belangen weichen, die als wichtiger empfunden werden: Verzicht auf einen Teil des Verdiensts aus langer Arbeitszeit zugunsten von mehr Freizeit für Selbstverwirklichung, Verzicht auf die Auto- oder Flugreise zugunsten einer mehrtägigen Wanderung, Verzicht auf Auto und Trimmgeräte zugunsten eines Fahrrads für den Arbeitsweg, Verzicht auf eine Unterhaltungssendung zugunsten des Gesprächs, Verzicht auf hohes Jahreseinkommen zugunsten längeren Urlaubs, Verzicht auf perfekte professionelle Sozialfürsorge zugunsten engagierter Mithilfe des einzelnen, Verzicht auf den Einsatz von Arbeitsstunden von Tausenden von Forschern für die teuren Eskapaden der Raumfahrt und Atomforschung zugunsten von Forschungszeit für ›sanfte‹ Technologien der Energieerzeugung und der rationelleren Energienutzung, Verzicht auf die Verschwendung von Lebenszeit und Entfaltung in Streit, Konfrontation, Konflikt, Rüstung und Krieg zugunsten gegenseitiger Hilfe und Zusammenarbeit, Verzicht von Anstrengungen zur Erhöhung des Konsums zugunsten von Bemühungen um eine Welt ohne Hunger.

| 16B | Individuum | | | | | | Gesellschaft | | | | | | Mitwelt | | | | | | Umwelt | | | | |
|---|---|---|---|---|---|---|---|---|---|---|---|---|---|---|---|---|---|---|---|---|---|---|---|
| | L | S | F | A | W | P | L | S | F | A | W | P | L | S | F | A | W | P | L | S | F | A | W |
| Szenario-Welt | 0 | 0 | 0 | 0 | 0 | 0 | 0 | 0 | 0 | 0 | 0 | ! | | | | - | | | | | - | | |
| Nachwelt | 0 | 0 | 0 | 0 | 0 | 0 | 0 | 0 | 0 | 0 | 0 | 0 | | | | - | | | | | - | | |

ÖKOLOGISCHE
ALTERNATIVE

**Freizeit**

Das sinkende Arbeitsvolumen wird gerecht verteilt; die Jahresarbeitszeit des einzelnen sinkt entsprechend. Zwar steigt auch der Anteil der echten Freizeit, doch wird ein Teil der freiwerdenden Zeit auch unentgeltlich für öffentliche Aufgaben oder nachbarschaftliche Dienstlei-

dukte und Dienstleistungen aus, die bei ihm untergebracht werden können. Da der Nutzen von Freizeitbeschäftigungen nicht kalkuliert wird, sind hier auch teure Geräte unterzubringen, selbst wenn sie von ihrem stolzen Besitzer nur anfänglich und dann immer seltener benutzt werden, weil er sich anderen Interessen zuwendet: Motorboote, Segelyachten, Campingfahrzeuge, Geländewagen, Motorräder, Segel- und Motorflugzeuge, Funkausrüstungen, Musikinstrumente, Kameras und Filmgeräte, Werkstatteinrichtungen, Hobbycomputer, Kegelbahnen, Drachenfluggeräte usw. Um seine Freizeithobbies finanzieren zu können, muß der einzelne wegen sich verschlechternder Arbeitsmarktbedingungen vor allem um Wohlverhalten am Arbeitsplatz bemüht sein. Der Freizeitkonsum findet zum größten Teil allein oder im Kreis der Familie statt; es verstärkt sich die Tendenz zur Isolierung des einzelnen von der Gemeinschaft mit der wachsenden Unabhängigkeit von der Mithilfe anderer auch bei besonders teuren und aufwendigen Hobbies. Trotz ständig neuer Konsumangebote für die Freizeit wächst die Langeweile und die uneingestandene Unzufriedenheit darüber, daß all die teuren Spielzeuge und Beschäftigungen doch zum individuellen Glück kaum beitragen. Mit der wachsenden Unausgefülltheit steigt auch die Zahl der Versuche, sich auf halblegale und sogar kriminelle Weise neuen Lustgewinn zu verschaffen, der auf dem Markt nicht zu haben ist: Bankraube, Überfälle, Brandstiftungen, Menschen- und Tierquälereien, Mord, Schlägereien, Entführungen, Anschläge auf Polizei und Verkehrsmittel. Mit dem ansteigenden Freizeitkonsum wächst auch das allgemeine Gefühl, wie jeder andere auch ein Recht auf extravaganten und wachsenden Konsum zu haben. Da gerade der Freizeitkonsum sehr stark mit

stungen genutzt. Um Freizeitanlagen und -geräte jeder Art finanzieren und effizient nutzen zu können, finden sich Interessierte in Vereinen und Interessengruppen zusammen, in denen sich auch ein reges soziales Leben entwickelt: Sportverein, Amateurforscher mit eigenen Labors und Kleincomputer, Boot-, Flugzeug- und Fahrzeugbastler, Amateurhandwerker mit eigenen Werkstätten, landwirtschaftliche Gruppen und Gartenfreunde, Tierzüchter, Bildungskreise und Diskussionszirkel, Künstlergruppen, Amateurschriftsteller und Zeitungsmacher mit eigenem Druck und Vertrieb, Amateurorchester und Schauspielgruppen. Diese Gruppen übernehmen auch die qualifizierte Aus- und Weiterbildung der Mitglieder auf ihrem Gebiet. In den Gruppen findet der einzelne Rat und Unterstützung auch bei Problemen des Alltags. Außer Möglichkeiten zur Selbstverwirklichung bieten die Gruppen also auch einen gewissen sozialen Rückhalt. In der Freizeitbeschäftigung gewinnt der einzelne ein neues Verhältnis zur dort – nun freiwillig und eigenständig und ohne materiellen Zwang – geleisteten Arbeit. Vom Freizeitgestalten gehen neue Impulse auf das kulturelle Leben aus; Kunst, Wissenschaft, Sport und Handwerk verlieren von ihrer oft elitären Exklusivität und helfen vielen, neue Wege zur individuellen Entfaltung in einer Gemeinschaft zu finden.

dem Selbstkonzept des Individuums verbunden ist, stoßen alle staatlichen Bemühungen, den Wegwerfkonsum von Luxusartikeln später bei Verknappung der Rohstoffe in weniger ruinöse Bahnen zu lenken, auf erbitterte Ablehnung aus der Bevölkerung.

| 17A | Individuum | | | | | | Gesellschaft | | | | | | Mitwelt | | | | | | Umwelt | | | | |
|---|---|---|---|---|---|---|---|---|---|---|---|---|---|---|---|---|---|---|---|---|---|---|---|
| | L | S | F | A | W | P | L | S | F | A | W | P | L | S | F | A | W | P | L | S | F | A | W |
| Szenario-Welt | 0 | 0 | ! | 0 | 0 | ! | 0 | 0 | ! | ! | ! | ! | 0 | 0 | 0 | 0 | 0 | 0 | ! | ! | ! | ! | ! |
| Nachwelt | 0 | ! | ! | ! | 0 | X | 0 | ! | X | X | ! | X | 0 | ! | 0 | 0 | ! | ! | ! | ! | ! | ! | ! |

| 17B | Individuum | | | | | | Gesellschaft | | | | | | Mitwelt | | | | | | Umwelt | | | | |
|---|---|---|---|---|---|---|---|---|---|---|---|---|---|---|---|---|---|---|---|---|---|---|---|
| | L | S | F | A | W | P | L | S | F | A | W | P | L | S | F | A | W | P | L | S | F | A | W |
| Szenario-Welt | 0 | 0 | 0 | 0 | 0 | 0 | 0 | 0 | 0 | 0 | 0 | ! | 0 | 0 | 0 | 0 | 0 | 0 | 0 | 0 | 0 | 0 | 0 |
| Nachwelt | 0 | 0 | 0 | 0 | 0 | 0 | 0 | 0 | 0 | 0 | 0 | 0 | 0 | 0 | 0 | 0 | 0 | 0 | 0 | 0 | 0 | 0 | 0 |

## Güter- und Dienstleistungsversorgung

### *Problemskizze*

In der Gesellschaft ist der einzelne auf Güter und Dienstleistungen angewiesen, die er nicht selbst produziert hat. Umgekehrt erwartet die Gesellschaft von ihm im Regelfall, daß er sich selbst im Austausch an der Produktion von Gütern und Dienstleistungen beteiligt. Grundsätzlich kann der einzelne Güter und Dienstleistungen auf zwei Arten erhalten: er kann sie entweder durch Vermarkten eigener Leistung erwerben (Kauf, Tausch), oder sie können ihm zugeteilt werden (Zuteilung, Schenkung, Erbe). Im ersten Fall einer Marktwirtschaft müssen Güter und Dienstleistungen einen Marktwert haben; im zweiten Fall einer *reinen* Zuteilungswirtschaft ist der Marktwert irrelevant, weil nichts vermarktet wird.

Beginnen wir mit dem relativ einfachen Idealbild einer reinen Zuteilungswirtschaft. Wir müssen uns damit befassen, weil unbestreitbar einige Charakteristika der Zuteilungswirtschaft auch für die Marktwirtschaft nicht mehr vermeidbar sein werden: so die Verteilung des vorhandenen Arbeitsvolumens. In etwas fernerer Zukunft dürfte es möglich sein, den größten Teil der für den Lebensunterhalt erforderlichen Güter und Dienstleistungen von ›intelligenten‹ Maschinen und automatischen Fabriken herstellen zu lassen. (Ob wir es dazu kommen lassen werden, ist eine andere Frage). Der Bedarf an menschlicher Arbeitskraft würde dann weit unter das vorhandene Arbeitskräftepotential sinken. Das ›Vermarkten‹ der eigenen Arbeitsleistung würde dann nur noch wenigen gelingen. Da die automatisierte Produktionsmaschinerie – von der wir einmal annehmen wollen, daß sie vollregenerativ mit erneuerbaren oder wiedergewinnbaren Rohstoffen und erneuerbaren Energien arbeitet, die der Allgemeinheit gehören sollen – weit mehr produzieren kann, als die wenigen Einkommensprivilegierten selbst bei extremem Verbrauch allein von der Zeitbegrenzung her verkonsumieren könnten, und da die anderen außer ihrer Arbeitsleistung kein marktfähiges Gut anbieten können, ist eine Marktwirtschaft nicht mehr funktionsfähig, entspräche auch überhaupt nicht mehr den Bedürfnissen der Gesellschaft (heute ist das noch anders!). Die Produkte des automatisierten Produktionsapparats könnten also nur noch nach irgendwelchen Kriterien (z. B. Bedürftigkeit, Lebensalter und Gesundheitszustand, gesellschaftliches ›Verdienst‹ – wie auch immer definiert – evtl. auch einfach: Wünschen) zugeteilt werden. Selbstverständlich muß ein Teil der Produktion für Erweiterungen und Ersatzanlagen einbehalten werden, es kann also nicht die gesamte Produktion an Verbraucher verteilt werden. Falls in dieser fiktiven Gesellschaft irgendein Prinzip der Gerechtigkeit praktiziert würde, würden auch die wenigen vorhandenen Arbeitsplätze zugeteilt und wahrscheinlich periodisch rotiert werden, damit jeder einmal drankommt: entweder, weil damit besonderes Prestige verbunden ist, oder weil die Arbeitsleistung allgemein als Beeinträchtigung der eigenen Entfaltung empfunden wird. Der Leistungsfähigkeit dieses Produktionsapparats sind lediglich von der Regenerationsfähigkeit natürlicher Ressourcen, von den Gesetzen der Physik usw., von Umweltbeeinträchtigungen her, von den Möglichkeiten der Rationalisierung und Automatisierung und vom Zeitbudget der Verbraucher her, das den Konsum an Gütern und Dienstleistungen limitiert, Grenzen gesetzt. Wachstumsfans dürfen also wieder aufatmen, jedenfalls noch für einige Zeit. Bei dieser Zuteilungswirtschaft muß übrigens in keiner Weise zwischen privaten und öffentlichen Gütern und Dienstleistungen unterschieden werden, da alle Leistungen sozusagen als Dienst an der Gesellschaft verteilt werden.

Das Idealbild einer reinen Marktwirtschaft sieht anders aus: Jeder verkauft (oder tauscht) Güter und Leistungen, über die er verfügt, um damit andere Güter und Dienstleistungen von anderen zu kaufen. Der Preis orientiert sich an den dem Verkäufer entstandenen Kosten, dem Angebot der Konkurrenz und dem Wert, den das Produkt für den Käufer hat (d. h. für seine Erhaltung und Entfaltung). Der Preis wird in Verhandlungen zwischen Käufer und Verkäufer festgelegt. Produkte sind relativ billig, wenn ihre Rohstoffe z. B. praktisch kostenlos in der Natur zu haben sind und bei der Produktion entstehende Abfallstoffe dort billig oder kostenlos zu deponieren sind; wenn ein großes konkurrierendes Angebot besteht und mit nur geringem Aufschlag über den Gestehungskosten verkauft werden muß; und wenn schließlich der Wert nur gering eingeschätzt wird. Wenn kein konkurrierendes Angebot besteht und das Produkt außerdem hohen subjektiven Wert besitzt, dann läßt sich selbst bei geringen Gestehungskosten ein Produkt teuer, d. h. mit hohem Gewinn absetzen (z. B. die ersten elektronischen Taschenrechner; Kunstwerke). Die Güter, die zwischen einzelnen und kollektiven Akteuren am Markt gehandelt werden, nennen wir hier ›private‹ Güter. Nun gibt es aber auch ›öffentliche‹ Güter, an denen die am Markt Beteiligten ein vitales Interesse haben, die am Markt aber von einzelnen Akteuren nicht gehandelt werden können oder dürfen. Dazu gehören Schutz vor räuberischen Übergriffen Außenstehender, Rechtsprechung in Streitfällen, Infrastruktur für Marktvorgang und Gütertransport, Münzwesen, Ausbildung usw. Hier müssen sich die am Markt Beteiligten darauf einigen, einen Teil ihrer Gewinne (als Steuern und Abgaben) an einen Akteur außerhalb ihres Marktes (Fürst, Staat) zu zahlen, um diese ›öffentlichen Dienste‹ von ihm zu erhalten. So ist es zwar berechtigt, davon zu sprechen, daß der Marktsektor den öffentlichen Sektor finanziert, doch erhält er ja dafür auch eine gewisse Leistung (so war das wenigstens mal gedacht). Das gleiche Modell läßt sich auch zur Deckung der externen Kosten der Produktion verwenden, die heute auf Umwelt und Zukunft abgewälzt werden: Die Produzenten (letzten Endes: die Käufer ihrer Produkte) zahlen entsprechende Abgaben an den ›Protektor‹ Staat, die so bemessen sind, daß damit die Lebensgrundlage der Natur erhalten werden könnte.

Wenn er sich nicht verschulden will, kann die öffentliche Leistung des Staates nicht größer sein als derjenige Teil des erwirtschafteten Mehrwerts, den die am Markt Beteiligten abgeben können, ohne ihre Funktionsfähigkeit und damit das gesamte System zu gefährden. Damit sind die öffentlichen Einnahmen direkt an die privaten gekoppelt. Die öffentlichen Ausgaben dagegen sind zunächst einmal prinzipiell vom Geschehen am Markt unabhängig: der Bedarf an Kindergärtnerinnen oder Polizisten hat nichts mit der Konjunktur bei Kühlschränken zu tun. Diese Abhängigkeit der öffentlichen Haushalte von der wirtschaftlichen Konjunktur wird natürlich durch Rücklagen und Kreditaufnahme zumindest teilweise entkoppelt. Die Besteuerung des Marktgeschehens ist nicht die einzige Einnahmequelle des Staates. Eine andere Möglichkeit ist die Vergabe von Lizenzen zur Nutzung (wieder zu ›Marktpreisen‹) der als gemeinschaftliches Eigentum angesehenen erneuerbaren oder nichterneuerbaren Ressourcen wie Wasser, Luft und Bodenschätze, in Zukunft vielleicht auch die Sonnenenergie. Wie dem auch sei, in einem marktwirtschaftlichen Rahmen jedenfalls sind auch und gerade dem Staat Grenzen gesteckt, die er nicht überschreiten kann, ohne die Funktionsfähigkeit des Ganzen zu gefährden. Selbst wenn er seine gesamten Einnahmen ausschließlich aus staatlichen Betrieben oder Lizenzvergabe bezöge, wäre er doch darauf angewiesen, deren Produkte oder die Lizenzen am Markt zu verkaufen, dessen Aufnahmefähigkeit der staatlichen Expansion Grenzen setzen würde. Seinen Einnahmen sind Grenzen gesetzt.

Aus diesen Überlegungen ist festzuhalten, daß die Grenzen der Marktwirtschaft dann erreicht sind, wenn der Marktpartner nichts mehr anbieten kann, was sich zu kaufen lohnt. Dann erlischt der Handel. Der Arbeitslose, dessen Arbeitskraft nicht mehr gefragt ist, kann die angebotenen Produkte nicht mehr kaufen, obwohl er sie vielleicht bitter benötigt. Das gleiche gilt für die rohstoffarmen Länder der Dritten Welt. Demgegenüber versorgt die Zuteilungswirtschaft auch den Arbeitslosen oder das mittellose Entwicklungsland (je nach Verteilungskriterien) mit Gütern und Dienstleistungen und kann damit über die dem Markt gesetzte Grenze hinaus wachsen. Man sollte sich darüber klar sein, daß diese inhärente Wachstumsgrenze der Marktwirtschaft (und damit auch der öffentlichen Leistungen!) stringenter ist als andere

Wachstumsgrenzen und eintreten kann, auch wenn wichtige Bedürfnisse noch längst nicht erfüllt worden sind. Vielleicht befinden wir uns bereits an dieser Grenze.

Sicher kann man behaupten, daß der Bedarf an Gütern und Dienstleistungen in den reichen Industrieländern im großen und ganzen – auch und vor allem wegen sozialpolitischer Eingriffe in den Markt – ausreichend gedeckt ist, ausgesprochener Mangel jedenfalls selten geworden ist. Das soll allerdings nicht über gelegentlich krasse Unterschiede zwischen verschiedenen Bevölkerungsgruppen hinwegtäuschen. Es sollte auch nicht vergessen lassen, daß in vielen Ländern ein krasses Mißverhältnis zwischen privaten und öffentlichen Gütern herrscht (Beispiele aus verschiedenen Ländern: Nahverkehr, Gesundheitsfürsorge, Bildung, öffentliche Sicherheit, Sozialwesen). Schließlich gibt es bisher kaum Überlegungen dazu, auf welche Güter und Dienstleistungen (in welcher Höhe) der einzelne vernünftigerweise Anspruch haben sollte, und was wegen ineffizienter Nutzung der gemeinschaftlichen Ressourcen als ›Luxus‹ deklariert und entsprechend hoch besteuert werden müßte. Solche Überlegungen müßten sicher am Beitrag zur Entfaltung, also am Zeitbudget und der Erfüllung der Leitwerte orientiert sein. Ein starkes Motorboot im Privatbesitz, das nur einmal im Jahr in einem kurzen Urlaub zum Wasserskifahren benutzt wird, würde z. B. bei einer solchen Beurteilung nicht so gut abschneiden wie ein gemeinschaftlich genutztes.

In den Ländern der Dritten Welt hat dagegen die adäquate Versorgung mit Gütern und Dienstleistungen eine weit kritischere Bedeutung. Hier geht es eher darum, untere Mindestgrenzen der Bedarfserfüllung zu ermitteln und diese Standards zu erreichen oder zu übertreffen. Bei Marktwirtschaften bedeutet dabei die oben besprochene inhärente Wachstumsbegrenzung ein Entwicklungshandikap, dem Drittweltländer zunächst nur dadurch entgehen können, daß ihnen ausreichende Anteile an den größeren Märkten der Industrieländer zugesprochen werden – es sei denn, sie entschieden sich für eine eigenständige, wenigstens anfangs nicht vom Markt regulierte Entwicklungsform.

Auch diejenigen, die aus irgendwelchen Gründen nicht am Markt der Güter und Dienstleistungen teilhaben können, benötigen davon zumindest ein minimales Quantum zur Erhaltung der Lebensfähigkeit, das ihnen in den meisten Ländern außerhalb des Marktmechanismus durch verschiedene Mechanismen der sozialen Absicherung zugebilligt wird. In der Zukunft wird gerade diesem Punkt verstärkte Aufmerksamkeit gewidmet werden müssen, insbesondere, wenn die Konkurrenzfähigkeit breiter Bevölkerungsteile am Markt (als Arbeitskräfte) weiter nachlassen wird.

Wir betrachten im folgenden Zukunftsbilder zu den Problemkreisen.

- *Güter und Dienstleistungen*
- *soziale Sicherheit*

ÖKONOMISTISCHE FORTSCHREIBUNG

## Güter und Dienstleistungen

Staat und Wirtschaft haben ein gemeinsames Interesse an der Ausweitung der Produktion von Gütern und Dienstleistungen. Der Staat ist deshalb interessiert, weil er darauf angewiesen ist, aus seinem Anteil am erwirtschafteten Mehrwert notwendige öffentliche Güter und Dienstleistungen zu finanzieren. Dabei stößt die Ausweitung des Marktes für private Güter und Dienstleistungen zuerst an Sättigungsgrenzen, die sich allerdings noch für eine Weile durch Ausweitung des Qualitäts-, Luxus- und Freizeitkonsums anheben lassen und später durch staatliche Subventionen und Steuernachlässe weiter nach oben verschoben werden. Wachsende staatliche Maßnahmen auch zur Beseitigung der Folgekosten der Produktion (Umweltschutz, soziale Probleme, Ressourcenverknappung) verkleinern den Spielraum für zusätzliche Maßnahmen ständig. Die mit wachsender Sättigung sich einstellende wachsende Konsumunwilligkeit des privaten Verbrauchers zusammen mit hohen Einkommen führen dazu, daß hohe – und wachsende – Beträge zurückgelegt und nicht am Markt ausgegeben werden. Die Produktion wird daraufhin durch Steigerung der Nachfrage nach öffentlichen Gütern und Dienstleistungen ausgeweitet, die durch Abschöpfung der nicht für den privaten Konsum ausgegebenen Mittel finanziert werden. Durch Finanzierung von Hochgeschwindigkeitsschnellbahnen, Kabinentaxisystemen, Überschallverkehrsflugzeugen, Raumfahrtunternehmungen, Autobahnen, Rüstungsforschung und -entwicklung, Datensystemen, Polizeiausrüstung, Überwachungs- und Fahndungsmetho-

ÖKOLOGISCHE ALTERNATIVE

## Güter und Dienstleistungen

Die Produktion von Gütern und Dienstleistungen wird ausschließlich an ihrem Beitrag zur Entfaltung von Individuum und Gesellschaft und an ihren ökologischen und zukünftigen Konsequenzen ausgerichtet. Hieraus folgt u. a. die Einführung von Langzeitgütern hoher Qualität mit niedrigem Energie- und Rohstoffverbrauch und geringstmöglicher Umweltbeeinträchtigung bei Produktion und Gebrauch. Die Produktion industriell gefertigter Güter stabilisiert sich insgesamt auf einem relativ niedrigen Niveau; gleichzeitig steigt der Anteil an Wartungs- und Reparaturdienstleistungen. Diese Produkte sind ausgereift, langlebig, reparaturfreundlich, zweckmäßig, nüchtern und Modetrends nicht unterworfen. Die Nüchternheit dieser Güter wird kompensiert durch ein reichhaltiges Angebot handwerklich gefertigter Produkte: Geschirr, Möbel, Kleidung, Heimtextilien, Innenausbau, Eigenheime, Druckerzeugnisse, Musikinstrumente, Kunstgegenstände jeder Art. Mit der Verringerung des Arbeitsvolumens im industriellen Bereich wird es – bei gerechter Verteilung des Gesamtarbeitsvolumens – für die meisten möglich, in diesen handwerklichen Tätigkeiten zumindest zeitweise gestaltend tätig zu werden und ein gesundes Verhältnis zur Arbeit wiederzufinden. Eine ähnliche Entwicklung ergibt sich bei den Dienstleistungen: während auf der einen Seite monotone Routinearbeiten z. B. der Verwaltung weitgehend automatisiert werden, wächst auf der anderen Seite der Anteil der Dienstleistungen, die qualifizierten persönlichen Einsatz von Mensch zu Mensch erfordern: Bildung und Ausbildung (besonders auch

den, medizintechnischen Einrichtungen, Atomforschung, Meerestechnologie, Kläranlagen usw. gelingt es, die Wirtschaftsaktivitäten noch einmal erheblich auszuweiten. Die öffentlichen Mittel werden dabei bevorzugt für technische Güter eingesetzt, die besonders hohe Beschäftigungseffekte haben und weitere wirtschaftliche Folgeaktivitäten hervorrufen. Öffentliche Dienstleistungen, z. B. im sozialen Bereich, bleiben aus diesem Grund relativ benachteiligt, ebenso Aktivitäten, die zu einem sparsameren Einsatz von Rohstoffen und Energie führen würden. Die Entwicklung führt zu einer höchst verwundbaren, übertechnisierten und überentwickelten Infrastruktur bei hoher Umweltbelastung, extremem Ressourcenverbrauch und kaum noch handhabbaren sozialen Problemen.

| 18A | Individuum | | | | | | Gesellschaft | | | | | | Mitwelt | | | | | | Umwelt | | | | |
|---|---|---|---|---|---|---|---|---|---|---|---|---|---|---|---|---|---|---|---|---|---|---|---|
| | L | S | F | A | W | P | L | S | F | A | W | P | L | S | F | A | W | P | L | S | F | A | W |
| Szenario-Welt | 0 | 0 | ! | 0 | ! | ! | 0 | 0 | ! | ! | ! | ! | | | | - | | | 0 | ! | ! | ! | ! |
| Nachwelt | 0 | 0 | ! | ! | ! | ! | 0 | ! | X | X | ! | X | | | | - | | | ! | ! | ! | ! | ! |

im Verhältnis Meister zu Schüler in Handwerk, Kunst und Wissenschaft), Kinder-, Jugend-, Alten- und Krankenpflege, Nachbarschaftshilfe, Beratung, Reparatur und Wartung. Auch hier tritt die Rolle des Staates in der Verwaltung und Finanzierung dieser Dienstleistungen zurück. Da der einzelne durch die gerechte Verteilung des Arbeitsvolumens existentieller Sorgen enthoben ist, kann er seine Dienstleistungen unentgeltlich oder im Tausch gegen andere Dienstleistungen oder Güter abgeben.

| 18B | Individuum | | | | | | Gesellschaft | | | | | | Mitwelt | | | | | | Umwelt | | | | |
|---|---|---|---|---|---|---|---|---|---|---|---|---|---|---|---|---|---|---|---|---|---|---|---|
| | L | S | F | A | W | P | L | S | F | A | W | P | L | S | F | A | W | P | L | S | F | A | W |
| Szenario-Welt | 0 | 0 | 0 | 0 | 0 | ! | 0 | 0 | 0 | 0 | 0 | ! | | | | - | | | 0 | 0 | 0 | 0 | 0 |
| Nachwelt | 0 | 0 | 0 | 0 | 0 | 0 | 0 | 0 | 0 | 0 | 0 | 0 | | | | - | | | 0 | 0 | 0 | 0 | 0 |

## ÖKONOMISTISCHE FORTSCHREIBUNG

### Soziale Sicherheit

Eine gewisse soziale Absicherung soll den einzelnen in die Lage versetzen, bis zu einem gewissem Maß auch dann noch am Markt teilzunehmen, wenn er wegen Erkrankung, Arbeitslosigkeit, Behinderung, Unfall oder Alter seine Arbeitskraft als Tauschmittel nicht einsetzen kann. Diese Absicherung wird weniger nach der Bedürftigkeit, sondern eher nach vergangenem Einkommen bemessen. Sie wird von Abgaben der in Arbeit Stehenden finanziert, die sich nach der Höhe des Einkommens richten. Im allgemeinen gestattet sie die Existenzsicherung, wenn auch unter eingeschränkten Bedingungen. Problematisch ist aller-

## ÖKOLOGISCHE ALTERNATIVE

### Soziale Sicherheit

Die soziale Absicherung soll bei Bedürftigkeit weitere Lebensentfaltung garantieren: nicht nur die materielle Lebensbasis, sondern auch Selbstwerterhaltung und Selbstverwirklichung für den Arbeitslosen, Behinderten oder Rentner, entsprechend seinen individuellen Bedürfnissen. Die monatliche Überweisung für das Lebensnotwendigste bleibt zwar wichtig, weit höhere Bedeutung erhalten jedoch direkte soziale Dienstleistungen für den einzelnen Bedürftigen. Die individuelle Betreuung wird ermöglicht durch soziale Dienstleistungen der Nichtbedürftigen in der zunehmenden freien Zeit bzw. in zusammenhängenden längeren

dings, daß sie zwar eine gewisse Teilnahme am Markt ermöglicht, daß aber an diesem Markt in den meisten Ländern gerade jene Dienste nicht gehandelt werden, die der Bedürftige am ehesten benötigt: Beratung, individuelle Betreuung, Unterweisung, Pflege, d. h. auf das Individuum und seine besonderen Bedürfnisse (Behinderte!) zugeschnittene soziale Dienste, aber auch technische Unterstützung jeder Art. In diese Lücke müssen in vielen Fällen ehrenamtliche Helfer, private und kirchliche Institutionen springen. Daß dies überhaupt geschieht, ist erfreulich, aber es zeigt auch, daß wichtige Komponenten sozialer Absicherung nur eher zufällig abgedeckt werden. Das Maß der solidarischen Unterstützung ist der Marktwert der Arbeitskraft der noch in Arbeit Stehenden, nicht Unterstützungsbedürftigen – nicht aber die spezielle Bedürftigkeit des Betroffenen. Diese Art der sozialen Absicherung kann nur in Ländern funktionieren, in denen der Anteil der Beschäftigten im Vergleich zu den Bedürftigen relativ hoch ist und in denen darüber hinaus die Einkommen der Beschäftigten bzw. das Bruttosozialprodukt genügend Spielraum für die Unterstützung der ›unproduktiven‹ Bevölkerungsteile gewähren. Beides trifft z. B. für die Mehrzahl der Länder in der dritten Welt nicht zu; sie können soziale Probleme auf diese Weise nicht lösen. Aber auch in den reichen Industrieländern verschlechtern sich im Lauf der Zeit die Bedingungen entsprechend.

Dienstperioden zwischen Zeiten bezahlter Arbeit. Da die Helfer aus der Nachbarschaft kommen, brauchen Alte, Kranke und Behinderte nur in seltenen Fällen in Heimen untergebracht zu werden, sondern werden in das normale tägliche Leben einer Nachbarschaft integriert. Mit den direkten sozialen Hilfeleistungen wird auch die finanzielle Basis der sozialen Absicherung nicht belastet. Das System funktioniert auch und gerade dann, wenn das Arbeitsvolumen bei Vollarbeitszeit für alle nicht ausreichen würde, wenn also ohne gerechte Verteilung der Arbeitszeit mit verbreiteter Arbeitslosigkeit zu rechnen wäre. Die soziale Hilfe wird weitgehend auf privater und Nachbarschaftsbasis organisiert; der Staat beschränkt sich auf gewisse Organisations- und Aufsichtsaufgaben (z. B. Wahrung von Qualitätsstandards; Finanzierung der technischen Ausrüstung; das Ausfüllen von Lücken, die nicht durch Privatinitiative auszufüllen sind usw.)

| 19A | Individuum | | | | | | Gesellschaft | | | | | | Mitwelt | | | | | | Umwelt | | | | |
|---|---|---|---|---|---|---|---|---|---|---|---|---|---|---|---|---|---|---|---|---|---|---|---|
| | L | S | F | A | W | P | L | S | F | A | W | P | L | S | F | A | W | P | L | S | F | A | W |
| . Szenario-Welt | 0 | 0 | ! | ! | ! | ! | 0 | 0 | 0 | 0 | 0 | ! | ! | X | ! | ! | ! | X | | | - | | |
| . Nachwelt | 0 | 0 | ! | ! | ! | ! | 0 | 0 | 0 | 0 | ! | X | ! | X | ! | ! | ! | X | | | - | | |

| 19B | Individuum | | | | | | Gesellschaft | | | | | | Mitwelt | | | | | | Umwelt | | | | |
|---|---|---|---|---|---|---|---|---|---|---|---|---|---|---|---|---|---|---|---|---|---|---|---|
| | L | S | F | A | W | P | L | S | F | A | W | P | L | S | F | A | W | P | L | S | F | A | W |
| . Szenario-Welt | 0 | 0 | 0 | 0 | 0 | 0 | 0 | 0 | 0 | 0 | 0 | 0 | 0 | 0 | 0 | 0 | 0 | 0 | | | - | | |
| . Nachwelt | 0 | 0 | 0 | 0 | 0 | 0 | 0 | 0 | 0 | 0 | 0 | 0 | 0 | 0 | 0 | 0 | 0 | 0 | | | - | | |

## Physische Umwelt

*Problemskizze*

Während wir uns anfangs bereits mit der Umwelt als Lebensbasis beschäftigt haben, wollen wir sie jetzt als ›erlebte Umwelt‹ betrachten, geprägt durch Siedlungen, Verkehrswege, Industrieansiedlungen, Kraftwerke und Überlandleitungen, Flüsse und Seen, Wälder und Felder, Berge, Täler und Ebenen, relativ unberührte Landschaft oder hoffnungslos verschmutzte, vergiftete, verbaute Erde mit einer kranken oder zerstörten Tier- und Pflanzenwelt. Wir wissen heute, daß der Zustand der Umwelt nicht nur physischen Einfluß auf menschliches Wohlergehen und Gesundheit hat, sondern auch erheblichen Einfluß auf die Erfüllung psychischer Bedürfnisse haben kann: Gefühle der Geborgenheit und Identität auf der einen Seite, Entfremdung, Isolierung, Einengung, Bedrohung auf der anderen können maßgeblich durch die physische Umwelt vermittelt werden.

Mehr als je zuvor in der deutschen Geschichte und möglicherweise mehr als in jedem anderen Land hat die Bebauung der letzten dreißig Jahre in der Bundesrepublik Deutschland das Gesicht der Landschaft verändert. Industrieansiedlungen und Supermärkte auf der vormals grünen Wiese, grauweiße Betongebirge vor den Toren der mittleren und großen Städte, eintönige und weitläufige Eigenheimsiedlungen, die breiten Asphaltbänder der Autobahnen und Bundesstraßen, die Riesenkühltürme der Kraftwerke, Hotelkästen in den Erholungsgebieten, Schwimmbäder, Sportanlagen und Klärwerke. Ohne Zweifel haben viele dieser Entwicklungen zur besseren Lebensentfaltung des einzelnen beigetragen, indem sie ihm zu Arbeitsplatz, gesünderer Wohnung, mehr Lebensstandard, mehr Mobilität verhalfen. Aber dafür wurden nicht selten neue Probleme eingehandelt, die vielerorts den Wert des Erreichten in Frage stellen: Die Trennung von Wohnen, Arbeit, Einkauf, Bildung, Kultur, Verwaltung, Dienstleistung und Erholung, die in alten gewachsenen Siedlungen kaum vorhanden war, hat die Landschaft zerschnitten, Verkehrsströme kaum handhabbaren Ausmaßes entstehen lassen, die Generationen auseinander geführt und die Großfamilie zerstört, zur Isolierung und Anonymität geführt und vorher unbekannte soziale Probleme aufgeworfen. Die Versorgungs- und ›Entsorgungs‹-Probleme sind um Größenordnungen gewachsen, die Verwaltungen wurden bürgerferner, bürokratischer und unnahbarer. Lärm, Gestank, verschmutzte Gewässer und Wälder verleiden den Menschen den Rest dessen, was in der Nähe ihrer Siedlungen von der Umwelt bleibt. Hochbauten und Straßendämme verhindern die erfrischende Zirkulation und verändern das Kleinklima der Städte.

Im folgenden befassen wir uns mit Zukunftsbildern zu den Problembereichen

- *Wohnung und Siedlung*
- *Erlebte Umwelt*

ÖKONOMISTISCHE FORTSCHREIBUNG

## Wohnung und Siedlung

Wohnungen, Einkaufszentren, Kulturzentren, Industriegebiete, Schulen und andere Ausbildungszentren usw. werden in erster Linie dort gebaut, wo Bauland relativ preisgünstig ist. Sie müssen lediglich mit dem Kraftfahrzeug in zumutbarer Zeit erreichbar sein: das erfordert den Ausbau eines ausreichenden und schnellen Straßensystems. Das ganze System kann nur funktionieren, wenn jedem Bewohner jederzeit ein Kraftfahrzeug oder eine Nahverkehrsverbindung zur Verfügung steht. Die funktionale und räumliche Trennung von Wohn-, Arbeits-, Bildungs- und Ausbildungs-, Kultur-, Erholungs-, Einkaufs- und Industriebereichen ermöglicht es, Versorgungs- und Entsorgungsstruktur, Umweltauflagen und Infrastruktur den jeweiligen Anforderungen rationell anzupassen und führt zur Entwicklung von Zentren mit Monofunktionen, die sie wegen ihrer Größe betriebswirtschaftlich besonders rationell erfüllen können: Wohnzentren, Einkaufszentren, Bildungszentren, Kulturzentren, Erholungszentren, Industriezentren, Verwaltungszentren; alle Einheiten mit Energie versorgt aus großen nuklearen ›Parks‹. Menschen verbringen jeweils Teile ihres Tages in verschiedenen dieser Zentren, den Rest bei Anfahrt und Abfahrt. Mit der Größe der Zentren wächst auch ihr Einzugsbereich, so daß von mehr Leuten größere Entfernungen zurückgelegt werden müssen, der Verkehr wächst also sehr stark an. Ein einigermaßen flüssiger Verkehr kann schließlich nur durch breite Straßen mit vielen Fahrbahnen und eine ausgeklügelte Verkehrsregelung aufrechterhalten werden. Vielerorts muß der Verkehr

ÖKOLOGISCHE ALTERNATIVE

## Wohnung und Siedlung

Wohnen, Arbeit, Einkauf, Bildung, Verwaltung, soziales Leben, Versorgung und Entsorgung werden in Siedlungen mittlerer Größe (Kleinstädte) so integriert, daß fast alle Bewohner vor allem Arbeitsplatz, Schule und Einkaufsstätten auf kurzen Fußwegen oder etwas längeren Radwegen erreichen können. Relativ wenige sind darauf angewiesen, täglich einen weiter entfernten Arbeitsplatz in einer anderen Stadt mit dem Zug zu erreichen. Die Verkehrsströme mit Kraftfahrzeugen in und zwischen den Kleinstädten bleiben relativ gering; der Güterverkehr zwischen Städten wird auf der Bahn befördert. Die Kleinstädte haben ihre eigene Energieversorgung, die mit der Fernwärmeversorgung und der Müllvergasung und -kompostierung integriert ist, so daß sich ein hoher energetischer Wirkungsgrad bei hoher Umweltverträglichkeit ergibt. Aus dem Umland kommen frische Nahrungsmittel, z. T. aus mit Abwärme beheizten Gewächshäusern. Wohngebäude sind höchstens zwei- oder dreistöckig und beherbergen eine oder nur wenige Familien. Die Häuser sind gruppenweise in Nachbarschaften um eine gemeinsame Garten- und Spielfläche angeordnet. Einkaufsmöglichkeiten für den täglichen Bedarf, Gaststätten, Vereinslokale, kleine Kulturzentren für Abendkurse, Laiengruppen, Vorträge usw. befinden sich in der Nähe. Im inneren Teil der Siedlungen gibt es nur Fuß- und Radwege sowie Liefer- und Notzufahrten; Autostraßen gibt es nur am äußeren Rand. In den Siedlungen finden sich alle Altersgruppen und Berufe nebeneinander. Die einzelnen Häuser sind dem individuellen Geschmack entsprechend

durch neue Massenverkehrsmittel (Schnellbahnen und U-Bahnen) entlastet werden, kann aber den Individualverkehr nicht ersetzen, so daß die Zahl der Kraftfahrzeuge und der entsprechende Energieverbrauch noch weiter steigen. Wegen weiter zunehmender Baulandpreise und Baukosten können sich nur wenige Privilegierte ein ›Eigenheim im Grünen‹ (mit den entsprechenden Verkehrsschwierigkeiten) leisten, die meisten wohnen in den Hochbauten der Wohnzentren. Durch die Isolierung dort wie auch durch das ständige Pendeln zwischen den funktional getrennten Zentren können nur flüchtige soziale Kontakte entstehen; es ergeben sich schwerwiegende soziale Probleme.

| 20A | Individuum | | | | | | Gesellschaft | | | | | | Mitwelt | | | | | | Umwelt | | | | |
|---|---|---|---|---|---|---|---|---|---|---|---|---|---|---|---|---|---|---|---|---|---|---|---|
| | L | S | F | A | W | P | L | S | F | A | W | P | L | S | F | A | W | P | L | S | F | A | W |
| Szenario-Welt | 0 | 0 | ! | ! | ! | ! | 0 | 0 | ! | X | ! | ! | | | | - | | | ! | ! | ! | ! | ! |
| Nachwelt | 0 | 0 | ! | ! | ! | X | 0 | ! | X | X | X | X | | | | - | | | X | ! | X | X | ! |

ÖKONOMISTISCHE
FORTSCHREIBUNG

**Erlebte Umwelt**

Die Gesellschaft braucht die Umwelt zur Erfüllung einer Reihe von Funktionen: Aufnahme und Verteilung von Abfallstoffen, Erzeugung von Nahrungsgrundstoffen und Rohstoffen, Raum für Bauten jeder Art, Erholung. Da die Umwelt jeweils nur eine dieser Funktionen optimal erfüllen kann, entstehen verschiedene vom Verwendungszweck her bestimmte Umweltgebiete: Industriegebiete, in denen Atmosphäre, Boden und Gewässer vor allem Abfallstoffe und Abwärme aufzunehmen haben; landwirtschaftlich und forstwirtschaftlich optimal genutzte Flächen; Siedlungsgebiete, Städte und Verkehrsstraßen; Erholungsgebiete. Das hat zur Folge, daß die täglich erlebte Umwelt der meisten Menschen die der großen

gebaut, fügen sich aber in Stadtbild und Landschaftsbild ein. Am äußeren Rand wird die Siedlungsform aufgelockerter und geht allmählich in die natürliche Landschaft über.

| 20B | Individuum | | | | | | Gesellschaft | | | | | | Mitwelt | | | | | | Umwelt | | | | |
|---|---|---|---|---|---|---|---|---|---|---|---|---|---|---|---|---|---|---|---|---|---|---|---|
| | L | S | F | A | W | P | L | S | F | A | W | P | L | S | F | A | W | P | L | S | F | A | W |
| Szenario-Welt | 0 | 0 | 0 | 0 | 0 | 0 | 0 | 0 | 0 | 0 | 0 | 0 | | | | - | | | 0 | 0 | 0 | 0 | 0 |
| Nachwelt | 0 | 0 | 0 | 0 | 0 | 0 | 0 | 0 | 0 | 0 | 0 | 0 | | | | - | | | 0 | 0 | 0 | 0 | 0 |

ÖKOLOGISCHE
ALTERNATIVE

**Erlebte Umwelt**

Die Umwelt wird als ein zusammenhängendes und empfindliches Wirkungsgefüge von Lebewesen und natürlichen Prozessen verstanden, das ohne Rücksicht auf staatliche Grenzen über den ganzen Erdball verteilt ist. Die Empfindlichkeit erfordert, daß jede Art von Nutzung der Umwelt zur Aufnahme und Verteilung von Abfallstoffen, zur Erzeugung von Nahrungsgrundstoffen und Rohstoffen, für Bauten und zur Erholung nur geringfügige und reversible Eingriffe bringt. Diese Einstellung bringt es mit sich, daß jede Art der konzentrierten Belastung oder Nutzung weitgehend vermieden wird. Als Folge unterbleibt die Spezialisierung der Nutzung von Umwelt und Landschaft weitgehend, und die ver-

Städte, der Industriegebiete und der Verkehrsstraßen ist. Um möglichst hohen Erholungswert zu bieten, wird in Erholungsgebieten das Angebot über das der natürlichen Umwelt hinaus erhöht: Landschaftsgestaltung und Landschaftspflege, Tiergärten, botanische Gärten und Safariparks, künstliche Berge und Seen für Skilauf und Wassersport, naturgetreue wartungsarme Kunststoffnatur mit elektronischem und mechanischem Innenleben (à la Disneyland und Disneyworld). Die durch Industrie und Emissionen, Bauten und Verkehr geprägte Umwelt wird als abstoßend und bedrohlich empfunden; man entzieht sich ihr soweit möglich durch Reisen im Urlaub und an Wochenenden und durch den Rückzug in eine künstliche, aber abgeschirmte und vertraute Umgebung in der Wohnung und am Arbeitsplatz. Im Innern der Gebäude können die lästigen Umwelteinflüsse weitgehend ferngehalten werden: Lärm, Gestank, schmutzige Luft, ästhetische Verschmutzung durch Industrie-, Zweck- und Hochbauten jeder Art, oder auch die letzten Lebewesen, die dem Menschen noch in die von ihm veränderte Umwelt zu folgen vermögen: Ratten, Mücken, Fliegen und Krankheitserreger. Mit der wachsenden Bedrohung durch die selbstgeschaffene Umwelt außerhalb der klimatisierten Aufenthaltsräume verstärkt sich auch Unverständnis und Gleichgültigkeit, ja feindselige Einstellung gegenüber den letzten Resten intakter natürlicher Umwelt, die sich bisher noch gewinnbringender Nutzung entziehen konnten. Diese Gebiete werden schließlich auf ein Minimum reduziert und ohne Ausnahme für die Touristik erschlossen.

schiedenen Nutzungsfunktionen werden fast überall harmonisch so integriert, daß die gesellschaftlichen Bedürfnisse ohne Beeinträchtigung der Umwelt erfüllt werden können. Die Industriebetriebe bleiben klein und dezentralisiert und bieten Menschen in kleinen und mittleren Städten Arbeitsplätze unweit der Wohnung; nahe und zwischen den Siedlungen liegen land- und forstwirtschaftlich genutzte Gebiete mit hohem Erholungswert, die die Bewohner auch täglich mit kurzem Fußweg erreichen können bzw. in denen ihre Wohnungen liegen. Die täglich erlebte Umwelt hält so für die meisten Menschen die wesentlichen Elemente einer gesunden und natürlichen Umwelt bereit: frische Luft, grüne Wiesen und Wälder, saubere Bäche und Teiche, Blumen, Vögel und Schmetterlinge, Sonnenlicht, Regen und Schnee. Der Bezug zur Natur und das Gefühl der Abhängigkeit von ihr bleiben erhalten und führen zu verantwortungsvollem Umgang mit der Umwelt.

| 21A | Individuum | | | | | | Gesellschaft | | | | | | Mitwelt | | | | | | Umwelt | | | | |
|---|---|---|---|---|---|---|---|---|---|---|---|---|---|---|---|---|---|---|---|---|---|---|---|
| | L | S | F | A | W | P | L | S | F | A | W | P | L | S | F | A | W | P | L | S | F | A | W |
| Szenario-Welt | 0 | 0 | ! | 0 | ! | ! | 0 | 0 | ! | ! | 0 | ! | | | | - | | | ! | ! | ! | ! | ! |
| Nachwelt | 0 | 0 | ! | ! | X | X | 0 | ! | X | X | ! | ! | | | | - | | | ! | X | X | X | X |

| 21B | Individuum | | | | | | Gesellschaft | | | | | | Mitwelt | | | | | | Umwelt | | | | |
|---|---|---|---|---|---|---|---|---|---|---|---|---|---|---|---|---|---|---|---|---|---|---|---|
| | L | S | F | A | W | P | L | S | F | A | W | P | L | S | F | A | W | P | L | S | F | A | W |
| Szenario-Welt | 0 | 0 | 0 | 0 | 0 | 0 | 0 | 0 | 0 | 0 | 0 | 0 | | | | - | | | 0 | 0 | 0 | 0 | 0 |
| Nachwelt | 0 | 0 | 0 | 0 | 0 | 0 | 0 | 0 | 0 | 0 | 0 | 0 | | | | - | | | 0 | 0 | 0 | 0 | 0 |

## Sicherheit und Rechtsschutz

*Problemskizze*

Die Welt war nie das harmonische Paradies Gleichgesinnter und Gleichberechtigter, die sich gegenseitig zu bestmöglicher Entfaltung verhelfen – sie wird es auch nie sein. Unrecht und Ungerechtigkeit sind nicht aus der Welt zu schaffen, aber jedes zukunftsgerichtete Handeln sollte versuchen, ihr Ausmaß und ihren Einfluß auf ein Mindestmaß zu reduzieren. Wir wollen uns hier kurz einigen Problemkomplexen zuwenden, die in heutigen Gesellschaften einige Bedeutung haben und deren Bedeutung sich zum Teil wegen der derzeitigen Entwicklung sozio-technischer Strukturen in der Zukunft noch erhöhen könnte: das Problem der Verletzung allgemein anerkannter Menschenrechte, die Austragung innerstaatlicher Konflikte, Terrorismus und Verbrechen, und schließlich die Austragung internationaler Konflikte in kriegerischer Auseinandersetzung. Dem Problem der strukturellen Macht wenden wir uns im Abschnitt über ›Mensch und Gesellschaft‹ zu.

In den meisten Ländern der Erde werden elementare Menschenrechte unterdrückt, um Machtansprüche durchzusetzen. Es beginnt mit Intoleranz, Isolation der Störenfriede, Sondererlassen, Überwachung, Beschränkungen oder Verbot der Berufsausübung, Versammlungs- und Demonstrationsverbot, Publikationsverbot, Zensur, Einweisung in psychiatrische Kliniken, politischer Haft und Verurteilung, Aberkennung der Staatsbürgerschaft, Ausweisung. In vielen Ländern bleibt es nicht dabei: Verfolgung, Folter, Mord, ja Ausrottung ganzer ethnischer Gruppen sind auch am Ende des zwanzigsten Jahrhunderts noch gang und gäbe. Abgesehen davon, daß dem einzelnen so Entfaltungsmöglichkeiten beschränkt oder verweigert werden, werden Initiative und schöpferisches Potential vernichtet, die für die Vorbereitung auf die Erfordernisse der Zukunft gebraucht würden. Die Machthaber erkennen nicht, daß sie an ihrem eigenen Grab und dem ›ihrer Sache‹ schaufeln.

Wo Zielsetzungen nicht übereinstimmen, entstehen Konflikte. Das traditionelle Mittel der Konfliktlösung ist Machtausübung: Der Stärkere gewinnt, unabhängig davon, was das Ergebnis für die Entfaltungsbedürfnisse der Beteiligten bedeutet. Im günstigsten Falle, wenn Macht sich allein aus der Zahl der Beteiligten auf jeder Seite ergibt (wie in der idealen Demokratie), läßt sich Machtausübung noch durch ein utilitaristisches Prinzip des größten Nutzens für die größte Zahl – im Extremfall ohne Rücksicht auf die Beeinträchtigung der Entfaltungschancen einzelner – legitimieren. Die Tatsache bleibt aber bestehen, daß die siegreiche Partei Macht über die unterlegene Partei ausübt. Wo Konflikte aber durch Machtausübung oder durch Stimmenauszählung entschieden werden und Konfliktlösung nicht dort ansetzt, wo die Ursache des Konflikts liegt, nämlich bei erlebter Beeinträchtigung der Entfaltung bei den Betroffenen, da werden auch Konfrontationen nur verschoben, nicht verhindert. Unsere Gesellschaften müssen partnerschaftliche Methoden der Konfliktlösung erst noch entwickeln und lernen. Das gilt für Lohnkämpfe und Arbeitsplatzkonflikte ebenso wie für Meinungsverschiedenheiten über Umweltschutz und Atomkraftwerke. Wo eine partnerschaftliche Lösung von einer Seite blockiert wird, wird die Macht der gewaltfreien Aktion eingesetzt werden müssen.

Industrialisierung, Konzentration und technischer Fortschritt haben auf der ganzen Welt zu neuen Dimensionen des Verbrechens und des Terrorismus geführt. Ihre Operationsbasen und Kaderschmieden verschwinden in der Anonymität der großen Städte, ihre Schlagkraft hat sich dank moderner Verkehrsmittel (vor allem Auto und Flugzeug), moderner Kommunikationsmittel und der relativ leichten Verfügbarkeit von Waffen, Munition und Sprengstoffen vervielfacht. Verbrechen und Terrorismus machen sich die Verwundbarkeit der zentralisierten Strukturen der großtechnischen Systeme zunutze: der zentralen Versorgungsanlagen, des Flugverkehrs, der Datenbanken und der Datenverarbeitung und der Schlüsselpersonen in diesen Systemen. Die Verbrecher profitieren davon, daß der Rechtsstaat sich nicht auf ihre Ebene der Brutalität des Terrors begeben darf, weil er sich selbst sonst aufgeben würde. Immer wieder findet sich die Gesellschaft großen und kleinen Verbrechern hilflos ausgeliefert. Werden sie schließlich gefaßt, so fehlen wirksame und trotzdem ›humane‹ Methoden des Strafvollzugs und der Wiedereingliederung in die Gesellschaft – vielleicht kann es sie nie geben.

Über diesen und anderen Problemen vergessen wir nur allzuleicht, daß wir trotz des über dreißigjährigen Friedens in Europa global immer noch am Rande eines Vulkans stehen, der keine Anzeichen endgültigen Erlöschens zeigt, ja dessen Zerstörungspotential dank der fleißigen Arbeit von Millionen von Technikern und Wissenschaftlern sich jährlich vervielfacht. In einem grausam rationalen Kalkül soll Krieg dadurch vermieden werden, daß alle überhaupt erdenkliche Schrecklichkeit, ja das Ende der zivilisierten Welt überhaupt, technisch realisierbar gemacht werden: mit Atom-, Wasserstoff- und Neutronenbomben, mit Napalm, Giftstoffen und Killerviren, mit Todeszonen und Präzisionslenkwaffen. Während sich die Großmächte wegen der Konsequenzen den großen Krieg nun tatsächlich vorläufig versagen, fördern sie direkt oder indirekt die kleinen Kriege auf dem Globus: sei es aus machtpolitischen Interessen, sei es auch nur zur Sicherung der Arbeitsplätze und Erhaltung und Verbesserung des know-hows der Rüstungsindustrie. Mit der gleichen Skrupellosigkeit kurzfristiger Interessen übersehen Industrieländer wie die Bundesrepublik bewußt die möglichen Konsequenzen kerntechnischen Exports, ganz besonders aber von Wiederaufbereitungsanlagen.

Wir skizzieren Zukunftsbilder zu den folgenden Problembereichen:

- *Menschenrechte*
- *innerstaatliche Konflikte*
- *Terrorismus und Verbrechen*
- *internationale Konfliktlösung*

ÖKONOMISTISCHE FORTSCHREIBUNG

**Menschenrechte**

Zum Teil bleibt wegen sozio-kultureller und weltanschaulicher Unterschiede umstritten, welche Rechte als allgemein gültige Menschenrechte anerkannt werden sollten, zum Teil behalten sich aber auch die Inhaber politischer Macht diese Anerkennung vor, um eigene Interessen durchzusetzen. Das führt dazu, daß die Anerkennung und Durchsetzung von Menschenrechten in besonderem Maße von der zwangfreien inneren Stabilität eines Staates und damit auch von der fairen Verteilung der Entfaltungsvoraussetzungen aller sozialen Gruppen abhängt. Damit erhebt sich auch die Forderung nach einem Wandel der staatlichen Machtausübung und des politischen Systems. Dieser Wandel, der wohl generell mit einem Machtverlust der Machthaber einhergeht (wahrscheinlich aber im allgemeinen eher eine bessere Funktionsfähigkeit und größere Stabilität des gesellschaftlichen Systems als Ganzes bringt), wird von ihnen erst geduldet werden können, wenn er sich entweder als letzter Ausweg erweist oder wenn das politische und gesellschaftliche System soweit stabilisiert ist, daß es den Machtverlust verkraften kann. Da die Schwierigkeiten, die materiellen Voraussetzungen der gesellschaftlichen Entwicklung zu sichern und zu verbessern, in allen Staaten ständig wachsen (Ressourcenerschöpfung, Umweltverschmutzung, Bevölkerungswachstum), die Destabilisierungstendenzen durch Konzentration und technischen Fortschritt aber ständig ebenfalls zunehmen (Verwundbarkeit der Großtechnologien; soziale Probleme der Städte usw.), ergibt sich insgesamt ein eher düsteres Bild für mögliche Fort-

ÖKOLOGISCHE ALTERNATIVE

**Menschenrechte**

Die Menschenrechte bedeuten nicht mehr und nicht weniger als das Recht des einzelnen auf Entfaltung, ohne unfaire Beeinträchtigung der Entfaltungsinteressen anderer. Dieser Maßstab ist relativ eindeutig und unabhängig von den Definitionen politischer Machthaber. Er bedeutet aber deshalb auch: faire Maximierung und Aufteilung der Entfaltungschancen im Rahmen der jeweiligen materiellen Möglichkeiten, d. h. die jeweilige Lage kann nicht als Entschuldigung für die Einschränkung von Menschenrechten vorgeschoben werden, solange nicht alle Entfaltungsmöglichkeiten bestmöglich genutzt und vor allem gerecht verteilt worden sind. Die Orientierung an Menschenrechten – bzw. an der maximalen fairen Entfaltung – führt dazu, daß gesellschaftliche Institutionen und Prozesse (Bürokratie, technische und wirtschaftliche Entwicklung, Rechtssystem, politische Prozesse) immer wieder überprüft, überdacht und der neuesten Entwicklung angepaßt werden. Diese Überprüfung bringt mit sich z. B. den allmählichen Übergang von großtechnischen und staatsplanerischen Systemen, die nur noch durch Eingriffe in die Menschenrechte der Betreiber und Bewacher und schließlich auch der Allgemeinheit gesichert werden können, auf klein- und mitteltechnische und dezentrale Lösungen. Mit der Anerkennung und Durchsetzung von Menschenrechten verringert sich der Kontrollaufwand, den Machthaber treiben müssen. Die größere Gemeinsamkeit von Zielen von Individuum und Gesellschaft vermindert das innenpolitische Konfliktpotential und die Störanfälligkeit. Viele Gründe für die Abkapselung vom

schritte bei der Anerkennung und Durchsetzung von Menschenrechten. Die internationale Unterstützung nationaler Menschenrechtsbewegungen wird von den betroffenen Staaten als Einmischung empfunden und durch Repressalien im eigenen Land wie auch durch machtpolitischen und wirtschaftlichen Druck im Ausland weitgehend unterbunden. Oft werden die Menschenrechte in anderen Staaten eigenen realpolitischen Interessen geopfert, ohne daß man sich darüber klar wird, daß damit auch die Bedrohung der Menschenrechte im eigenen Land langfristig wächst.

| 22A | Individuum | | | | | | Gesellschaft | | | | | | Mitwelt | | | | | | Umwelt | | | | |
|---|---|---|---|---|---|---|---|---|---|---|---|---|---|---|---|---|---|---|---|---|---|---|---|
| | L | S | F | A | W | P | L | S | F | A | W | P | L | S | F | A | W | P | L | S | F | A | W |
| Szenario-Welt | 0 | 0 | ! | ! | 0 | ! | 0 | 0 | 0 | ! | ! | ! | 0 | ! | ! | ! | ! | ! | | | - | | |
| Nachwelt | 0 | ! | X | X | ! | ! | 0 | ! | ! | X | X | X | 0 | X | X | X | X | X | | | - | | |

Ausland entfallen. Schöpferisches Potential, das für die Vorbereitung auf die Zukunft dringend erforderlich ist, kann sich entfalten. Das eigene Vorbild wirkt ansteckend auch in anderen Ländern. Menschenrechts-Standards und nationale Erfahrungen werden internationales Gedankengut und Maßstäbe, mit denen das Verhalten nationaler Machthaber international beurteilt und – wo notwendig – verurteilt und sanktioniert wird.

| 22B | Individuum | | | | | | Gesellschaft | | | | | | Mitwelt | | | | | | Umwelt | | | | |
|---|---|---|---|---|---|---|---|---|---|---|---|---|---|---|---|---|---|---|---|---|---|---|---|
| | L | S | F | A | W | P | L | S | F | A | W | P | L | S | F | A | W | P | L | S | F | A | W |
| Szenario-Welt | 0 | 0 | 0 | 0 | 0 | 0 | 0 | 0 | 0 | 0 | 0 | 0 | 0 | 0 | 0 | 0 | 0 | 0 | | | - | | |
| Nachwelt | 0 | 0 | 0 | 0 | 0 | 0 | 0 | 0 | 0 | 0 | 0 | 0 | 0 | 0 | 0 | 0 | 0 | 0 | | | - | | |

## ÖKONOMISTISCHE FORTSCHREIBUNG

### Innerstaatliche Konflikte

Da sich jeder gesellschaftliche Akteur fast ausschließlich am Eigeninteresse orientiert, kommt er notwendigerweise immer wieder mit anderen Akteuren in Konflikt, die sich ebenso orientieren. Diese Konflikte müssen zwischen den Beteiligten ausgehandelt werden. Der Kompromiß stellt sich dort ein, wo der Nutzen, den sich jeder Akteur von einer abgestimmten Aktion für sich verspricht, gerade noch etwas größer ist als der zu erwartende Schaden. Der Unternehmer stimmt also notgedrungen einer Lohnerhöhung zu, um nicht durch Streik allzu hohe Gewinneinbußen hinnehmen zu müssen; eine Koalitionspartei geht bei der Formulierung einer Gesetzesvorlage auf die Wünsche ihres Koalitionspartners ein, um die Annahme im Parlament zu gewährleisten usw. Wichtig ist, daß sich diese Art der Konfliktlösung prinzipiell

## ÖKOLOGISCHE ALTERNATIVE

### Innerstaatliche Konflikte

Für die Lösung von Konflikten zwischen gesellschaftlichen Akteuren gilt das Prinzip der fairen Verteilung von Entfaltungschancen aller von der Entscheidung Betroffenen, also von Individuen, Gesellschaft, Mitwelt, Umwelt und Nachwelt. Machtpotentiale der direkt Beteiligten spielen damit keinerlei Rolle bei der Konfliktlösung; es zählt allein die relative Bedürftigkeit gemessen an den Möglichkeiten zur Entfaltung, und es zählen außerdem die Folgen für die nicht direkt beteiligten Betroffenen. Der Konfliktlösungsprozeß ist nun allerdings nicht mehr so einfach wie der am Markt der Macht: während dort die direkt Beteiligten die Entscheidung unter sich ausmachen und ihre Durchführung durch Drohung mit ihrem jeweiligen Machtpotential gewährleisten können, muß die Ausführung der vereinbarten Entscheidung hier

an der Macht des Opponenten orientieren muß. Konfliktlösung bedeutet somit ein Aushandeln am Markt der Macht; sie spiegelt die Interessen der beteiligten Parteien dann und nur dann gerecht wider, wenn alle ein gleiches Machtpotential ins Feld führen konnten. Das ist selten genug der Fall, und so werden die Interessen schwächerer Partner tendenziell vernachlässigt: nicht-organisierte Beschäftigte sind gegenüber dem Unternehmen machtlos; soziale Randgruppen, die nur wenig Stimmen bringen, finden kaum einen Fürsprecher im Parlament. Um seinen Wünschen Nachdruck zu verleihen, muß jeder gesellschaftliche Akteur seine Machtbasis (Geld, Stimmen, Kontrolle über Schlüsselfunktionen) erweitern und absichern; um hierbei erfolgreich zu sein, muß er aber wiederum ein breites Spektrum von Interessen zu vertreten versuchen. Das führt zu Koalitionsbildungen (»Heute helfe ich dir, morgen hilfst du mir«), in denen Interessen aber wieder nach der Macht der beteiligten Partner vertreten werden, wenn auch jetzt mit wesentlich größerem Gewicht als zuvor. Die Konfliktlösung als Vermarktung von Macht vernachlässigt die Interessen schwacher Akteure und besonders die von Umwelt, Mitwelt und Nachwelt. Die Einsicht in die Machtlosigkeit ihrer Randlage, die – oft einem irrationalen Weltbild entstammende – Überzeugung, sich für berechtigte Interessen einzusetzen, die relativ leichte Verfügbarkeit von Gewaltmitteln (Waffen, Sprengstoff) bringen Randgruppen und Individuen immer öfter in Versuchung, sich am Markt der Macht mit illegaler und verbrecherischer Gewaltanwendung Einfluß zu verschaffen.

jedoch von dritter Seite garantiert werden können, da Macht zur Durchsetzung den Konfliktpartnern nicht zur Verfügung steht bzw. nicht eingesetzt werden darf. Weiter müssen während der Suche nach einer akzeptablen Lösung ebenfalls von dritter Seite die Interessen der anderen Betroffenen mit eingebracht und nachdrücklich vertreten werden. Erforderlich sind also sowohl ein entsprechender Rechtsschutz mit der Möglichkeit zur Ausübung wirksamer Sanktionen, wie auch eine Anwaltsinstitution, die die Interessen indirekt Betroffener vertritt. Den Parlamenten und anderen demokratisch legitimierten Gremien, die als Vertretungen der Interessen gleichberechtigter Individuen und nicht verschieden gewichtiger Machtgruppen konstitutioniert sind, kommt wieder vor allem die Aufgabe zu, strittige Wertfragen durch die Mehrheitsvoten Gleichberechtigter zu entscheiden. Die Gewißheit, daß Entfaltungschancen – soweit menschenmöglich – fair und ohne Rücksicht auf Machtpotentiale vertreten und verteilt werden und daß dabei auch die Interessen nicht direkt Beteiligter gerecht berücksichtigt werden, wie auch das Wissen, daß die Anwendung von Macht keine Vorteile schafft, sichert dieser Form der Konfliktbewältigung breite Unterstützung und bringt den Befürwortern von Gewaltmaßnahmen jeder Art wenig Zulauf.

| 23A | Individuum | | | | | | Gesellschaft | | | | | | Mitwelt | | | | | | Umwelt | | | | |
|---|---|---|---|---|---|---|---|---|---|---|---|---|---|---|---|---|---|---|---|---|---|---|---|
| | L | S | F | A | W | P | L | S | F | A | W | P | L | S | F | A | W | P | L | S | F | A | W |
| Szenario-Welt | 0 | 0 | ! | 0 | ! | ! | 0 | 0 | ! | ! | ! | ! | | | - | | | | | | - | | |
| Nachwelt | 0 | 0 | X | ! | X | X | 0 | ! | X | X | X | X | | | - | | | | | | - | | |

| 23B | Individuum | | | | | | Gesellschaft | | | | | | Mitwelt | | | | | | Umwelt | | | | |
|---|---|---|---|---|---|---|---|---|---|---|---|---|---|---|---|---|---|---|---|---|---|---|---|
| | L | S | F | A | W | P | L | S | F | A | W | P | L | S | F | A | W | P | L | S | F | A | W |
| Szenario-Welt | 0 | 0 | 0 | 0 | 0 | 0 | 0 | 0 | 0 | 0 | 0 | 0 | | | - | | | | | | - | | |
| Nachwelt | 0 | 0 | 0 | 0 | 0 | 0 | 0 | 0 | 0 | 0 | 0 | 0 | | | - | | | | | | - | | |

ÖKONOMISTISCHE FORTSCHREIBUNG

## Terrorismus und Verbrechen

Für die weitere Zunahme von Verbrechen und terroristischen Anschlägen sind vor allem drei Gründe verantwortlich. Erstens sind die Mittel zur Ausführung von verbrecherischen Aktionen immer leichter verfügbar: leichte Waffen, Munition und Sprengstoffe sind legal oder illegal beschaffbar; die Beschaffung von Fahrzeugen, Funkgeräten, ›konspirativen Wohnungen‹ usw. bereitet erst recht keine Schwierigkeiten; das zur Herstellung von Raketengeschossen und Lenkwaffen erforderliche Wissen ist bei vielen Hobbybastlern vorhanden. Zweitens nimmt mit weiterem technischen Fortschritt im herkömmlichen Sinne auch die Verwundbarkeit des sozio-technischen Systems stark zu. Zentralisierte Großsysteme lassen sich durch Angriff auf einige wenige Schlüsselpunkte lahmlegen (Elektrizitätsversorgung, Kraftwerke, Luft- und Landverkehr, Unternehmen und Verwaltungen usw.). Zunehmende Mobilität und Anonymität in der Gesellschaft erleichtern das Untertauchen und die Aktionen krimineller Elemente. Mit abnehmender Überschaubarkeit bieten sich neue Möglichkeiten für Betrug und Täuschung. Mit der zunehmenden Menge von radioaktiven und chemischen Giften, die zur Verseuchung ganzer Landstriche eingesetzt werden können, steigen die Möglichkeiten krimineller Erpressung um Größenordnungen. Drittens erzeugt das auf dem Machtkalkül aufbauende System selbst Entfremdung, Frustration, Aggression und Widerstand und nicht selten schließlich Kriminalität bei macht- und einflußlosen Randgruppen, die glauben, wichtige Belange zu vertreten: das Ableiten respektierlicher

ÖKOLOGISCHE ALTERNATIVE

## Terrorismus und Verbrechen

Die Chancen für die erfolgreiche Ausführung größerer Verbrechen stehen hier schlechter, außerdem gibt das soziotechnische System selber weniger Anlässe zu terroristischer Kriminalität; beides aus drei Gründen. Erstens sind die Mittel zur Ausführung verbrecherischer Aktionen schwieriger verfügbar: Waffen, Munition und Sprengstoffe werden nur in begrenztem Maße hergestellt und sind weder legal noch illegal privat beschaffbar; ihr Besitz wird mit hohen Strafen geahndet. Die Sicherheitsbedürfnisse von einzelnen und Institutionen (z. B. Geldinstituten) können durch wirksame elektronische Überwachung und eine gut ausgerüstete und effektive Polizei abgedeckt werden. Zweitens ist durch weitgehende Dezentralisierung der technischen Systeme, der Unternehmen und Verwaltungen sowie durch weitgehenden Einsatz mittlerer Technologien anstelle von Großtechnologien die Verwundbarkeit des sozio-technischen Systems stark gesunken. Durch Terroranschläge können Versorgungssysteme bestenfalls örtlich lahmgelegt werden; die größere Überschaubarkeit kleinerer Siedlungen, Städte und Industrien bietet weniger Anonymität und Unterschlupf für Kriminelle; die geringere und scharf überwachte Produktion an radioaktiven und chemischen Giften bietet weniger Möglichkeiten zu spektakulären Erpressungsaktionen. Drittens sorgen der Maßstab der Entfaltung für alle Betroffenen und der Verzicht auf den Maßstab der Macht dafür, daß die berechtigten Anliegen und Bedenken auch einzelner und Außenseiter Gehör und Unterstützung finden. Mit dem teilweisen Abbau der Entfremdung

Bürger in die Kriminalität der Terroristenszene ist Beispiel und Warnung. Um die steigende Zahl verbrecherischer Aktionen unter Kontrolle halten zu können, muß der Staat zu intensiverer Überwachung greifen, die persönliche Freiheit einengen, kostspielige Sicherungsvorkehrungen treffen. Als Reaktion greift die Entfremdung vom Staat auf weitere Kreise über und führt zu wachsender terroristischer Kriminalität. Das System spielt seinen Gegnern in die Hände, ohne eine Alternative zu haben.

| 24A | Individuum | | | | | | Gesellschaft | | | | | | Mitwelt | | | | | | Umwelt | | | | |
|---|---|---|---|---|---|---|---|---|---|---|---|---|---|---|---|---|---|---|---|---|---|---|---|
| | L | S | F | A | W | P | L | S | F | A | W | P | L | S | F | A | W | P | L | S | F | A | W |
| Szenario-Welt | 0 | ! | ! | 0 | 0 | ! | 0 | ! | X | X | X | ! | | | - | | | | | | - | | |
| Nachwelt | ! | X | X | ! | X | X | ! | X | X | X | X | X | | | - | | | | | | - | | |

vom politischen System verringert sich auch die terroristische Kriminalität.

| 24B | Individuum | | | | | | Gesellschaft | | | | | | Mitwelt | | | | | | Umwelt | | | | |
|---|---|---|---|---|---|---|---|---|---|---|---|---|---|---|---|---|---|---|---|---|---|---|---|
| | L | S | F | A | W | P | L | S | F | A | W | P | L | S | F | A | W | P | L | S | F | A | W |
| Szenario-Welt | 0 | 0 | ! | 0 | 0 | ! | 0 | 0 | ! | 0 | 0 | 0 | | | - | | | | | | - | | |
| Nachwelt | 0 | 0 | 0 | 0 | 0 | 0 | 0 | 0 | 0 | 0 | 0 | 0 | | | - | | | | | | - | | |

## ÖKONOMISTISCHE FORTSCHREIBUNG

### Internationale Konflikte

Internationale Konflikte werden entweder durch Ausübung von Macht (wirtschaftliche Maßnahmen, Sanktionen, Boykotte, Ausnutzung von Abhängigkeiten, Androhung von Gewalt usw.) oder durch militärische Maßnahmen entschieden: der Mächtigere gewinnt. Auch hier lohnt es sich, durch Wirtschafts-, Handels- und Militärallianzen wie auch durch Kartellbildung die eigene Macht zu vervielfachen und damit seinem Standpunkt mehr Einfluß zu verschaffen. Um die eigene Vormachtstellung unbedingt abzusichern und entweder einen einmal eingenommenen militärischen Vorsprung zu sichern oder einen verlorenen wieder einzuholen, muß das Waffenpotential eines Staates das des potentiellen Gegners übertreffen. Damit ist der Rüstungswettlauf vorprogrammiert. Die meisten Staaten stecken einen erheblichen Teil ihres

## ÖKOLOGISCHE ALTERNATIVE

### Internationale Konflikte

Auch zwischen Nationen gilt das Prinzip der fairen Verteilung von Entfaltungschancen. Das bedeutet, daß Krieg nicht als Mittel zur Lösung von Konflikten eingesetzt werden kann – es sei denn, die internationale Gemeinschaft werde von Staaten bedroht, die sich diesem Prinzip nicht grundsätzlich verpflichtet fühlen. Es bedeutet weiter, daß Waffenhandel, Rüstungsproduktion und Rüstungsforschung spätestens dann vollständig eingestellt werden können, wenn diese Bedrohung entfällt. Bereits vorher kann der Rüstungsaufwand in dem Maße eingeschränkt werden, wie sich die Bedrohung durch die sinkende Zahl der Staaten mit aggressivem Kriegspotential verringert. Mit der Einschränkung und Abschaffung der Rüstung werden große Kapazitäten in den nationalen Budgets, in Wissenschaft, Forschung und Fertigung für neue ge-

Bruttosozialprodukts in die Rüstung, für Forschung, Entwicklung, Ausrüstung und Personal. Während sich bei diesem allseitigen Wettlauf die Sicherheit einzelner Staaten vor gegnerischem Angriff relativ nicht erhöht, erhöht sich das Gefährdungspotential im Kriegsfalle erheblich. Mit der Vernichtung aller Beteiligten und der Verwüstung großer Teile der Erde muß bei einem Krieg zwischen den Großmächten gerechnet werden. Wenn auch wegen dieses Abschreckungseffekts der große Krieg zwischen den Supermächten nicht stattfindet, so besteht jedoch die Gefahr kleinerer Kriege nach wie vor und wird eher noch verstärkt durch die zunehmende Wirtschaftskraft kleinerer und mittlerer Staaten, wie auch vor allem durch den legalen und illegalen internationalen Waffenhandel. Um die eigene Rüstungsindustrie zu stützen und Arbeitsplätze zu sichern, aber auch um im Mächtespiel der Staaten den eigenen Machteinfluß zu verbessern, verschenken und verkaufen die Industriestaaten – allen voran die Großmächte – moderne Waffensysteme an alle Staaten, die in der eigenen Interessensphäre liegen. Der mögliche Verwendungszweck interessiert dabei ebensowenig wie die Tatsache, daß die meisten Empfängerstaaten Hilfe bei der wirtschaftlichen und sozialen Entwicklung wie auch bei der Lösung von Ernährungsproblemen weit nötiger hätten. So wird weltweit die Vorstellung gestützt, daß Konflikte mit Waffengewalt beigelegt werden können und müssen. Die Entwicklung friedlicher Mittel zur internationalen Konfliktlösung wird kaum gefördert.

| 25A | Individuum | | | | | | Gesellschaft | | | | | | Mitwelt | | | | | | Umwelt | | | | |
|---|---|---|---|---|---|---|---|---|---|---|---|---|---|---|---|---|---|---|---|---|---|---|---|
| | L | S | F | A | W | P | L | S | F | A | W | P | L | S | F | A | W | P | L | S | F | A | W |
| Szenario-Welt | 0 | 0 | ! | 0 | ! | ! | ! | ! | X | X | ! | ! | ! | ! | X | X | ! | ! | | | - | | |
| Nachwelt | ! | X | X | ! | ! | X | X | X | X | X | X | X | X | X | X | X | X | X | | | - | | |

sellschaftliche Aufgaben frei. An die Stelle machtpolitischer Konfliktlösung oder kriegerischer Auseinandersetzung treten internationale Verhandlungs-, Schlichtungs- und Kooperationsmechanismen. Auch hier sind die globalrechtliche Absicherung der Existenz- und Entfaltungsrechte einzelner Staaten erforderlich, wie auch die Schaffung wirksamer Sanktionen, die Einsetzung von Anwaltsinstitutionen und die Verstärkung von Institutionen, die für die Einhaltung international verbindlicher Abmachungen und Normen sorgen können. Da die neuen Regeln internationaler Zusammenarbeit sich als fair und vernünftig herausstellen und sich über Jahre im Einsatz bewähren, wächst das Vertrauen in die neue internationale Ordnung. Nach den großen Kriegen können schließlich auch die kleinen vermieden werden. Militärische Macht wird allgemein abgebaut; gelegentlich hochbrodelnde gewaltsame Konflikte haben nur lokales Ausmaß und können durch eine internationale Elitetruppe beendet und anschließend geschlichtet werden.

| 25B | Individuum | | | | | | Gesellschaft | | | | | | Mitwelt | | | | | | Umwelt | | | | |
|---|---|---|---|---|---|---|---|---|---|---|---|---|---|---|---|---|---|---|---|---|---|---|---|
| | L | S | F | A | W | P | L | S | F | A | W | P | L | S | F | A | W | P | L | S | F | A | W |
| Szenario-Welt | 0 | 0 | 0 | 0 | 0 | 0 | 0 | 0 | 0 | 0 | 0 | 0 | 0 | 0 | 0 | 0 | 0 | 0 | | | - | | |
| Nachwelt | 0 | 0 | 0 | 0 | 0 | 0 | 0 | 0 | 0 | 0 | 0 | 0 | 0 | 0 | 0 | 0 | 0 | 0 | | | - | | |

## Soziale Umwelt

*Problemskizze*

Wichtiger noch als die physische Umwelt ist für den einzelnen die soziale Umwelt, in der er sein Leben verbringt und die seine Entfaltung entscheidend mitbestimmt: die engere und weitere Familie, der Freundeskreis, Schule und Betrieb, Nachbarn und Gemeinde. Gerade hier haben sich in den vergangenen Jahrzehnten tiefgreifende Änderungen ergeben, die nicht selten neue soziale Probleme geschaffen haben.

Industrien und Arbeitsplätze konzentrierten sich in den Städten, Arbeitskräfte folgten mit ihrer unmittelbaren Familie. Die Landbevölkerung verstädterte in wenigen Jahrzehnten. Dabei wurde die traditionelle Großfamilie zerstört, die Kleinfamilie isoliert, auf sich selbst gestellt und weit höherer Belastung ausgesetzt als vorher. Wohnburgen weit vom Arbeitsplatz, in denen sich Gemeinschaft kaum entwickeln kann, isolierten die Kleinfamilie von anderen und entfremdeten Frau und Kinder von der Beschäftigungswelt des Mannes. Mit der Isolierung nehmen Vereinsamung, Egoismus und Anonymität zu und treiben die Zahl der psychischen Erkrankungen, Selbstmorde und Verbrechen in die Höhe. Die Verstädterung führt zur Abhängigkeit vom Arbeitsplatz, von Versorgungs- und Entsorgungsstrukturen, von Behörden, Verwaltung und Bürokratie, zum Verlust der Orientierung an traditionellen Normen und Werten, zur wachsenden Fremdbestimmung und Einschränkung der eigenen Autonomie.

Im folgenden skizzieren wir Zukunftsbilder zum Problemkreis

- *soziale Umwelt*

ÖKONOMISTISCHE FORTSCHREIBUNG

### Soziale Umwelt

Die soziale Umwelt gehorcht den Anforderungen des techno-ökonomischen Systems. Die Konzentration von Industrien und Arbeitsplätzen in den Städten führt dort zur konzentrierten Ansiedlung von Arbeitskräften mit ihren Familien. Der Bezugspunkt der Familie ist der Arbeitsplatz. Die sozialen Bindungen in der Kleinfamilie werden durch diese Anforderungen strapaziert, die zur entfernt lebenden Großfamilie zerrissen. Freundschaften und Bekanntschaften unter

ÖKOLOGISCHE ALTERNATIVE

### Soziale Umwelt

Das techno-ökonomische System ist hier geformt von den Entfaltungsbedürfnissen der Menschen als Individuen und als soziale Wesen; diesen Bedürfnissen entspricht daher auch die soziale Umwelt. Bezugspunkt ist nicht der Arbeitsplatz, sondern die engere soziale Gemeinschaft, in der Individuum und Kleinfamilie stehen. Diese Gemeinschaft umfaßt im allgemeinen Menschen aller Alters- und Berufsgruppen, sehr oft auch noch die eigene Großfamilie. Die Ge-

Arbeitskollegen, Gleichaltrigen und Gleichgesinnten gewinnen an Bedeutung, ebenso wie spezialisierte Sozialgemeinschaften (Clubs und Vereine mit gemeinsamen Interessen). In diese Gemeinschaften fügt sich der einzelne nicht mehr als ganzer Mensch, sondern als Rollenträger: als Arbeitskollege, als Parteigenosse, als Sportkollege, als Partner fürs Fachsimpeln über Briefmarken, Flugmodelle oder Strickmuster. Mit seinen innersten persönlichen Problemen wird er allein gelassen in der Anonymität der Betonburg, der Kleinfamilie mit gleichfalls zentrifugalen Interessen an Arbeitsplatz, Schule und Supermarkt. Die spezialisierten sozialen Kontakte sind – wenn er sie überhaupt hat – sein wichtigster Bezug zur realen Welt; seine Vorstellungswelt verengt sich entsprechend. Die Problematik der Entwicklung führt zum Versuch, die soziale Welt elektronisch zu erweitern, ohne dabei allerdings die Gegenseitigkeit normaler sozialer Bindungen eingehen zu müssen; anonyme Psycho- und Gruppentherapie im Funksprechverkehr, Talkshows, öffentlich gesendete Meinungsäußerungen über Telefon und Hörfunk, lange Telefongespräche mit entfernten Verwandten und Bekannten, Kabelfernsehen, Computer als Gesprächspartner und Psychotherapeut. Der Mensch verkümmert als soziales Wesen, soziale Traditionen verkümmern, der Bezug zur lokalen regionalen, nationalen und internationalen Gemeinschaft verkümmert, das Schicksal anderer wird ihm gleichgültig, Isolation und Egoismus wachsen, die Samen zur Zerstörung verbliebener sozialer Gemeinsamkeiten sind gelegt, das soziale Gefüge und mit ihm die Lebensbasis des einzelnen zerfallen.

| 26A | Individuum | | | | | | Gesellschaft | | | | | | Mitwelt | | | | | | Umwelt | | | | |
|---|---|---|---|---|---|---|---|---|---|---|---|---|---|---|---|---|---|---|---|---|---|---|---|
| | L | S | F | A | W | P | L | S | F | A | W | P | L | S | F | A | W | P | L | S | F | A | W |
| Szenario-Welt | 0 | 0 | ! | ! | ! | ! | 0 | 0 | 0 | ! | 0 | ! | | | | - | | | | | - | | |
| Nachwelt | 0 | 0 | X | ! | ! | X | 0 | ! | ! | X | ! | X | | | | - | | | | | - | | |

meinschaft (von vielleicht etwa einem Dutzend Kleinfamilien) trifft sich mindestens zu Festen, Diskussionen, Arbeitsvorhaben und zur Erledigung von Selbstverwaltungsaufgaben. Die Wohnform erleichtert den sozialen Kontakt, ohne sich in das Privatleben der Familie zu drängen. Es gibt individuelle Wohnungen um ein Gemeinschaftshaus und gemeinschaftlich genutzte Spiel- und Gartenflächen. Das Gemeinschaftshaus bietet Möglichkeiten für Versammlungen, Feste, Kinderbetreuung, handwerkliche Tätigkeiten, Sport und Spiel, Gästeunterbringung. Nach Möglichkeit werden größere technische Geräte gemeinsam genutzt: Fahrzeuge, Campinggeräte, Sportboote, Waschmaschinen, Elektrowerkzeuge. Gruppenangehörige schließen sich oft in Interessengemeinschaften zusammen, um gemeinsam kleine autarke Unternehmen zu bilden: Handwerksbetriebe, Architektur- und Ingenieurbüros, Gemeinschaftspraxen, Beratungsunternehmen, Land- und Gartenbaubetriebe, Reparaturwerkstätten usw. Dem einzelnen wird ein Anteil an den notwendigen gemeinschaftlichen Leistungen zugemutet; darüber hinaus kann er sein Eigenleben nach Belieben führen, weiß aber, daß er jederzeit in der Gemeinschaft Rat und Rückhalt finden kann auch bei persönlichen Problemen. Die gemeinschaftliche Lebensform verstärkt beim einzelnen das Interesse an anderen, die Rücksicht auf andere und den Einsatz für andere. Über die engere Gemeinschaft hinaus führt diese Einstellung zu funktionsfähigeren lokalen, regionalen, nationalen und internationalen Gemeinschaften.

| 26B | Individuum | | | | | | Gesellschaft | | | | | | Mitwelt | | | | | | Umwelt | | | | |
|---|---|---|---|---|---|---|---|---|---|---|---|---|---|---|---|---|---|---|---|---|---|---|---|
| | L | S | F | A | W | P | L | S | F | A | W | P | L | S | F | A | W | P | L | S | F | A | W |
| Szenario-Welt | 0 | 0 | 0 | 0 | 0 | 0 | 0 | 0 | 0 | 0 | 0 | 0 | | | | - | | | | | - | | |
| Nachwelt | 0 | 0 | 0 | 0 | 0 | 0 | 0 | 0 | 0 | 0 | 0 | 0 | | | | - | | | | | - | | |

## Mensch und Gesellschaft

*Problemskizze*

Der einzelne ist Teil eines gesellschaftlichen Systems, dessen Strukturen seine eigene Erhaltung und Entfaltung fördern und beeinträchtigen, die aber auch – in seinem Namen – die Geschicke anderer beeinflussen. Diese Strukturen können ihm also nicht gleichgültig sein. In den gesellschaftlichen Strukturen festgelegte Machtverhältnisse und damit verbundene Ungerechtigkeiten betreffen ihn und andere als Individuum oder Angehöriger einer bestimmten sozialen Gruppe. Sie betreffen aber auch zukünftige Generationen, Natur und Umwelt und andere Länder. Machtverhältnisse bestehen auch zwischen Nationen. Der Nord-Süd-Konflikt zwischen reichen Industrieländern und der Dritten Welt ist ein besonders eklatantes Beispiel für die Geringachtung, wenn nicht sogar Mißachtung der Interessensphären anderer, deren Konsequenzen in Zukunft auch für den einzelnen spürbarer werden müssen als heute.

Soziale Strukturen legen oft Machtverhältnisse fest, ohne daß die Beteiligten sich dessen bewußt sind. Selbst in der harmonischsten Familie oder dem angenehmsten Betriebsklima müssen die Abhängigen (Kinder bzw. Angestellte) bei ihren Entscheidungen die Vorstellungen ihrer Vorgesetzten (Eltern oder Chef) in Betracht ziehen. Sie sind damit nicht in ihren Entscheidungen autonom und gleichberechtigt, sondern (möglicherweise unbewußt) eingespannt in ein Machtverhältnis. Das Spektrum der Möglichkeiten überspannt den ganzen Bogen vom unbewußten Machtverhältnis in Freundschaft und Liebe, über benevolente patriarchalische Strukturen im Betrieb, über betriebliche und militärische Hierarchien mit genau definierten Machtbereichen, über Bürokratien, die ratsuchende Klienten durch Demütigung ihre Macht spüren lassen, indem sie sie zu Bittstellern degradieren, bis zur legalen Anwendung von Macht durch Polizei und Justiz, wie auch zur Machtausübung am Rande der Legalität gegen gesellschaftliche Außenseiter, politisch Mißliebige oder Demonstranten, die sich gegen die vorherrschende Meinung des Establishments stellen.

In diesem Zusammenhang müssen wir uns auch an Sondergesetze und Sondererlasse erinnern, die besondere Handhaben der Macht gegen bestimmte Gruppen schaffen. Der Bedarf nach Macht und Machtausübung hängt direkt mit dem Grad der Eigenstabilität des sozio-technischen Systems zusammen. Wo individuelle Autonomie und Verantwortung sowie freiwillige Gemeinsamkeit der Zielsetzung (d. h. Legitimation) in einem adaptiven System mit wirksamen Selbstregulierungsmechanismen gekoppelt sind, besteht kein großer Bedarf nach Stabilisierung durch Machtverhältnisse. Autoritäre Regime müssen fehlende Legitimation durch Machtausübung ersetzen. Aber auch bestehende Demokratien haben noch einen weiten Weg zu gehen, um u. a. durch bessere Partizipation ihrer Bürger bei der politischen Willensbildung, in Planung, Entscheidung und Ausführung bestehende Machtverhältnisse zumindest teilweise abzubauen. Ansatzpunkte gibt es genug: in Regierung, Parteien, Gewerkschaften, Kirchen, Interessenverbänden, Wirtschaft, Unternehmen und Betrieben, in Bürokratie und Verwaltung, in Wissenschaft, Bildung und Ausbildung, bei Justiz und Medien. Dabei sind die durch Arbeitsverhältnisse geschaffenen Abhängigkeitsverhältnisse besonders von Bedeutung.

Obwohl der Bürger in den letzten Jahrzehnten – dem Klischee zufolge – ›mündiger‹ geworden ist (nicht zuletzt durch eine breitere, z.T. durch das Fernsehen vermittelte Allgemeinbildung, durch höhere Qualifikationsanforderungen am Arbeitsplatz, durch Erziehung zur partnerschaftlichen Rücksichtnahme und Fairness im Straßenverkehr), so sieht er sich doch vielfach einem System gegenüber, das den Ansprüchen neuerworbener Mündigkeit kaum gerecht wird. Politische Willensbildung, Planung und Verwaltung sind intransparent, nicht mehr überschaubar, bürgerfern; Mitbestimmung, eigenverantwortliche Mitarbeit und persönliche Initiative, Partizipation sind selten möglich; Spezialisierung, Arbeitsteilung, Konzentration haben den einzelnen vom Produkt seiner Arbeit, von Betrieb und öffentlicher Verwaltung entfremdet. Er kann sich die Frage »Was ist eigentlich mein Beitrag?« nicht mehr beantworten.

Was sind die Konsequenzen? Politische Entscheidungen, Gesetze und Verordnungen, Regionalplanungen, Baugenehmigungen für Industrie, Supermärkte, Kraftwerke werden in immer stärkerem Maße als ungerecht, unberechtigt, interessengebunden empfunden, Bürgerinitiativen holen mit hohem persönlichen Einsatz Versäumtes im sozialen Bereich nach und treten für die vergessenen Interessen der Umwelt und Nachwelt ein; Ungehorsam gegenüber staatlich verordneten Maßnahmen ist gesellschaftsfähig geworden, weil er sich oft auf die bessere moralische Basis stützen kann (»Wo Recht zu Unrecht wird, da wird Widerstand zur Pflicht«); die Parteien verlieren ihren Einfluß und damit ihr Selbstverständnis; die Kluft zwischen dem ›mündigen Bürger‹ und dem in überholter Machtideologie verstrickten Polit-Establishment vertieft sich; es fühlt sich bedroht und vermutet Verfassungswidrigkeit. Wo aus noch stolpernden Schritten sich ein Wandel zu einer partizipativeren und damit auch weniger krisenanfälligen Demokratie ergeben könnte, da verlangen die Sprecher einschlägiger Interessen bereits die Ausrottung aufkeimenden kritischen Mitdenkens mit Stumpf und Stiel: Wehret den Anfängen.

Das geschieht alles, weil Bürgerinitiativen es auf sich genommen haben, für Interessen einzutreten, die in unserem Staat wie auch in anderen Staaten keinen legalen Fürsprech haben und keinen Rechtsschutz genießen, nämlich hier die Interessen von Natur und Umwelt und die Interessen der Nachwelt, besonders zukünftiger Generationen von Menschen. Andere Interessen haben in den Industrieländern ebenfalls kaum einen Anwalt. Man denke an die Interessen anderer Länder (der ›Mitwelt‹), besonders aber an die Interessen der armen Länder der Dritten Welt. Wir müssen uns aber langsam an den Gedanken gewöhnen, daß die Interessen dieser Länder in Zukunft auch unweigerlich mit den unseren verbunden sein werden. Wir werden die ›Mitwelt‹ schon im Eigeninteresse in unsere Planungen einbeziehen müssen.

Die Ausgangsbedingungen der Dritten Welt sind größtenteils Folge einer langen Geschichte der Ausbeutung und Unterdrückung durch den weißen Mann: Armut, Kapitalmangel, Verschuldung; Mangel oder ungleiche Verteilung von Rohstoffen, Energie, Fachkräften, Wissen, know-how; wenn überhaupt Export, dann ist er stark schwankenden Weltmarktpreisen unterworfen; reiche Machteliten mit meist westlicher Ausbildung, die sich an dem Vorbild der kapitalintensiven Wirtschaft der Industrieländer orientieren. Fremdbestimmung der eigenen Entwicklung, Abhängigkeit von Kapital-, Rohstoff- und Energiemärkten und dem know-how der Industrieländer sind die Folgen. Es herrscht immer noch Ausbeutung durch andere Länder und die eigene herrschende Klasse.

Wenn sich auch das Bild nur langsam zu wandeln beginnt, so ändern sich doch die Orientierungen inzwischen bereits gewaltig. Sprecher der Entwicklungsländer drängen in internationalen Gremien auf eigene Wege der Entwicklung, auf bessere Anpassung aller Entwicklungsbemühungen an bestehende soziale, kulturelle, ökonomische und ökologische Systeme; auf neue Formen der Entwicklungshilfe mit einer arbeitsintensiven, dezentralisierten Produktion und angepaßten kleinen und mittleren Technologien; auf stabilere Weltmarktpreise durch internationale Abmachungen und Lagerhaltung; auf die Herstellung von Roh-, Halb- und Fertigprodukten im eigenen Land; auf Beteiligung an Transport und Verteilung der exportierten Güter; auf Kontrolle des Einflusses der großen multinationalen Gesellschaften; auf mehr Autonomie und Verlaß auf die eigene Leistung. Wenn auch diese Ansätze sich nicht über Nacht verwirklichen lassen, so lassen sie doch erkennen, daß Änderungen in der Luft liegen, an die wir uns in Gedanken gewöhnen müssen. Die Industrieländer werden dazu gezwungen werden, den Interessen der Länder der Dritten Welt in ihren eigenen Planungen und Entscheidungen mehr Raum einzuräumen: ihr Außenhandel, aber auch inländische Arbeitsplätze und schließlich auch in gewissem Maße die nationale Unabhängigkeit werden von der Entwicklung des Nord-Süd-Verhältnisses betroffen. Von möglichen Auswirkungen auf den Weltfrieden, wenn die Industrieländer auf einem ausschließlich von Eigeninteressen diktierten Kurs bleiben, ganz zu schweigen.

Wir skizzieren abschließend Zukunftsbilder zu den Problemkreisen

- *Macht*
- *Partizipation*
- *Dritte Welt*

ÖKONOMISTISCHE FORTSCHREIBUNG

## Macht

Macht – echte und vermutete, persönliche und institutionelle, bewußte und unbewußte, gewollte und ungewollte, zugefallene und erworbene – verleiht Einfluß über andere und erhöht damit die eigene Aktionsfreiheit und Wirksamkeit. Kein Akteur kann sich leisten, nicht Macht haben zu wollen: schon deshalb nicht, weil er sonst von weniger Skrupellosen untergebuttert würde. So übt sich der einzelne von Kindesbeinen an im Erwerb und Ausüben von Macht und im Erwerb von Mitteln zum Erwerben von Macht, sei es in der Schule, sei es in der Ausbildung. So versucht jedes Institut, jedes Unternehmen, jede Behörde, zu wachsen, um seine Machtbasis zu vergrößern. So streben Staaten nach wirtschaftlicher und militärischer Stärke, um sich Einfluß und Aktionsfreiheit zu sichern. Macht kommt in vielerlei Gestalt und ist uns nicht immer bewußt; Wissen, Know-how, Einkommen und Vermögen, Alter, Rasse, Geschlecht, Titel, Vollmachten, organisatorische Überordnung, Standortvorteile, Verfügung über Ressourcen, Verordnungen und Paragraphen. Diejenigen, die zur Erhaltung oder Ausweitung der Machtbasis eines kollektiven Akteurs beitragen, werden selber mit Machtanteilen belohnt: die Beförderung für den Angestellten, der seiner Firma den neuen Auftrag verschaffte, der Ministerposten für den fleißigen Wahlredner, der seiner Partei zum Sieg verhalf. Je stärker die Machtposition, um so größer die Möglichkeiten, noch mehr Macht zu erwerben. Den Schwächeren bleibt die Möglichkeit, ein gewisses Maß an Eigenständigkeit aufzugeben und sich dafür zu organisieren, um Macht zu gewinnen. An

ÖKOLOGISCHE ALTERNATIVE

## Macht

Machtausübung – der Versuch, eine bestimmte Verhaltensweise bei anderen zu erzwingen – ist nur dann legitim und sogar geboten, wenn dadurch eine schwerwiegende gegenwärtige oder zukünftige Beeinträchtigung der Existenz oder der Entfaltungschancen von Beteiligten oder Betroffenen vermieden werden kann: bei Bedrohung durch Terroristen, beim Durchsetzen von Vorschriften zum Schutz der Umwelt oder des Verbrauchers, bei der Ablehnung von Eltern, ihre Kinder ständig mit Süßigkeiten zu versorgen oder dauernd fernsehen zu lassen. Die Gründe der Machtausübung müssen eindeutig und verständlich dargelegt werden, so daß von anderen überprüft werden kann, ob das gerade erwähnte Prinzip eingehalten worden ist. Bei Nichteinhaltung hält die Gesellschaft Sanktionen bereit. In einfachen Fällen wird sie lächerlich machen oder isolieren (die »Frau Direktor« oder den »Herrn Doktor«, die sich in Ämtern oder Reparaturwerkstätten mit fremden oder eigenen Titeln Vorzugsbehandlung ergattern wollen; den Aufsteiger, der seine »Beziehungen« spielen läßt), in schweren Fällen wird sie durch Macht- oder sogar Gewaltausübung die Einhaltung des Prinzips erzwingen (Spezialeinheiten gegen Terroristen; Polizei, nationale Verteidigung). Durch diesen Schutz vor Machtmißbrauch werden Konflikte weit seltener, da jeder gleichzeitig die Belange anderer Betroffener berücksichtigen und seine Handlungen auch von anderen an der Einhaltung des erwähnten Prinzips messen lassen muß. Die Belange der Schwächeren werden auf diese Weise berücksichtigt, ohne daß ihnen durch Zusam-

einer nach Machtprinzipien organisierten Gesellschaft beunruhigt weniger das Machtprinzip an sich, sondern die Tatsache, daß das als gut und richtig Erkannte und das Notwendige dann und nur dann durchgesetzt werden kann, wenn es mit Macht gepaart ist – und sei es nur die Zahl von Wählerstimmen. Es beunruhigt deshalb, weil Macht eher zufällig mit Einsicht, Einsicht eher zufällig mit Macht gepaart ist. Da aber die Mächtigen vor allem auf die Erhaltung und Erweiterung ihres eigenen Machteinflusses achten müssen, werden die Interessen der Ohnmächtigen prinzipiell nur dann berücksichtigt, wenn es gerade ›paßt‹. Die Weiterentwicklung zumindest der Ohnmächtigen wird damit von Zufälligkeiten bestimmt, nicht aber von ihren Bedürfnissen zur Entfaltung.

| 27A | Individuum | | | | | | Gesellschaft | | | | | | Mitwelt | | | | | | Umwelt | | | | |
|---|---|---|---|---|---|---|---|---|---|---|---|---|---|---|---|---|---|---|---|---|---|---|---|
| | L | S | F | A | W | P | L | S | F | A | W | P | L | S | F | A | W | P | L | S | F | A | W |
| Szenario-Welt | 0 | ! | X | ! | ! | ! | 0 | 0 | ! | ! | ! | ! | ! | ! | X | ! | X | X | | | - | | |
| Nachwelt | 0 | ! | X | ! | X | X | 0 | ! | X | ! | X | X | ! | X | X | ! | X | X | | | - | | |

## ÖKONOMISTISCHE FORTSCHREIBUNG

### Partizipation

Bei der Aufstellung von Forschungs-, Entwicklungs- und Investitionsprogrammen wie auch bei Planungsaufgaben jeder Art gehen Regierung und Verwaltungen davon aus, daß die zügige und kompetente Abwicklung der Planungsvorgänge durch interne Experten zu geschehen habe, die durch externe Experten gutachterlich unterstützt werden. Das Ergebnis der nichtöffentlichen Verhandlungen wird am Ende der Öffentlichkeit vorgelegt und – falls keine gegenteiligen Gerichtsbeschlüsse vorliegen – durchgeführt. Proteste aus Bürgergruppen – die sich natürlich nicht auf die gleichen Experten und oft nur auf den gesunden

menschluß in mächtigen Interessenverbänden Nachdruck verschafft werden muß. Das was als richtig und notwendig erkannt wird, kann durchgesetzt werden, ohne erst mit einem Machtpotential gekoppelt werden zu müssen.

| 27B | Individuum | | | | | | Gesellschaft | | | | | | Mitwelt | | | | | | Umwelt | | | | |
|---|---|---|---|---|---|---|---|---|---|---|---|---|---|---|---|---|---|---|---|---|---|---|---|
| | L | S | F | A | W | P | L | S | F | A | W | P | L | S | F | A | W | P | L | S | F | A | W |
| Szenario-Welt | 0 | 0 | 0 | 0 | 0 | 0 | 0 | 0 | 0 | 0 | 0 | 0 | 0 | 0 | 0 | 0 | 0 | 0 | | | - | | |
| Nachwelt | 0 | 0 | 0 | 0 | 0 | 0 | 0 | 0 | 0 | 0 | 0 | 0 | 0 | 0 | 0 | 0 | 0 | 0 | | | - | | |

## ÖKOLOGISCHE ALTERNATIVE

### Partizipation

Prinzipiell gilt, daß alle von einer Entscheidung direkt oder indirekt Betroffenen vom Beginn der Planungen an ein Mitspracherecht haben. Wo sie sich nicht selbst vertreten können (z. B. Umwelt, zukünftige Generationen), werden ihre Interessen von entsprechend darauf verpflichteten Anwälten vertreten. (Dies steht im Gegensatz zum heute geltenden Recht, das nur ›lebenden‹ natürlichen oder juristischen Personen einklagbare Rechte zugesteht.) Alle Betroffenen haben gleiches Anrecht auf Unterstützung ihrer Argumente durch kompetenten Sachverstand; dieser Anspruch wird auch finanziell abgesichert, die Wahl der

Menschenverstand berufen können – werden als uninformiert, unsachlich und emotional abgewiesen. Mit der zunehmenden Komplexität der Planungsaufgaben verstärkt sich die Abhängigkeit vom Sachverstand der Experten, der wieder vor allem dort zu finden ist, wo auch das Interesse an der Durchführung der Vorhaben liegt: bei Industrie und Wirtschaft und bei den auch von diesen finanzierten Forschungsinstituten. Der Sachverstand der technischen Spezialisten aber vermag die gesellschaftliche Bedeutung der Vorhaben nicht richtig einzuschätzen und zukünftige Konsequenzen im außer-technischen Bereich nicht zu übersehen, ja er reicht in der Regel noch nicht einmal aus, um die Gesamtheit der technischen Aspekte zur Sache zu überblicken. Also wird der Kreis der gutachterlichen Berater um weitere Experten erweitert, die sich auch hier auskennen. Vom Bürger wird erwartet, daß er sich den Beschlüssen der Expertokratie beugt, da ja nur sie – dank ihrer akademischen Titel – in der Lage ist, den ganzen komplexen Sachverhalt zu verstehen. De facto geben Regierung und Verwaltung ihre Entscheidungsbefugnisse an die Experten ab und beschränken ihre Tätigkeit auf die Auswahl der ›richtigen‹ Experten. Eine Partizipation des Bürgers am Entscheidungsprozeß findet nur dann statt, wenn er sich als Wissenschaftler zufällig unter den Gutachtern befindet. Der Bürger fühlt sich übergangen, da ihn betreffende wichtige Entscheidungen getroffen werden, ohne ihn anzuhören bzw. ohne ihm zuzuhören. Es staut sich erhebliches Konfliktpotential an, das sich bei geeigneter Gelegenheit entlädt.

Gutachter ist frei. Bei jeder Planung werden zunächst mehrere Alternativen ausgearbeitet, um das volle Spektrum der Entscheidungsmöglichkeiten auszuloten. Für jede Alternative müssen die auch in ferner Zukunft für alle Betroffenen zu erwartenden Folgen bestmöglich erfaßt werden. Jeder Planung geht eine eindeutige Zieldefinition bei allen Beteiligten und Betroffenen voraus. Alle Verhandlungen und Gutachten usw. sind öffentlich. Geeignete Abwicklungsverfahren sorgen dafür, daß trotz gründlicher und umfassender Untersuchung aller Aspekte und Einwände Planungen in zumutbaren Zeiträumen durchgezogen und nicht von einer Seite verschleppt und blockiert werden können. Partizipation aller Beteiligten und Betroffenen bei weniger gravierenden Entscheidungen (z. B. innerbetriebliche Fragen) erfolgt nach den gleichen Grundsätzen, aber im allgemeinen formlos. Formale Verfahren müssen lediglich dort eingesetzt werden, wo auf formlose Weise keine Einigung zu erzielen ist. Entscheidungen sind nie endgültig: Revisionen können auf Antrag eines Betroffenen oder seines Anwalts bei ausreichender Begründung in Gang gesetzt werden. Bei veränderten Ausgangsbedingungen müssen alle Beteiligten und Betroffenen informiert werden. Als Folge dieser vollen Partizipation aller Beteiligten und Betroffenen (bzw. legitimierter Interessenvertreter) bei kleinen und großen Entscheidungen finden gemeinsam getroffene Entscheidungen breite Unterstützung; Konfliktmöglichkeiten werden entsprechend abgebaut.

| 28A | Individuum | | | | | | Gesellschaft | | | | | | Mitwelt | | | | | | Umwelt | | | | |
|---|---|---|---|---|---|---|---|---|---|---|---|---|---|---|---|---|---|---|---|---|---|---|---|
| | L | S | F | A | W | P | L | S | F | A | W | P | L | S | F | A | W | P | L | S | F | A | W |
| . Szenario-Welt | 0 | ! | ! | ! | X | X | 0 | ! | ! | ! | ! | ! | | | | - | | | | | - | | |
| . Nachwelt | 0 | ! | X | X | X | X | ! | X | X | X | X | X | | | | - | | | | | - | | |

| 28B | Individuum | | | | | | Gesellschaft | | | | | | Mitwelt | | | | | | Umwelt | | | | |
|---|---|---|---|---|---|---|---|---|---|---|---|---|---|---|---|---|---|---|---|---|---|---|---|
| | L | S | F | A | W | P | L | S | F | A | W | P | L | S | F | A | W | P | L | S | F | A | W |
| . Szenario-Welt | 0 | 0 | 0 | 0 | 0 | 0 | 0 | 0 | ! | 0 | 0 | 0 | | | | - | | | | | - | | |
| . Nachwelt | 0 | 0 | 0 | 0 | 0 | 0 | 0 | 0 | 0 | 0 | 0 | 0 | | | | - | | | | | - | | |

ÖKONOMISTISCHE FORTSCHREIBUNG

### Dritte Welt

Reichtum und Macht einer Nation können sich auf unterschiedlichen Voraussetzungen gründen: eigene Bodenschätze, Naturprodukte oder Industrieprodukte, die am Weltmarkt gesucht sind; Kenntnisse und Fähigkeiten der eigenen Bevölkerung; günstige Voraussetzungen für Land- und Forstwirtschaft; strategische Position; wirtschaftliche Bedingungen, unter denen Rücklagen gebildet werden können zur Finanzierung weiterer Entwicklung; Freiheit von imperialistischer Beeinträchtigung durch andere Nationen oder multinationale Unternehmen usw. Die Voraussetzungen sind bei jeder Nation anders; der wichtigere Teil ist naturgebunden und kaum änderbar. So ergeben sich große Unterschiede in der relativen Macht und den entsprechenden Entwicklungsmöglichkeiten einzelner Nationen im Weltsystem. Relativ benachteiligte Nationen können sich nur dann einen gewissen Einfluß verschaffen, wenn sie im Verein mit anderen Nationen in ähnlicher Lage ein Machtmittel schaffen können (z.B. Rohstoffkartelle; aber auch: Unruheherd mit Ausbreitungsmöglichkeiten). Nationen, die über keinerlei Machtmittel verfügen, werden mit ihren Problemen allein gelassen. Schlimmer noch: da auch die schwachen Nationen (z.T. allein wegen ihrer stark wachsenden Bevölkerung, die sie nicht mehr allein ernähren können) immer stärker vom Weltmarkt abhängig werden, dessen Terms of Trade aber von den reicheren und mächtigeren Nationen bestimmt werden, verschlechtern sich ihre Bedingungen ständig. Damit verstärkt sich ihre Abhängigkeit von anderen Staaten und internationalen Organi-

ÖKOLOGISCHE ALTERNATIVE

### Dritte Welt

Das Recht auf faire Verteilung maximaler Entfaltungschancen wird auch international anerkannt. Damit hat auch die Entwicklung ein Ende, bei der die reichen Nationen auf Kosten der ärmeren Nationen immer reicher, die armen Nationen immer ärmer wurden. Ressourcen, Güter und Dienstleistungen fließen jetzt in erster Linie dahin, wo die größte Entfaltungsbedürftigkeit besteht und die größten Entfaltungszuwächse ( = Entwicklungszuwächse) erzielt werden können. Erdöl gelangt z. B. eher in die Düngerfabrik eines Landes mit einer unterernährten Bevölkerung als in Raffinerien und die Vergaser von Luxusautos; Ingenieurleistungen dienen eher der Entwicklung robuster mittlerer Technologien als von Raketenwaffen und Mondautos; wissenschaftliche Anstrengungen werden eher für die Untersuchungen zur Vermeidung der Verwüstung breiter Landstriche als zur Suche nach Elementarteilchen eingesetzt; Getreide fließt eher in die Schüsseln Hungernder als in die Futtertröge von Masttieren. Die mit internationaler Finanz-, Sach- und Dienstleistungshilfe durchgeführten nationalen Entwicklungsprogramme sind voll auf die geographischen, klimatologischen, ökologischen, sozialen und kulturellen Bedingungen abgestimmt und respektieren die nationale Autonomie jedes Landes. Die Nachteile der industriellen Überentwicklung sind bekannt und werden vermieden. Andere Länder profitieren von den vielfältigen Erfahrungen unterschiedlicher nationaler Entwicklungen, ohne jedoch lediglich unbedacht zu kopieren. Da nationale Macht international keine Vorteile bringt, verlieren Armeen

sationen weiter; entsprechend wird ihre Autonomie eingeschränkt. Die nationalen Ressourcen müssen in ständig wachsendem Maß an die reichen Länder verkauft werden, deren Konsumenten sie in immer höherem Maße verschleudern. Als Auswege bieten sich schließlich noch an: Aufgabe der nationalen Souveränität und Eingliederung in ein von einer Großmacht oder einem Staatenbund beherrschtes Imperium; Existenz im Elend bei Reduzierung der Bevölkerung durch Hunger und Krankheit; Abkapselung vom Ausland und Einsatz aller Kräfte in einem autoritär durchgeführten Entwicklungsprogramm unter Beschneidung persönlicher Freiheiten. Bei jeder dieser Möglichkeiten werden die Entfaltungschancen der Nation bzw. des einzelnen stark negativ beeinträchtigt.

und Militärbündnisse ihre Bedeutung. Entsprechende Ressourcen werden für die Entwicklung frei, die Kriegsgefahr vermindert sich weiter. Die bisher von militärisch und wirtschaftlich stärkeren Staaten abhängigen Nationen können ein unabhängigeres Eigenleben entwickeln. Mit der Entwicklungsvielfalt verbessert sich die Stabilität des Weltsystems gegenüber Störungen insbesondere der Wirtschaftsentwicklung der reicheren Nationen. Das Entwicklungsprinzip führt dazu, daß den bedürftigsten Nationen zuerst geholfen wird – falls sie das wünschen.

| 29A | Individuum | | | | | | Gesellschaft | | | | | | Mitwelt | | | | | | Umwelt | | | | |
|---|---|---|---|---|---|---|---|---|---|---|---|---|---|---|---|---|---|---|---|---|---|---|---|
| | L | S | F | A | W | P | L | S | F | A | W | P | L | S | F | A | W | P | L | S | F | A | W |
| . Szenario-Welt | | | - | | | | | | - | | | | ! | ! | X | X | X | X | | | - | | |
| . Nachwelt | | | - | | | | | | - | | | | X | X | X | X | X | X | | | - | | |

| 29B | Individuum | | | | | | Gesellschaft | | | | | | Mitwelt | | | | | | Umwelt | | | | |
|---|---|---|---|---|---|---|---|---|---|---|---|---|---|---|---|---|---|---|---|---|---|---|---|
| | L | S | F | A | W | P | L | S | F | A | W | P | L | S | F | A | W | P | L | S | F | A | W |
| . Szenario-Welt | | | - | | | | | | - | | | | 0 | 0 | 0 | 0 | 0 | 0 | | | - | | |
| . Nachwelt | | | - | | | | | | - | | | | 0 | 0 | 0 | 0 | 0 | 0 | | | - | | |

## Zusammenfassender Überblick: Ökonomistische Fortschreibung – ökologische Alternative

Zum Abschluß dieses Kapitels sollen die ökonomistische Fortschreibung und die ökologische Alternative zusammengefaßt verglichen werden. Wir stellen deshalb die wichtigsten Punkte aus den verschiedenen Alternativen noch einmal gegenüber und bewerten schließlich die beiden Gesamtbilder.

| ÖKONOMISTISCHE FORTSCHREIBUNG | ÖKOLOGISCHE ALTERNATIVE |
|---|---|
| keine Rücksicht auf spätere Verknappung von Ressourcen | sparsamste Ressourcennutzung bei größtmöglicher Wiederverwendung und Verwendung erneuerbarer Ressourcen |
| keine Rücksicht auf Ökosysteme | kleinstmögliche Eingriffe in Ökosysteme |
| Zwang zum materiellen Wachstum ohne Rücksicht auf Folgen | Begrenzung des materiellen Wachstums |

| | |
|---|---|
| technischer Fortschritt im Dienste des ökonomischen Systems und des materiellen Wachstums | technischer Fortschritt im Dienste des Menschen; er wird an den Konsequenzen für Mensch, Umwelt, Mitwelt, Nachwelt gemessen |
| menschliche Bedürfnisse müssen sich den Erfordernissen des techno-ökonomischen Systems anpassen | das techno-ökonomische System wird den menschlichen Bedürfnissen angepaßt |
| Großtechnologien | mittlere und Kleintechnologien |
| Wissenschaft und Forschung von Verwertungsinteressen von Staat und Industrie bestimmt; interessengebunden | Wissenschaft und Forschung an Mensch, Umwelt, Mitwelt und Nachwelt orientiert |
| Sachzwänge; Fortschreibung des Status quo | Alternativenforschung |
| Wissenschaft und Forschung als Legitimationsinstrument und Vollzugshilfe von Staat und Wirtschaft | ›öffentliche‹ Forschung |
| Störanfälligkeit, Verwundbarkeit durch Konzentration von Unternehmen und Organisationen und durch Monosysteme | Robustheit und Anpassungsfähigkeit durch Vielfalt und Dezentralisierung |
| kurzfristige Zukunftsperspektive | langfristige Zukunftsperspektive |
| Berücksichtigung nur des eigenen Nutzens | Berücksichtigung der Interessen aller direkt und indirekt Betroffenen |
| mehr Staat | weniger Staat |
| Eigentum als Machtmittel | Eigentumsnutzung zum Wohl aller |
| Raubbau am gemeinsamen Erbe (Atmosphäre, Weltmeere) | verantwortliche Nutzung des gemeinsamen Erbes |
| Vollindustrialisierung der Landwirtschaft | Landwirtschaft als Nabelschnur von Mensch und Gesellschaft zur Natur |
| Entfremdung von der Natur als Lebensbasis | Anerkennung und Schutz der Natur als Lebensbasis |

| | |
|---|---|
| Nahrungsproduktion für die Zahlungskräftigen (trotz weltweitem Hunger Getreide zur Viehmast) | Versorgung aller mit Grundnahrungsmitteln |
| Gesundheitsbeeinträchtigung durch falsche Ernährung | ausgewogene und gesunde Ernährung |
| Medizintechnik für die Reichen | Recht auf Gesundheit für alle |
| systembedingte Zivilisationskrankheiten | Abbau von Zivilisationskrankheiten durch Abbau der Ursachen |
| Schwergewicht auf Behandlung akuter Gesundheitsstörungen | Schwergewicht auf Gesundheitsvorsorge |
| Ausbildung von Spezialisten in den ersten Lebensjahrzehnten | lebenslange Bildung und Ausbildung von Generalisten |
| Sicherung von Arbeitsplätzen durch Konsumankurbelung | gleiches Recht auf Arbeit; Senkung der durchschnittlichen Arbeitszeit |
| Vernachlässigung nicht vermarktbarer Dienstleistungen | öffentliche Dienstleistungen nach eigenem Willen in der freiwerdenden Zeit |
| Entlohnung nach Qualifikation ohne Rücksicht auf stark unterschiedliche Arbeitsbefriedigung (Selbstverwirklichung) | Berücksichtigung von Selbstverwirklichungsmöglichkeiten bei Entlohnung und Gestaltung von Arbeitsvorgängen |
| Arbeitszeit ist die einzig nutzbringend verbrachte Zeit | Welchen Beitrag zur Entfaltung bringt jede wache Stunde? |
| Freizeitkonsum als Markt ohne Wachstumsbegrenzung | gemeinschaftliche Nutzung von Freizeitanlagen und -geräten |
| Jagd nach individuellem Glück durch mehr Freizeitkonsum | schöpferische Freizeitbeschäftigung in der Gruppe |
| Steigerung der Konsumdienstleistungen durch Ankurbelung von privatem und öffentlichem Konsum | Steigerung der Konsumdienstleistungen durch bessere Nutzung und Langlebigkeit von Gütern |
| Vernachlässigung sozialer Dienstleistungen | soziale Dienstleistungen u.a. durch Nachbarschaftshilfe in der freiwerdenden Arbeitszeit |

| | |
|---|---|
| Abgeltung sozialer Verpflichtungen durch Geldbeträge | eigene aktive Sozialdienstleistungen |
| funktionelle Trennung von Wohnungs-, Arbeits-, Bildungs- und Ausbildungs-, Kultur-, Erholungs-, Einkaufs-, Geschäfts- und Industriebereichen | Siedlungen mittlerer Größe, in denen alle Funktionen integriert sind |
| aus betriebswirtschaftlichen Gründen entsprechende Großzentren | dezentrale Versorgung (bes. Elektrizität) |
| Rückzug aus einer als bedrohlich empfundenen vergifteten Umwelt in eine künstliche Wohnumgebung | harmonische Integration menschlicher Aktivitäten in eine intakte Umwelt |
| wachsende Bedrohung elementarer Menschenrechte durch die Auswirkungen wachsender wirtschaftlicher und politischer Schwierigkeiten | Menschenrechte = gleiches Recht aller auf Entfaltung; Sicherung durch internationale Solidarität |
| Konfliktlösung am Machtpotential der Konfliktpartner ausgerichtet und deshalb prinzipiell ungerecht;<br>Anlaß für Gewaltanwendung | bei der Konfliktlösung zählt die relative Bedürftigkeit und Betroffenheit aller Betroffenen;<br>gewaltfreie Lösung |
| Zunahme von terroristischen Anschlägen und Gewaltverbrechen wegen: Waffenhandel, wachsender Verwundbarkeit des sozio-technischen Systems und wachsender Entfremdung | weniger Gewaltverbrechen und Terrorismus wegen: fehlender Gewaltmittel, geringerer Verwundbarkeit wegen Dezentralisierung; geringerer Entfremdung |
| Rüstungswettlauf | Abbau der Rüstungen, der Rüstungsindustrie und der Rüstungsforschung |
| erhöhte Kriegsgefahr | neue internationale Schlichtungs- und Kooperationsmechanismen |
| internationaler Waffenhandel und ›kleine‹ Kriege | Vermeidung militärischer Konflikte |
| der Arbeitsplatz als Bezugspunkt des einzelnen und der Familie | die engere soziale Gemeinschaft als Bezugspunkt |
| Gefährdung und Zerbrechen sozialer Bindungen | sozialer Rückhalt in Siedlungs- und Wohngemeinschaften |

| | |
|---|---|
| nur Macht jeder Art verschafft Einfluß und Gehör | Bedürftigkeit und Betroffenheit der Entfaltungsmöglichkeiten entscheiden |
| Vernachlässigung der Interessen der Schwachen | Interessen der Schwachen werden bewußt berücksichtigt |
| nicht-öffentliche Planung und Entscheidung ohne Partizipation | Mitspracherecht aller Betroffenen; Vertretung der Belange von Allgemeinheit, Umwelt, Mitwelt, Nachwelt durch Anwälte |
| Expertokratie | öffentliche Gutachten und Verhandlungen |
| Eingleisigkeit | Ausarbeitung von Alternativen |
| nationale Entwicklung abhängig von den eigenen Ressourcen und Möglichkeiten und den Bedingungen des Weltmarkts | Ressourcen, Güter und Dienstleistungen fließen international dorthin, wo die größte Entfaltungsbedürftigkeit besteht |
| Verschiebung der Terms of Trade zuungunsten der armen Länder | Terms of Trade durch Entwicklungsbedingungen bestimmt |
| Nord-Süd-Konflikt verschärft sich | Nord-Süd-Konflikt wird entschärft |
| Industrialisierung der Länder der dritten Welt mit entsprechenden Folgeprogrammen | Entwicklungsprogramme werden den nationalen Bedingungen angepaßt |

| 30A | Individuum | | | | | | Gesellschaft | | | | | | Mitwelt | | | | | | Umwelt | | | | |
|---|---|---|---|---|---|---|---|---|---|---|---|---|---|---|---|---|---|---|---|---|---|---|---|
| | L | S | F | A | W | P | L | S | F | A | W | P | L | S | F | A | W | P | L | S | F | A | W |
| Szenario-Welt | 0 | ! | X | ! | ! | X | 0 | ! | ! | X | X | ! | ! | ! | X | X | X | X | ! | ! | ! | ! | ! |
| Nachwelt | ! | ! | X | X | X | X | ! | X | X | X | X | X | ! | X | X | X | X | X | X | X | X | X | X |

| 30B | Individuum | | | | | | Gesellschaft | | | | | | Mitwelt | | | | | | Umwelt | | | | |
|---|---|---|---|---|---|---|---|---|---|---|---|---|---|---|---|---|---|---|---|---|---|---|---|
| | L | S | F | A | W | P | L | S | F | A | W | P | L | S | F | A | W | P | L | S | F | A | W |
| Szenario-Welt | 0 | 0 | 0 | 0 | 0 | 0 | 0 | 0 | 0 | 0 | 0 | 0 | 0 | 0 | 0 | 0 | 0 | 0 | 0 | 0 | 0 | 0 | 0 |
| Nachwelt | 0 | 0 | 0 | 0 | 0 | 0 | 0 | 0 | 0 | 0 | 0 | 0 | 0 | 0 | 0 | 0 | 0 | 0 | 0 | 0 | 0 | 0 | 0 |

## Anmerkungen zu Kapitel 4

1 Vgl. die Bibliographie am Ende des Buches

2 OECD = Organization for Economic Cooperation and Development (Organisation für wirtschaftliche Zusammenarbeit und Entwicklung). List of Social Concerns Common to Most OECD Countries, Paris 1973.

# 5 UMORIENTIERUNG

## Wunschtraum oder Wirklichkeit?

Die Aussage des vorstehenden Kapitels ist klar genug: Eine ökonomistische Verhaltensweise frißt ihre eigene Zukunft, u.a. weil sie sich lediglich nach den kurzfristigen Interessen der Handelnden, nicht aber nach den langfristigen Interessen aller Betroffenen richtet. Als Folge werden nicht erneuerbare Ressourcen weit schneller abgebaut, als das im Interesse der Lebensentfaltung des einzelnen und der Gesellschaft heute und in der Zukunft erforderlich, ja wünschenswert wäre; die Mißachtung nicht nur ökologischer, sondern auch gesamtsystemarer Zusammenhänge im sozio-technischen System vermindert die Widerstandsfähigkeit gegen Störungen; die Orientierung an kurzfristigen Zielen überläßt die langfristige gesellschaftliche Entwicklung unhinterfragt den Bedingungen und Sachzwängen, die Gruppenegoismen heute schaffen.

Die ›ökologische‹ Verhaltensweise, die sich nicht nur an den kurzfristigen Interessen von Individuum und Gesellschaft, sondern auch an denen von Mitwelt, Umwelt und Nachwelt orientiert, sieht es anders. Die weit größere Umsicht und Rücksicht, die diese Verhaltensweise auszeichnet, zahlt sich in – vor allem auch langfristig – höheren Entfaltungschancen aller Beteiligten und Betroffenen aus.

Wenn wir heute vor einem völligen Neuanfang stünden und die relativen Vor- und Nachteile beider Verhaltensweisen relativ vollständig erforscht und diskutiert werden könnten, würde sich die Gesellschaft ohne Zweifel für ›ökologisches‹ Verhalten entscheiden. Aber wir sind heute in einer sehr viel schwierigeren Situation. Unser sozio-technisches System ist auf ›ökonomistisches‹ Verhalten vorprogrammiert, alle seine Strukturen und Prozesse sind darauf eingerichtet, Tausende von Sachzwängen treiben es weiter in die einmal eingeschlagene Richtung, die Denk- und Wertvorstellungen des einzelnen entsprechen den Anforderungen dieser Verhaltensweise und bedingen seine weitere bestimmende Rolle als Leitbild. Ist also der Endkampf gegen die Natur, über dessen Ausgang für die Menschheit kein Zweifel mehr bestehen kann, unausweichlich geworden?

Wenn die Menschheit ein mit der ›ökonomistischen‹ Verhaltensweise vorprogrammierter Automat wäre, wäre die weitere Entwicklung klar. In Wirklichkeit können wir aber erwarten, daß diese Verhaltensorientierung – wie jede andere – über Bord geworfen werden wird, wenn nicht mehr zu übersehen ist, daß sie die Erfüllung der Leitwerte des einzelnen und der Gesellschaft und damit deren Existenz und Entfaltung gefährdet. Die entscheidende Frage ist, ob die notwendigen Orientierungsänderungen sich rechtzeitig einstellen werden. Sie rücken jedenfalls spätestens dann in den Bereich des

Möglichen, wenn die Nachteile einer Umorientierung (d.h. die Konsequenzen für den einzelnen und die Gesellschaft) im Vergleich zu den Nachteilen, die bei ihrer weiteren Beibehaltung zu erwarten wären, relativ klein erscheinen. Je länger die Umorientierung sich allerdings herauszögert, um so größer und schmerzhafter die Umstellungen, die dann vorgenommen werden müssen, aus mindestens zwei Gründen. Das sozio-technische System ist dann erstens auf noch größere Durchsätze von Rohstoffen und Energien angewiesen als heute, und der Mitwelt, Umwelt und Nachwelt bereits zugefügte irreversible Schäden sind dann zweitens bereits wesentlich größer als schon heute.

Wir hatten in Kapitel 2 und 3 dargelegt, daß mit Wertwandel oder Orientierungswandel besonders dann zu rechnen ist, wenn sich die Vorstellungen des Akteurs über die Realität verändern – entweder, weil sich die Realität tatsächlich verändert hat, oder weil sich sein Wissen über die Realität verändert hat und er sie in einem neuen Licht sieht. Damit kommt der Informationsaufnahme des Akteurs, aber auch seiner Fähigkeit, aufgenommene Information sinnvoll und richtig zu Erkenntnis zu verarbeiten, hohe Bedeutung zu. Nun gibt es heute in der Gesellschaft eine wachsende Zahl von Menschen, die sowohl die sich mehrenden Anzeichen heraufziehender Probleme in der Realität sehen, wie auch daraus zur Erkenntnis gelangt sind, daß eine Umorientierung notwendig sei. Die im vorigen Kapitel dargestellten Skizzen zur ökologischen Alternative, die sich ja in Hunderten von Schriften der Alternativenliteratur, aber zum Teil auch schon in der Praxis finden, sind Beleg dafür, daß es Anfänge eines Umorientierungsprozesses gibt. Ob er sich durchsetzen kann und ob er überhaupt noch rechtzeitig kommt, läßt sich heute noch nicht absehen.

Wenn sich die Umorientierung auf das noch relativ schwache Häufchen der Umweltschützer und ökologisch Interessierten beschränken würde, müßte man annehmen, daß sie ohne wesentlichen Einfluß auf das gesellschaftliche Geschehen bleiben würde, vor allem wenn es gelänge – zynisch gesprochen, aber von nicht wenigen aktiv betrieben –, Zweifel an der Lauterkeit der Motive der Umweltschützer zu wecken, sie in die linke Ecke zu drücken, ihnen Staatsgefährdung zu unterstellen. Es interessiert also zunächst die Frage, wie breit die Basis einer möglichen gesellschaftlichen Umorientierung überhaupt ist. Einige Antworten hierzu ergeben sich aus der Auswertung von Umfragen der Meinungsforschungsinstitute in der Bundesrepublik Deutschland in den vergangenen Jahrzehnten. Eine solche Auswertung wurde von P. Kmieciak 1976 vorgenommen; wir werden uns mit ihren Ergebnissen hier kurz auseinandersetzen[1].

Da sich ein allmählicher Orientierungswandel in die partnerschaftliche Richtung tatsächlich nachweisen läßt, muß damit gerechnet werden, daß auch die ökologische Orientierung an Bedeutung gewinnen wird. Automatisch ist dieser Wandel nicht. Da von ihm aber die zukünftige Entwicklung abhängen wird, müssen wir uns hier auch einige Gedanken darüber machen, wie die verstärkt partnerschaftliche Orientierung überhaupt zustande kommt und welche Vorgänge sie verstärken oder abschwächen könnten. Mit diesen Überlegungen können wir besser abschätzen, welcher Orientierungswandel sich bei verschiedenen zukünftigen Entwicklungen ergeben könnte. Dabei ist eine gesellschaftliche (besonders wirtschaftliche) Entwicklung denkbar, bei der der einzelne aus reinem Selbsterhaltungstrieb gezwungen sein könnte, alle etwa vorhandenen partnerschaftlichen Einstellungen über Bord zu werfen. Dies wäre eine Entwicklung, die erst recht zu einer Krise führen müßte. Die Entwicklung zur partnerschaftlichen Einstellung und damit zu weniger krisenanfälligem gesellschaftlichen Verhalten ist also durchaus nicht automatisch, im Gegenteil: Sie kann sich vielleicht unter günstigen Umständen von selbst ergeben, aber unter ›normalen‹ Umständen ist sie ständig gefährdet.

Das wirft die Frage auf, ob die Entwicklung zu einer partnerschaftlichen Einstellung, und damit zu einer Zukunft, die auch langfristig die Erhaltung und Entfaltung der Beteiligten und Betroffenen gewährleisten kann, allein der sich mehr oder weniger von selbst einstellenden Entwicklung überlassen werden darf. Ich meine, nein. Das würde aber bedeuten, daß wir uns ganz bewußt ethisch umorientieren und ein neues ethisches Leitprinzip als Orientierungsrahmen übernehmen müßten. Ich habe weiter vorne gezeigt, daß diese Umorientierung leichter fällt, wenn ihre Wünschbarkeit für alle Betroffenen glaubwürdig und nachprüfbar nachgewiesen werden kann. Wissen spielt also eine wichtige Rolle, aber letztlich entscheidend ist allein unser Wollen, auf Mitwelt, Umwelt und Nachwelt deshalb mehr Rücksicht zu nehmen, weil wir uns der Verantwortung stellen, die wir den von unserem Handeln potentiell Betroffenen gegenüber haben.

## Wertwandel in der Bundesrepublik Deutschland

Im Jahre 1971 berief die Bundesregierung die ›Kommission für wirtschaftlichen und sozialen Wandel‹. Sie wurde beauftragt, »die mit dem technischen, wirtschaftlichen und sozialen Wandel zusammenhängenden Auswirkungen und Aufgaben im Hinblick auf eine Weiterentwicklung der Gesellschaftspolitik zu untersuchen und wirtschafts-, sozial- und bildungspolitische Gestaltungsmöglichkeiten aufzuzeigen«. Die Kommission, die im Jahr 1977 ihre Arbeit beendete, war in ihrer Tätigkeit unabhängig und setzte sich aus Vertretern der Arbeitgeber und Arbeitnehmer sowie der Wissenschaft zusammen. Sie vergab weit über hundert Forschungsaufträge. Wir wollen uns hier mit einer dieser Untersuchungen kurz befassen, die der Psychologe Peter Kmieciak über »Wertstrukturen und Wertwandel in der Bundesrepublik Deutschland« vorlegte[2]. Kmieciak wertete Umfrageergebnisse der Meinungsforschungsinstitute aus den vergangenen Jahren und Jahrzehnten aus, um daraus Hinweise auf bestehende Wertvorstellungen und deren Wandel zu erhalten.

Aufgrund seiner Untersuchung stellt Kmieciak zunächst fest[3], daß »von einem ›Zerfall‹ rsp. einer beschleunigten Veränderung traditioneller Wertsysteme in Interaktion mit bedeutsamen ökonomischen, sozialstrukturellen, technologischen und wissenschaftlichen Wandlungsprozessen während der letzten zwei Dekaden ausgegangen werden« kann. Dabei zeigt seine Untersuchung allerdings, daß die »Veränderungen der ›geistigen Grundorientierungen‹ (der sinnkonstituierenden Orientierungsleitlinien und Ordnungsaspekte) nicht so außerordentlich dramatisch« seien, »daß von einer ›revolutionären‹ Umwälzung rsp. einem totalen Zusammenbruch des kulturellen Systems ausgegangen werden kann«. »Vielmehr gilt für unsere Situation, daß wir uns in einem historisch bereits seit langem vorbereiteten konfliktreichen sozialen Umstrukturierungsprozeß befinden, in dem traditionelle Werte an Gewicht verlieren und das ›klassisch-bürgerliche‹, ›dominante‹ Wertsystem weiterhin zunehmend Zerfallsprozessen ausgesetzt ist.«

Als zentrales Phänomen des Wertwandels in der Bundesrepublik Deutschland findet er »die konsistent feststellbare Rangreduktion von Berufs- und Leistungsorientierungen zugunsten einer privatistisch-hedonistischen Haltung«. Weiter: »Der Rückzug von Statusorientiertheit und Karrierementalität sowie der Überbetonung individuellen materiellen Wohlstandsstrebens wird u. a. in der Bedeutungserhöhung von sozialer und materieller Sicherheit unter Zurückstellung der bedeutsamen Elemente des tradierten bürgerlichen, ›kapitalistischen‹, aufstiegsorientierenden, arbeitsidealisierenden Wertsystems, wie z. B. Risikobereitschaft und Befriedigungsaufschub, deutlich.« Weiter heißt es: »Der starke Trend zu partnerschaftlich-liberalen Erziehungshaltungen sowie die Betonung demokratisch-egalitärer Orientierungen im Verbund mit modifizierten Geschlechtsrollenerwartungen und -anforderungen geht wesentlich von den generell wertwandelinitiierenden und -forcierenden eher privilegierten Soziallagen und dabei speziell von der jüngeren Generation aus.«

Ich will die Ergebnisse der Untersuchung von Kmieciak nach drei Orientierungsbereichen zusammenfassen und referieren:

erstens Wertwandel in bezug auf die Sicherung der materiellen Basis der Lebensentfaltung (besonders betroffene Leitwerte ›Lebensfähigkeit‹ und ›Sicherheit‹),

zweitens Wertwandel in bezug auf die psychische und kognitive Basis der Lebensentfaltung (besonders betroffene Leitwerte ›Psychische Bedürfnisse‹ und ›Adaptivität‹),

drittens Wertwandel in bezug auf das Verhältnis zu anderen besonders betroffenen Akteuren (Leitorientierungen ›Aktionsfreiheit‹ und ›Wirksamkeit‹).

In bezug auf die Sicherung der materiellen Basis der Lebensentfaltung verlieren einwandfrei – wie bereits erwähnt – klassische bürgerliche Ideale der Leistung, der harten Arbeit, der Karriere, des Wohlstands, der Tüchtigkeit und Strebsamkeit, des Befriedigungsaufschubs an Bedeutung. Gleichzeitig steigt das Bedürfnis nach Sicherheit und Absicherung in jedem Lebensbereich: Sicherheit vor Verbrechen, Krankheit, Arbeitsplatzverlust, Umweltschäden, Wohlstandsverlust; Absicherung von Bildungsansprüchen, von Selbstverwirklichung, von beruflichem Aufstieg, von Existenz in relativem Wohlstand, der eigenen Zukunft und der der Kinder.

Im Zuge dieser Entwicklung sinkt auch das Vertrauen in und der Wille zum eigenen *materiellen* Erfolg: Die Verantwortung für die materielle und soziale Absicherung wird dem Staat mehr und mehr zugeschoben; außerdem wird das ›Glück‹ mehr als früher für die persönliche Entwicklung verantwortlich gemacht. Gleichzeitig steigt die Zufriedenheit mit der Entlohnung für geleistete Arbeit und die Bereitschaft, auf einen Teil dieses Lohns zugunsten besserer Absicherung (Arbeitsplatz), aber auch besserer Selbstverwirklichungschancen zu verzichten. Der Bedeutungsverlust der Leistungswerte ist wahrscheinlich auf verschiedene Ursachen zurückzuführen: relativen materiellen Wohlstand, soziale Absicherung, breitere Bildung und entsprechende Selbstverwirklichungsinteressen außerhalb des Arbeitsplatzes, die negativen Folgen wirtschaftlicher Aktivitäten für Umwelt und Gesundheit.

Mit dem Bedeutungsverlust des klassischen bürgerlichen Wertsystems und gleichzeitig besserer materieller und sozialer Absicherung hat sich auch die Zukunftsperspektive (z. B. der Pläne für das eigene Leben) verkürzt. Allerdings hat die Zukunft als lebensbestimmender Faktor nach wie vor hohe Bedeutung, wie sich aus der folgenden Tabelle (aus einer Infrateststudie des Jahres 1972[4]) ergibt, die die Rangordnung von Problemen wiedergibt, über die sich wahlberechtigte Frauen und Männer in der Bundesrepublik ›sehr häufig‹ ›Sorgen und Ängste‹ machen.

Hier liegt immerhin die ›Zukunft meiner Kinder‹ an dritter Stelle mit sehr hoher Punktzahl. Wenn man bedenkt, daß weder der einzelne noch die Gesellschaft auf die beiden ersten Punkte (›Verlust eines geliebten Menschen‹ und ›Krankheit‹) einen wesentlichen Einfluß haben, dann sollte man annehmen, daß gerade die ›Zukunft unserer Kinder‹ der Punkt wäre, bei dem sich Politiker am meisten Gehör, Lorbeeren und Wählerstimmen verschaffen könnten.

Es ist dagegen schon fast ein trauriger Witz, daß die Unionsparteien im Wahlkampf 1976 ausgerechnet den ›Sozialismus‹ als den letzten Punkt auf der Liste – ranggleich mit der Angst des Bundesbürgers vor der ›Hölle‹ – zum zentralen Thema ihres Wahlkampfes machten, obwohl hierüber gerade vier Prozent der wahlberechtigten Bundesbürger ›häufig Sorgen und Ängste, verspürten‹. Der Wähler, der sich um die Zukunft seiner Kinder ernste Sorgen macht, muß sich veralbert fühlen: Die Kluft zwischen Bürger und etablierter Politik muß sich so verstärken; der Legitimationsverlust des politischen Establishments weiter zunehmen.

In bezug auf die psychische und kognitive Basis der Lebensentfaltung läßt sich (nach Kmieciak) feststellen, daß die Arbeit als Quelle persönlicher Befriedigung und Mittel zur Selbstverwirklichung stark an Bedeutung verliert. Die Arbeit erhält immer mehr den instrumentalen Charakter des Mittels, mit

| Rang | ›Sorgen und Ängste‹ | Nennungen (%) |
|---|---|---|
| 1 | Verlust eines geliebten Menschen | 39 |
| 2 | Krankheit | 37 |
| 3 | Zukunft meiner Kinder | 33 |
| 4 | Unfall | 27 |
| 4 | Verbrechen | 27 |
| 5 | Inflation | 22 |
| 6 | Verfall von Moral und Sitte | 20 |
| 7 | Tod | 17 |
| 7 | Alleinsein | 17 |
| 8 | Kommunismus | 15 |
| 8 | Alter/Altwerden | 15 |
| 9 | Rechtsradikalismus | 11 |
| 10 | ungesicherter Lebensabend | 10 |
| 10 | Verlust der Wohnung/Mieterhöhung | 10 |
| 11 | Diktatur | 9 |
| 11 | Revolution | 9 |
| 11 | Schulden | 9 |
| 12 | Arbeitslosigkeit | 8 |
| 12 | Armut | 8 |
| 13 | ungewollte Schwangerschaft | 6 |
| 14 | beruflicher Mißerfolg | 4 |
| 14 | Hölle | 4 |
| 14 | Sozialismus | 4 |

aus Kmieciak[1] Tab. XI.2
nach Infratest-Umfrage von 1972.

dem Geld verdient werden kann, u. a. um damit Freizeitbeschäftigungen zu finanzieren, in denen der einzelne die Selbstbestätigung und Selbstverwirklichung finden kann, die ihm der Arbeitsplatz nicht mehr bietet. Mit der Entfremdung von der Arbeit steigt auch der Einfluß der außerberuflichen Lebensbereiche auf den einzelnen: Familie, Bekanntenkreis, Freizeit, Urlaub, Hobby. Gleichzeitig wirkt die hier gewonnene Freiheit und Selbstentfaltung auf die Beurteilung und die Einstellung zu Arbeit und Arbeitsplatz zurück. Die Bedeutung privater Rollen steigt; Wohnung, Familie, Freizeit, Urlaub, individueller Lebensstil, Spiel, Privatleben gewinnen an Gewicht. Gleichzeitig steigt auch die Bedeutung von individueller Bildung, meist allerdings im Sinne spezialisierter, oft beruflicher Weiterbildung, weniger im Sinne des klassisch-humanistischen Bildungsideals. Wachsendes Wissen wiederum beeinflußt eindeutig auch die Werthaltungen. So führte bessere Kenntnis der Umweltproblematik zu hoher Gewichtung umweltbezogener Werte; während besseres Wissen über Gesundheitsgefährdungen und Ernährung gesundheitsbezogenen Werten höhere Bedeutung verschaffte. Eine Folge der hohen Bewertung der physischen Umwelt ist z. B. die wachsende Vorliebe für aufgelockerte Wohngebiete im Grünen, in der Nähe kleinerer oder mittlerer Städte. Wahrscheinlich spielt hierbei auch eine Rolle das wachsende Gefühl der Entfremdung von den Lebensprozessen der Natur.

In bezug auf das Verhältnis zu anderen Akteuren: Hier ergibt sich (wieder nach Kmieciak) eindeutig ein Abbau der Autoritätsgläubigkeit, von Gehorsam, Unterordnung, Disziplin. Das drückt sich z. B. aus im schwindenden Einfluß der institutionalisierten organisierten Religion, im Prestigeverlust von ›Professor‹, ›Bischof‹ und ›Physiker‹, im Abbau autoritärer Familienstrukturen, in der Ablehnung von Diktaturen und Einparteiensystemen, auch im Vertrauensverlust im Hinblick auf Parteien, Politiker und Parlament: hier tut sich ein Loyalitätsvakuum zwischen staatlicher Autorität und Bevölkerung auf. Dem Bedeutungsverlust dieser traditionellen Werte entsprechen veränderte Erziehungsideale und entsprechendes Verhalten: wachsende partnerschaftlich-demokratische Haltung, liberalere nicht-autoritäre Erziehungshaltungen, größerer Freiheitsspielraum, größere Autonomie, mehr Selbständigkeit und freier Wille, Partnerschaft in der Ehe und bei der Erziehung der Kinder, tiefere Verankerung demokratischer Ideen und Spielregeln, mehr soziale Gerechtigkeit und demokratisch-egalitäre Orientierung.

Diese Entwicklung wird verstärkt durch die oben erwähnte wachsende ›Emanzipation vom Arbeitsplatz‹, bei der sich der einzelne ebenfalls von Zwängen seiner Lebensentfaltung befreit und in autonomerem Handeln einen höheren Grad von Selbstverwirklichung findet. Gleichzeitig steigen das Interesse und die prinzipielle Bereitschaft zur Teilnahme am öffentlichen Leben und der Politik (wenn auch die tatsächliche Beteiligung gering bleibt). Mit dem Anwachsen der kritischen Haltung gegenüber den Herrschenden gewinnen persönliche Freiheitsrechte, die Freiheit der Meinungsäußerung, die verstärkte Forderung nach mehr Partizipation und Mitsprache bei politischen Planungen und Entscheidungen an Bedeutung. Das wachsende politische Engagement führt zusammen mit wachsendem Problembewußtsein und kritischer Einstellung gegenüber den Herrschenden – und wachsendem Mißvergnügen an ihren Aktionen – zu wachsender Unterstützung von Bürgerinitiativen. Der wachsende Sinn für soziale Gerechtigkeit führt dazu, daß unsere Gesellschaftsordnung in zunehmendem Maße als prinzipiell ungerecht empfunden wird. Er hat auch erheblich zur Verbesserung der Bildungschancen für alle wie auch zur Verbesserung der relativen Lage der Frau beigetragen. Soweit der Blick auf die Forschungsergebnisse von Kmieciak.

Was sollen wir von diesem Wandel halten? Welche Veränderungen stekken dahinter? Welche Tendenzen kündigen sich an? Was läßt sich daraus ableiten in bezug auf unser künftiges Verhältnis zu anderen, zur Gesellschaft, zur weiteren Mitwelt, zur Umwelt und Nachwelt? Eine definitive Antwort läßt sich darauf heute nicht geben, aber ich möchte hier zumindest eine Interpretation versuchen, die mir plausibel erscheint.

*1* Der einzelne identifiziert sich immer weniger mit den Wertvorstellungen und Orientierungen des ökonomischen Systems, in dem er seinen Lebensunterhalt verdient. Das scheint zwei Gründe zu haben:

*2* Erstens: Das sozio-technische System bietet eine ausreichende Absicherung der materiellen und sozialen Existenzgrundlage und gewährt damit dem einzelnen ein größeres Maß an Unabhängigkeit. Gleichzeitig kann es deshalb den Hebel der Abhängigkeit nicht mehr wie früher einsetzen, um Anpassung an seine Zielsetzungen zu erzwingen.

*3* Zweitens: Bessere Bildung und genaueres Wissen, zum Teil erst möglich durch die bessere materielle und soziale Absicherung, aber vor allem auch durch Erfahrungen außerhalb des Arbeitsplatzes, insbesondere in seiner Freizeit, veranlassen den einzelnen, andere Wertgewichtungen als die ökonomische für seinen privaten Bereich zu übernehmen.

*4* In einer auf sozialer Gerechtigkeit und gleichberechtigter Mitsprache aufgebauten Gesellschaft ist im privaten Bereich (unter Gleichberechtigten; d. h. unter Ehepartnern, Bekannten und Freunden, Nachbarn, Vereinskameraden, Verkehrsteilnehmern usw.) die partnerschaftliche Orientierung die ›normale‹ Orientierungsform. Sie bestimmt das Verhalten im privaten Bereich weit stärker als früher.

*5* Da die Strukturen des sozio-technischen Systems die partnerschaftliche Orientierung außerhalb des privaten Bereichs vorläufig nicht übernehmen (können), bleibt sie auf den privaten Bereich beschränkt. Es verstärkt sich aber die Distanzierung von der den nicht-privaten Bereich beherrschenden ökonomistischen Orientierung und damit auch die Tendenz, z. B. die Arbeit lediglich instrumental zur Absicherung der materiellen Basis für das ›private‹ Leben zu betrachten. Die Wertorientierungen von Wirtschaft und Politik geraten also immer mehr in Konflikt mit denen des privaten Bereichs.

*6* Da die partnerschaftliche Orientierung im Erfahrungsbereich des einzelnen funktioniert, würde ihre Einführung im außer-privaten Bereich vermutlich auf weniger Widerstand stoßen, als heute oft behauptet wird.

*7* Da er in einen partnerschaftlichen Rahmen eingebettet ist, kann der einzelne sich nicht erlauben, seine privatistisch-hedonistische Haltung auf Kosten der Partner im Privatbereich gehen zu lassen. Allerdings geht seine Haltung über das ökonomische System, aus dem er die Mittel für seinen Hedonismus erhält, auf Kosten anderer Akteure und Systeme außerhalb des eigenen privaten Partnerbereichs (Umwelt, Mitwelt, Nachwelt).

*8* Die Gestaltung unserer Zukunft entscheidet sich an der Frage, ob die partnerschaftliche Orientierung des privaten Bereichs auch auf den nicht-privaten Bereich des sozio-technischen Systems und außerdem auf Umwelt, Mitwelt, Nachwelt ausgeweitet wird.

*9* Die Umorientierung würde erleichtert, wenn die Konsequenzen des Fortwirkens der ökonomistischen Orientierung glaubwürdig und überprüfbar bekannt würden.

Wenn diese Interpretation stimmen sollte, dann wären wichtige Schritte auf dem Wege zu einer allgemeinen partnerschaftlichen Orientierung bereits getan; die verbleibende Wegstrecke ist nicht unüberwindbar. Daß wir auch sie noch gehen müssen, haben die Ergebnisse des vorigen Kapitels gezeigt.

## Die Zukunft sichern

Die Bewertungsergebnisse des vorigen Kapitels zeigten in aller Deutlichkeit, daß die ökologische Orientierung eine weit bessere Garantie für zukünftige Erhaltung und Entfaltung aller auf der Erde bietet als die ökonomistische. Wenn es nur um Entfaltung für die menschliche Spezies ginge, wären auch andere Orientierungen denkbar, die diese Aufgabe zumindest für lange Zeit erfüllen könnten. So z. B. eine Orientierung, die sich ausschließlich nach der Erhaltung und Entfaltung des Menschen als Individuum und als Art richtet und ihr jede andere Lebensform opfert, wenn das notwendig sein sollte, bis der Mensch schließlich nur noch in einer technischen Welt mit ein paar ›nützlichen‹ Bakterienstämmen koexistiert.

Wir müssen hier klar herausstellen, daß es keine rationalen Gründe gibt, noch geben kann, die mich zwingen könnten, diese Orientierung oder die ökonomistische oder die ökologische zur Grundlage meines Handelns zu machen. Dies ist eine ausschließlich ethische Entscheidung. Die ökologische Orientierung, die nach allgemeiner Erfüllung des Prinzips der Partnerschaft strebt (»Alle heutigen und zukünftigen Systeme, die hinreichend einmalig und unersetzlich sind, haben gleiches Recht auf Erhaltung und Entfaltung« vgl. Kap. 3), bedeutet die kleinstmögliche Gewaltanwendung. Dieses Prinzip der Partnerschaft haben wir in Kapitel 3 ausdrücklich auch auf unbelebte Systeme und unbewußt handelnde Akteure (Umwelt) wie auch auf noch gar nicht vorhandene Akteure (Nachwelt) ausgedehnt. Das bedeutet dann aber, daß die bewußt agierenden (also menschliche Akteure) auch Verantwortung für die Interessen der unbewußt handelnden und noch nicht vorhandenen Akteure mit übernehmen müssen. Dieser Punkt ist außerordentlich wichtig, denn er bedeutet, daß Umwelt und Nachwelt bei der ökologischen Orientierung durch menschliche Anwälte vertreten sein müssen (im einfachsten Fall werden ihre Interessen vom Planenden direkt berücksichtigt).

Möglicherweise gibt es tatsächlich einen objektiven Grund, der für eine ethische Entscheidung im Sinne der gewaltminimierenden ökologischen Lösung spricht: unsere eigene Informationsverarbeitung. Wie bereits erwähnt, gehört zum Erkennen auch ein andeutungsweises Miterleben, weil wahrscheinlich alle in unserem Gedächtnis gespeicherten Vorstellungen, auch die rein sachlichen (z. B. mathematischen Formeln) in irgendeiner Form affektiv besetzt sind (und sei es hier nur mit einem kleinen Teil der beim früheren

Auswendiglernen gefühlten Abneigung oder des beim eigenen Herleiten gefühlten Erfolgserlebnisses).

Wenn wir also z. B. erkennen, daß eine geplante Handlung einem anderen Akteur Schmerz zufügen wird, dann ist dieses Erkennen gleichzeitig mit dem gleichen – wenn auch vielleicht nur geringfügigen – Vermeidungsaffekt verbunden, der sich bei der Vorstellung von ›Schmerz‹ ergibt, und der uns selbst davor warnt, uns in Situationen zu begeben, die uns Schmerz zufügen. Natürlich kann dieses ›Mitgefühl‹ durch andere Affekte (Haß, Eigenliebe, Aggression, Selbstsucht), durch die eigene Grundeinstellung (Apathie, Mitleidlosigkeit usw.) oder durch Rationalisierungen (»Right or wrong, my country«) völlig überdeckt und überspielt werden. Wenn wir einmal von diesen Überdeckungseffekten absehen, so wäre jedenfalls tendenziell zu erwarten, daß die für alle Betroffenen gewaltfreiere Lösung beim Akteur die geringsten Dissonanzen auslösen würde und deshalb vorgezogen würde – faires Verhalten unter gleichermaßen ›Entfaltungsberechtigten‹ vorausgesetzt. Die partnerschaftliche Lösung ist also möglicherweise die ›natürlichste‹.

Wir wollen hier einmal davon ausgehen, daß die partnerschaftliche Orientierung, die die Erhaltungs- und Entfaltungschancen aller heute und zukünftig Betroffenen bedenkt, als erstrebenswertes Ziel akzeptiert worden wäre, um die Zukunft für alle bestmöglich zu sichern. Wie soll dieses Ziel in die Tat umgesetzt werden?

Eine Möglichkeit bestünde darin, die partnerschaftliche Orientierung per Gesetz zur Grundlage allen Handelns zu erklären und in Vorschriften, Verordnungen, entsprechenden Institutionen (Umwelt-, Mitwelt- und Nachweltanwälte), gesellschaftlichen Normen, Belohnungen und Sanktionen usw. zu verankern. Diese Lösung würde allerdings selbst nicht der partnerschaftlichen Orientierung entsprechen, da hier Macht eingesetzt wird, um anderen eine Orientierung aufzuzwingen, was sie (falls sie einer anderen Orientierung anhängen) als Beeinträchtigung ihrer Entfaltung erleben müßten. Die entstehenden Orientierungskonflikte würden den einzelnen und die Gesellschaft erheblich belasten und wahrscheinlich im Endeffekt eher das Gegenteil dessen provozieren, was eigentlich bezweckt war.

Die partnerschaftliche Einführung der Umorientierung würde sich dagegen der Faktoren bedienen, die allein beim einzelnen einen auf autonomer Entscheidung beruhenden und deshalb auch emotionell fest verankerten Wertwandel hervorrufen könnten: erstens glaubwürdige oder überprüfbare Information; zweitens, die aktuelle eigene Situation; drittens, sozio-kulturelle Einflüsse. (›Glaubwürdige‹ Information deshalb, weil nicht alle Information objektiv nachprüfbar ist: Wenn meine Frau sich beschwert, daß ich ihr ›seelischen Schmerz‹ zugefügt hätte, werde ich ihr das glauben; wenn ein Teppichhändler mir das gleiche erzählt, um mich durch Schuldgefühle zum Kauf zu bewegen, werde ich es nicht ernst nehmen.)

Zur Rolle der Information läßt sich festhalten: Sie ergänzt und vertieft das Wissen des Akteurs, d. h. seine Vorstellungen über die Welt und über die Zusammenhänge in ihr. Der Akteur braucht möglichst vollständige Information, um eine Situation und ihre Bedeutung richtig zu erkennen, um Problemlösungen, Pläne und Alternativen möglichst vollständig und richtig entwickeln zu können, um die Folgen und Konsequenzen seiner geplanten Handlungen möglichst vollständig und richtig zu übersehen, um ihre Bedeutung für die betroffenen Akteure (und sich selbst) möglichst vollständig und richtig zu erfassen.

Bessere und vollständigere Information führt dann auch dazu, daß er sich eine bessere Vorstellung von der Lage anderer machen kann. U. U. zwingen ihn dann bereits die oben erwähnten, mit dem unvermeidlichen andeutungsweisen Miterleben der Situation oder mit den mutmaßlichen Folgen einer Entscheidung verbundenen Dissonanzen zu partnerschaftlicher Rücksichtnahme.

Richtige und möglichst vollständige Information – nicht aber Propaganda und Halbwahrheiten – ist möglicherweise das wichtigste Mittel zur Umorientierung in Richtung auf eine eher partnerschaftliche, ökologische Haltung. Konkrete Ansatzpunkte bieten: Schulen und Hochschulen, die der Darstellung der verschiedenen Systeme und Akteure in der Gesellschaft, der Mitwelt, der Umwelt und der Nachwelt, sowie ihren wechselseitigen Beziehungen weit mehr Raum widmen müßten; Medien, die sich weit mehr als bisher um vollständige und genaue Berichterstattung mit einem erweiterten Partnerhorizont (besonders Mitwelt und Umwelt) und mit einer verlängerten Zukunftsperspektive (Nachwelt) bemühen müßten; eine Zukunfts-, Folgen- und Alternativenforschung, die heute noch nicht existiert und die – soweit überhaupt möglich – unabhängig und frei von Einflüssen durch Partikulärinteressen das Schicksal aller Betroffenen und Beteiligten gleichermaßen im Auge behalten müßte; eine Wissenschaft, die sich um besseres Verständnis aller Systeme und Akteure, ihrer Orientierungssysteme und ihres Zusammenwirkens bemühen müßte; schließlich eine Öffentlichkeit, die eine entsprechende Bildungs- und Informations-, Forschungs- und Wissenschaftspolitik immer wieder fordern und unterstützen müßte. Schließlich als wohl entscheidendster Punkt: eine Anwaltinstitution, deren Aufgabe es wäre, bei allen Entscheidungen von einiger Tragweite die Interessen der Betroffenen in Gesellschaft, Umwelt, Mitwelt und Nachwelt nach dem ›Stand von Wissenschaft und Forschung‹ zu vertreten und die auch befugt wäre, Wissenschaft und Forschung zu entsprechenden Untersuchungen zu veranlassen, um notwendige Information zu beschaffen und in den Planungs- und Entscheidungsprozeß einzubringen.

Zur Rolle der aktuellen eigenen Situation läßt sich festhalten: Von einem Akteur, der sich selbst am Rande des Existenzminimums bewegt oder der erwarten muß, demnächst dorthin zu gelangen, ist kaum zu erwarten, daß er partnerschaftlich auf andere Rücksicht nimmt. Es scheint also so zu sein, daß aktives partnerschaftliches Verhalten überhaupt erst dann breitere Unterstützung finden wird, wenn eine minimale materielle und soziale Sicherheit besteht. Weiter wird sich eine verbreitete partnerschaftliche Haltung einzelner selbst bei hohem relativen Wohlstand dann nicht ergeben, wenn keine Fairness-Garantie besteht, d. h. wenn einzelne immer wieder die Rücksicht anderer für den eigenen Vorteil ausnützen können.

Diese Überlegungen unterstreichen die Bedeutung sowohl der existentiellen Absicherung wie der gerechten Verteilung der ›Mittel zur Erhaltung und Entfaltung‹. Konkret setzt die allgemeine Übernahme partnerschaftlicher Orientierung also einiges voraus. Eine Gesellschaft muß sowohl die materielle und soziale Sicherheit wie auch die faire Anwendung des partnerschaftlichen Prinzips auf alle gewährleisten können. Das gibt denjenigen Nationen, die in der glücklichen Lage sind, über beides mehr oder weniger zu verfügen oder verfügen zu können, eine ganz besondere Verantwortung. Sie sind die einzigen, die es sich zunächst leisten können, eine partnerschaftliche Orientierung von sich aus nicht nur auf ihre eigene Gesellschaft, sondern auch auf andere Nationen (ihre Mitwelt), die Umwelt und die Nachwelt anzuwenden und dadurch zur besseren Entfaltung auch dieser Akteure beizutragen. Das bedeutet konkret, auf Machtanwendung zu verzichten, die es den reichen Nationen gestatten würde, auf Kosten der armen noch wohlhabender zu werden. Die aus partnerschaftlicher Rücksicht selbst auferlegten Einschränkungen z. B. beim Luxuskonsum könnten andere Nationen früher (oder vielleicht auch: überhaupt erst) in die Lage versetzen, ein gewisses Maß an sozialer Sicherheit und Gerechtigkeit zu erreichen, das die Übernahme des partnerschaftlichen Prinzips auch dort ihrerseits ermöglichen würde.

Zur Rolle der sozio-kulturellen Einflüsse kann gesagt werden: Selbst bei gleichen Voraussetzungen in bezug auf Information und Wissen, existentielle und soziale Sicherheit und Gerechtigkeit gehen noch bedeutende Einflüsse von sozio-kulturellen Bedingungen aus. Sie können für die Übernahme oder Ablehnung einer partnerschaftlichen Orientierung entscheidend sein. Sicher wird die Übernahme außerordentlich erschwert durch bestehende autoritäre, patriarchalische, bürokratische, theokratische, partei-ideologische usw. Macht- und Herrschaftsstrukturen. Sicher wird sie erleichtert durch bereits bestehende Vorstellungen der Partnerschaft mit Natur und Nachwelt, wie im Buddhismus und anderen Religionen, wie auch durch bereits eingeübte partnerschaftliche Verhaltensweisen, wie in einigen Demokratien.

Diese Überlegungen führen zu der Schlußfolgerung, daß wir uns die Zukunft nicht durch bestehende sozio-kulturelle Systeme vorschreiben lassen dürfen, sondern daß auch diese im Rahmen des partnerschaftlichen Prinzips in Frage gestellt und – wenn nötig – modifiziert werden müssen. Einige Ansatzpunkte: Besitz, Lohnabhängigkeit, institutionalisierte Religion, Bürokratie und Verwaltung, politisches Establishment, Parteidiktatur, Interessengruppen, Machteliten, Bildungssystem, Wirtschaftssystem, Verwaltung natürlicher Ressourcen usw.

Wenn wir unter diesen Gesichtspunkten der Information, der materiellen Ausgangssituation und des sozio-kulturellen Systems die Chancen für die

Übernahme eines partnerschaftlichen Wertsystems durch die Gesellschaft betrachten, so scheint mir in der Bundesrepublik Deutschland und anderen Ländern in ähnlicher Situation die Lage relativ günstig zu sein: Die Möglichkeiten zu ausreichender Informationsbeschaffung sind vorhanden, materielle und soziale Sicherheit und soziale Gerechtigkeit sind in einem gewissen Maße gewährleistet, die Gesellschaft ist – vor allem im Privatbereich – bereits mehr oder weniger partnerschaftlich orientiert. Mir scheint, daß sich eine wachsende Zahl von Bürgern dieser Tatsachen bewußt wird und deshalb vermehrt auf eine Übernahme partnerschaftlicher Prinzipien auch im gesellschaftlichen Bereich außerhalb des privaten Erfahrungsbereichs drängt. Die Bürgerinitiativen im Umweltschutz, die sich nicht selten zum Anwalt von Mitwelt, Umwelt und Nachwelt gemacht haben, sind Ausdruck dieses gesellschaftlichen Orientierungswandels. Er sollte vom politischen Establishment ernst genommen werden, wenn ihm an seiner eigenen Zukunft etwas liegt.

Selbst wenn eine Gesellschaft eine partnerschaftliche Orientierung übernehmen sollte, so ist damit doch noch keineswegs gesichert, daß sie von nun an daran festhalten wird. Die gleichen Gründe, die der partnerschaftlichen Umorientierung im Wege stehen können, können auch zur Aufgabe entsprechender Wertvorstellungen führen: mangelhafte Information über die Welt und ihre Zusammenhänge sowie über Handlungsfolgen; Verlust der existentiellen Absicherung und ungerechte Verteilung der Mittel der Lebensentfaltung; sozio-kulturelle Einflüsse, die die partnerschaftliche Haltung überdekken. Mit Rückschritten muß also gerade dann gerechnet werden, wenn der ›Kuchen‹ erkennbar nicht mehr im bisherigen Maße wächst oder sogar schrumpft. Da die Vorräte der nicht-erneuerbaren Ressourcen aber z. B. auf jeden Fall schrumpfen, wäre es wahrscheinlich weise, sich nicht auf den (oben vermuteten) Automatismus der Umorientierung zu verlassen, sondern eine entsprechende gesellschaftliche Entscheidung bewußt herbeizuführen und durch entsprechendes Recht und entsprechende Einrichtungen institutionell abzusichern.

Um es noch einmal klarer auszudrücken: Es dreht sich um nicht mehr und nicht weniger, als den Anwendungsbereich des in vielen Gesellschaften bereits nominell übernommenen und sogar in Ansätzen praktizierten Orientierungsprinzips der ›Gerechtigkeit als Fairness‹ (Rawls) von den heute lebenden Akteuren der Gesellschaft (also ›natürliche‹ und ›juristische‹ Personen) auf Akteure und Systeme in anderen Gesellschaften, in Natur und Umwelt und schließlich auf zukünftig existierende Systeme aus diesen Bereichen auszudehnen.

Nehmen wir einmal an, eine Gesellschaft hätte sich zur partnerschaftlichen Umorientierung entschlossen und sie zur Grundlage aller gesellschaftlichen Planungen und Handlungen gemacht. Wir haben oben festgestellt, daß damit prinzipiell auch Gewalt minimiert wird. Heißt das, daß es keine Konflikte mehr geben kann? Und wenn es sie noch gibt: Wie sollen sie gelöst werden?

Das partnerschaftliche Prinzip bedeutet gleiches Recht aller Beteiligten und Betroffenen auf Erhaltung und Entfaltung. Wenn der Grad der Entfaltung meßbar wäre, bestünde kein Problem: Im Konfliktfall würden die Entfaltungschancen gleich und gerecht verteilt. Da wir annehmen wollen, daß sich jeder an das Prinzip gebunden fühlt, bestünde in diesem Fall kein Grund zum Konflikt. In Wirklichkeit liegen die Dinge aber anders und sind wesentlich komplizierter. Jeder Akteur versteht unter Entfaltung etwas anderes; er gewichtet seine Leitwerte anders, oder konkreter: er hat ein anderes Wertsystem (genauer: seine Wertgewichtungen unterscheiden sich von denen eines anderen Akteurs). Welche Konsequenzen sich daraus, und insbesondere, welche Konfliktmöglichkeiten sich daraus ergeben können, wollen wir uns an Hand einiger Beispiele der Interaktion zweier Individuen klarmachen, die sich beide partnerschaftlich orientieren.

*Fall 1:* Partner A und Partner B haben beide das gleiche Wertsystem und verfügen – in bezug auf die anstehende Entscheidung – über die gleiche Information (und gleiche Informationsverarbeitung). In diesem Falle kommen A und B zu gleichen Schlüssen. A vertritt in genau der gleichen Weise wie B selbst die Interessen von B und umgekehrt. Es gibt zwischen den beiden keinen Grund zum Konflikt.

*Fall 2:* Partner A und B haben – bei sonst gleichen Bedingungen – verschiedene Wertsysteme; sie kennen jeder ihr eigenes wie auch das des Partners sehr genau und billigen das Wertsystem des anderen auch voll. A weiß also genau, was B wünscht, muß aber feststellen, daß dieser Wunsch seinem eigenen Wertsystem überhaupt nicht entspricht. (Beispiel: ein Ehepaar, das sich über das Fernsehprogramm einigen muß. Er möchte die Sportschau, sie ein Schauspiel sehen.) Jede denkbare Lösung des Konflikts kann bestenfalls einen der Partner zufriedenstellen. Eine ›gerechte Maximierung der Entfaltungschancen für alle Beteiligten‹ ist zum gleichen Zeitpunkt unmöglich: entweder einer bekommt, was er gern sehen möchte – dann ist die Lösung ungerecht; oder das Gerät wird ausgeschaltet – dann ist die Lösung zwar gerecht, aber bringt nicht die Entfaltung, die sonst wenigstens einer haben könnte. Die partnerschaftliche Konfliktlösung würde in einer ›gerechten Optimierung über die Zeit‹ bestehen, d. h. »Heute kannst du dein Schauspiel sehen, morgen darf ich dafür bestimmen, was ich sehen will«. Bei unterschiedlichen und den Partnern bekannten und von ihnen respektierten Wertsystemen kann also ein fairer Ausgleich von Entfaltungschancen stattfinden, wobei jeder den anderen unterstützt, wenn der ›an der Reihe‹ ist (Kooperation). Bei Verfolgung dieses Prinzips wird der Konflikt vermieden.

*Fall 3:* Partner A und B haben verschiedene Wertsysteme: sie kennen jeder das eigene wie auch das des Partners sehr genau, können es aber unter keinen Umständen billigen. Jeder wird zwar den anderen aus partnerschaftlichem Respekt heraus nicht daran hindern, aus eigener Kraft seine Entfaltung, seinem Wertsystem entsprechend im Rahmen des partnerschaftlichen Prinzips, also ohne Beeinträchtigung der Entfaltung anderer zu verfolgen; er wird ihn aber dabei in keiner Weise unterstützen. (Beispiel: Zwei Freunde, von denen der eine Raucher, der andere Nichtraucher ist. Oder auch: das Verhältnis zwischen USSR und USA.) Bei unterschiedlichen, den Partnern bekannten, aber von ihnen nicht akzeptierbaren Wertsystemen, darf jeder Partner also aus eigener Kraft seine Entfaltung in dem Maße verfolgen, wie er die Entfaltungschancen anderer nicht beeinträchtigt (Koexistenz). Der Konflikt wird auch hier vermieden.

*Fall 4:* Partner A macht sich falsche Vorstellungen vom Wertsystem des Partners B (evtl. auch umgekehrt). Partnerschaftlich denkend und die vermeintlichen Interessen von B voll einkalkulierend, kommt A dennoch zu einem für B nicht akzeptablen Schluß. Sowohl A wie auch B können jetzt vermuten: (a) ein Informationsdefizit, (b) böswillige Unterstellung oder (c) Abweichen von der partnerschaftlichen Orientierung. In jedem Falle besteht hier die Möglichkeit eines Konflikts, der erst durch Austauschen von Information aus dem Weg geräumt werden kann (Mißverständnis). (Beispiel: A bringt B eine Flasche Whisky, nicht ahnend, daß B neuerdings Abstinenzler ist.) Die Möglichkeit des Konflikts kann also in einem partnerschaftlichen Verhältnis nur dann auftreten, wenn über die Wertsysteme der Beteiligten Mißverständnisse bestehen. Die Konfliktlösung besteht im Informationsaustausch. Zum echten Konflikt kann es dann erst kommen, wenn sich herausstellt, daß einer der Partner tatsächlich sich nicht mehr partnerschaftlich orientiert.

Wir ziehen aus diesen Betrachtungen den Schluß, daß (mit Gewaltmitteln zu lösender) Konflikt im Rahmen einer partnerschaftlichen Orientierung auch dann nicht möglich ist, wenn sich die Wertsysteme unterscheiden (da per definitionem auch bei der Verfolgung der Interessen des eigenen Wertsystems immer Rücksichtnahme auf andere Beteiligte und Betroffene gefordert ist). Das klingt zu schön, um wahr zu sein, liegt aber natürlich im Prinzip der Partnerschaft selbst begründet. Massive Konflikte entstehen natürlich sofort, wenn sich ein Akteur außerhalb des partnerschaftlichen Rahmens begibt. Die Gesellschaft wird hierfür Sanktionen bereithalten müssen, die wahrscheinlich – wie heute auch – aus dem zeitweisen Entzug von Dimensionen der Entfaltung bestehen müßten.

Die Zukunft sichern durch Umorientierung auf das Prinzip der Partnerschaft mit allen, einschließlich Umwelt, Mitwelt, Nachwelt – eine schöne, aber unerreichbare Utopie, die wie andere Utopien an der Unvollkommenheit der Wirklichkeit und des Menschen scheitern muß?

Mir geht es hier nicht um den – unerreichbaren – Idealzustand, sondern um die konkreten Beiträge, die jeder einzelne Schritt auf dem Wege zu einer mehr partnerschaftlichen Orientierung zu gewaltfreierem Zusammenleben und zur Sicherung der gemeinsamen Zukunft und der unserer Nachkommen leisten würde. Die Beiträge – selbst erster noch relativ bescheidener Schritte – würden bereits gewaltigen Fortschritt in diese Richtung bedeuten.

## Fazit und Vorschläge für konkrete Schritte

Auf den letzten Seiten dieses Buches sollen noch einmal die wichtigsten Überlegungen zusammengefaßt und einige Vorschläge für konkrete Schritte gemacht werden.

Die Zukunft der menschlichen Gesellschaft auf der Erde ›passiert‹ nicht einfach, sondern sie wird zum größten Teil durch das Verhalten der beteiligten Akteure – Individuen wie auch gesellschaftlicher Gruppen und Institutionen – bestimmt. Zum Teil folgt dieses Verhalten eingefahrenen Regeln, die nicht leicht zu ändern sind. Zum Teil ist es das Resultat bewußter und wohlüberlegter Planungen und entsprechenden Handelns. Gerade Entscheidungen hoher Relevanz für die zukünftige Entwicklung: wirtschafts-, energie-, forschungs-, technologie-, entwicklungs-, sozial- und bildungspolitische Maßnahmen – gehören zum Typ bewußten und wohlüberlegten Verhaltens; jedenfalls würden ihre Proponenten eine entgegengesetzte Behauptung als böswillige Unterstellung zurückweisen.

Jede Handlung hat Kosten und Folgen, solche, die der Handelnde sich gewünscht hat; andere, die er sich nicht unbedingt gewünscht, aber mit denen er gerechnet hat; weitere, mit denen er nicht gerechnet hat (aber vielleicht hätte rechnen können); schließlich solche, die ihn nicht interessieren, selbst wenn er sie gekannt hätte oder hätte kennen können. In die Entscheidung für oder gegen eine geplante Handlung geht ein mehr oder weniger vollständiges subjektives Bild der bewerteten Kosten und Folgen ein.

Diese Bewertung bestimmt schließlich die Wahl einer bestimmten Handlungsalternative. Für überlegtes Verhalten entscheidend sind daher die angelegten Bewertungsmaßstäbe, oder das ›Wertsystem‹, wie wir es hier genannt haben, d. h. die Menge der Bewertungsmaßstäbe.

Wir hatten hier den Standpunkt eingenommen, daß das oberste Ziel eines jeden Akteurs seine eigene ›Erhaltung und Entfaltung‹ sei, die er nur sichern kann, wenn er sich um die Erfüllung seiner ›Leitwerte‹ kümmert. Diese Leitwerte sind für einen isoliert handelnden und (zumindest teilweise) autonomen Akteur – egal ob Individuum oder Institution – gleich: Sicherung der augenblicklichen materiellen Bedürfnisse zur ›Lebensfähigkeit‹ (Erhaltung und Versorgung); ›Sicherheit‹, daß materielle Existenz und psychische Bedürfnisse über die absehbare Zukunft gesichert sind; ›Handlungsfreiheit‹, d. h. ein gewisser Spielraum für autonome Handlungen; ›Adaptivität‹, d. h. die Kenntnisse und Fähigkeiten, sich auf unbekannte Anforderungen der Zukunft einzustellen; ›Wirksamkeit‹, die dafür sorgen muß, daß die Handlungen des Akteurs auch einen gewissen Erfolg zeitigen; schließlich Erfüllung ›psychischer Bedürfnisse‹ (beim Individuum, im übertragenen Sinne auch beim gesellschaftlichen Akteur).

Nun kann kein Akteur völlig isoliert handeln. Die unmittelbaren und mittelbaren Folgen seiner Handlungen betreffen außer ihn selbst auch andere Akteure oder Systeme: andere Individuen oder kollektive gesellschaftliche

Akteure sowohl in der eigenen Gesellschaft wie auch in anderen Gesellschaften (›Mitwelt‹, z. B. die dritte Welt), aber auch die Systeme der natürlichen ›Umwelt‹: die ökologischen Systeme und Kreisläufe sowohl wie einzelne Tier- und Pflanzenarten; und schließlich Systeme und Akteure aller Art in der ›Nachwelt‹, d. h. zukünftige Generationen von menschlichen und außermenschlichen Lebensformen. Die Folgen einer Handlung fördern oder beeinträchtigen also die Leitwerte und damit die Erhaltung und Entfaltung anderer, heute und in der Zukunft. Das bedeutet, daß der Akteur noch eine weitere Leitwertdimension, die ›Berücksichtigung anderer‹, beachten muß.

Die Wertsysteme verschiedener Akteure unterscheiden sich durch ihre Gewichtung verschiedener Werte, in erster Linie durch Art und Ausmaß ihrer Rücksichtnahme auf andere: Welches relative Gewicht mißt der Akteur der Entfaltung anderer Akteure im Vergleich zu seiner eigenen bei? Welche Zukunftsperspektive hat er dabei; d. h. wie weit in die Zukunft verfolgt er überhaupt mögliche Konsequenzen, und mit welcher Gewichtung gehen sie in seine Planungen ein? Welche relative Bedeutung mißt er jedem einzelnen Wert bei? Diese Gewichtungen sind durch das ethische Prinzip bestimmt, an dem sich der Akteur orientiert.

Die relativen Gewichtungen anderer Akteure und Systeme im Verhaltenskalkül eines Akteurs – sein ›ethisches Prinzip‹ – lassen sich aus der Bewertung der Folgen einer Handlung für die Erfüllung der Leitwerte der verschiedenen betroffenen Akteure und Systeme heute und in der Zukunft herleiten: Wo ein anderer heute oder in der Zukunft unter den Folgen meiner Handlungen leiden muß, obwohl ich diese Folgen voraussehen konnte, da habe ich eben auf seine Interessen keine Rücksicht genommen. Wir haben mit diesem Ansatz der Folgenbewertung für die verschiedenen betroffenen Systeme (hier zusammengefaßt als ›Individuum‹, ›Gesellschaft‹, ›Mitwelt‹, ›Umwelt‹ und ›Nachwelt‹ bezeichnet) eine größere Anzahl alternativer Bilder zukünftiger Entwicklungen untersucht, die sich als konsequente Folgen zweier verschiedener ethischer Prinzipien ergeben: der ›ökonomistischen‹ Orientierung und der ›ökologischen‹ Orientierung. Beide Orientierungen sind grundsätzlich verschieden voneinander; entsprechend verschieden sind auch ihre Folgen für die zukünftige Entwicklung. Die Alternativskizzen und ihre Bewertungen zeigen klar, daß lediglich die ökologische Orientierung eine menschenwürdige Zukunft langfristig in einer mehr oder weniger heilen Umwelt sichern kann.

Die ökonomistische Orientierung entspricht verkürzt etwa dem Motto:

*»Handele so, wie es dir heute und in naher Zukunft den größten Nutzen (oder den geringsten Schaden) für deine Entfaltung erbringt.«*

Hieraus ergibt sich als eindeutige Konsequenz, daß die Interessen anderer von meinen Handlungen betroffener Akteure und Systeme nur insoweit berücksichtigt werden, als sie heute oder in der nahen Zukunft Sanktionen auf mich ausüben können. Die Interessen anderer in Umwelt, Mitwelt und Nachwelt, die mir ›nichts tun können‹, bleiben unberücksichtigt, obwohl ich ihre Erhaltung und Entfaltung u. U. ernsthaft gefährde. Um es kraß, aber korrekt auszudrücken: Der ›ökonomistisch‹ orientierte Akteur drückt sich vor der Verantwortung für die Folgen seines Handelns.

Völlig anders die ökologische Orientierung, die sich nach dem Motto richtet:

*»Handele so, daß das gleiche Recht auf Erhaltung und Entfaltung aller hinreichend einmaligen heutigen und zukünftigen Systeme und Akteure gewährleistet bleibt.«*

Diese Orientierung berücksichtigt ausdrücklich die Interessen aller, die von meinen Handlungen heute und in der Zukunft direkt oder indirekt betroffen sein werden oder sein könnten, egal ob sie auf mich heute oder später in irgendeiner Form rückwirken können. Und sie verlangt vor allem auch, daß die Interessen auch der weiteren ›Mitwelt‹, der ›Umwelt‹ und vor allem auch der ›Nachwelt‹ mit berücksichtigt werden. Mit anderen Worten: Der ›ökologisch‹ orientierte Akteur übernimmt die volle Verantwortung für alle Konsequenzen seiner Handlungen, ebenso wie auch für die Konsequenzen unterlassener Handlungen.

Während heute im privaten Bereich (Familie, Freunde, Nachbarn) eher eine partnerschaftliche, mehr oder weniger ›ökologische‹ Orientierung dominiert, hat sich – nicht zuletzt dank gewisser Erfolge der ökonomistischen Einstellung in der Vergangenheit – im außerprivaten Bereich hauptsächlich die ökonomische Orientierung etabliert. Die Vorstellung, daß rücksichtslos und verantwortungslos betriebener Eigennutz zum ›größten Glück aller‹ führen muß, dominiert – in meist etwas abgemildeter Form – breite Bereiche des gesellschaftlichen Lebens. Dabei wurden bei der Übernahme dieser Vorstellung aus den theoretischen Vorstellungen ökonomischer Denker in die Realität wichtige Bedingungen geflissentlich übersehen, die diesen Satz nur unter ganz restriktiven, in der Realität nie erreichbaren Bedingungen gelten lassen: Der Satz gilt nur für einen völlig transparenten Markt; Käufer und Verkäufer können nur über den Markt und nur zum Zeitpunkt der Transaktion miteinander interagieren; niemand ist darauf angewiesen, zu kaufen oder zu verkaufen; *alle* Kosten (einschließlich Folgekosten!) sind ausnahmslos in Geld ausdrückbar und im Preis berücksichtigt; die Ressourcen sind unerschöpflich (oder werden voll rezykliert); zukünftige Folgen treten nicht auf usw. Keine einzige dieser Annahmen trifft für die Realität zu; damit entpuppt sich die logische Begründung der ökonomistischen Orientierung als unseriöse Argumentation, die das Verhökern der Zukunft und die Ausnutzung der Schwachen moralisch legitimieren soll.

Es wächst die Zahl derer, die diese Moral der Verantwortungslosigkeit und damit die Gefahr durchschauen, die sie für die Zukunft der menschlichen Gesellschaft und für Leben auf der Erde überhaupt birgt. Es wächst auch die Zahl derer, die nur eine partnerschaftliche, verantwortungsbewußte, ökologische Orientierung akzeptieren können und sich – mit partnerschaftlichen gewaltfreien Mitteln, aber unbeirrbarer Konsequenz – dafür einsetzen, daß sie in allen wichtigen gesellschaftlichen Fragen den Einfluß erhält, der allein unsere Zukunft langfristig sichern kann. Eine Umorientierung ist im Gange, und gerade die politischen Parteien täten gut daran, sie zur Kenntnis zu nehmen, sich von ihrer Notwendigkeit zu überzeugen, und die erforderlichen Orientierungsänderungen selbst aktiv voranzutreiben.

Wer mir naiven Idealismus vorwerfen möchte, der sei daran erinnert, welchen Einfluß die Ideen der Freiheit und der Gerechtigkeit auf die menschliche Gesellschaft gehabt haben, ohne daß dabei heute irgendwo auf der Erde Bedingungen idealer Freiheit oder Gerechtigkeit herrschen, noch je herrschen werden. Es geht nicht um die Erfüllung eines idealen Ziels, es geht darum, überhaupt erst einmal eine andere, als besser erkannte Orientierung als neuen Maßstab anzuerkennen. Die Partnerschaft von Individuum und Gesellschaft mit Mitwelt, Umwelt und Nachwelt verlangt nicht ständigen aufopfernden, unermüdlichen Einsatz von jedem einzelnen, sondern lediglich die grundsätzliche Bereitschaft, im normalen alltäglichen Tun auf allen Entscheidungsebenen andere Bewertungsmaßstäbe anzulegen.

Die gesellschaftliche Wirklichkeit verlangt natürlich noch etwas mehr als diese Bereitschaft. Einige konkrete Schritte:

*1* Eine von der Gesellschaft übernommene ökologische Umorientierung müßte die Rechte von Mitwelt, Umwelt und Nachwelt und die Pflichten des einzelnen und der Gesellschaft ihnen gegenüber auch in Gesetzestexten rechtlich absichern, so auch wahrscheinlich durch Zusätze zum Grundgesetz.

*2* Die Schaffung der Institution von Anwälten für Mitwelt, Umwelt, Nachwelt – mit Einspruchsrechten bei allen langfristig bedeutsamen gesellschaftlichen Entscheidungen – und ihre rechtliche Absicherung erscheint vordringlich. Diese Anwaltsfunktion wird heute – oft unter hohem persönlichen Risiko und am Rande der Legalität – ad hoc von Individuen und Bürgerinitiativen übernommen. Als Dauerzustand kann diese Lösung von keiner Seite akzeptiert werden.

*3* Die korrekte Berücksichtigung der Belange von Individuum und Gesellschaft, von Mitwelt, Umwelt und Nachwelt erfordert eine wirklich unabhängige Wissenschaft und Forschung, die in der Lage sein muß, entsprechendes Wissen zu beschaffen und als Grundlage für Planungs- und Entscheidungsvorgänge aufzubereiten. Insbesondere müssen die Folgen- und Konsequenzenforschung, Untersuchungen zur Orientierung und Bewertung, die Zukunfts- und vor allem die Alternativenforschung in einer Weise gefördert werden, die der Gesellschaft die erforderlichen umfangreichen Informationen bei hoher Forschungseffizienz liefert, ohne daß die Forschungsinstitute und Forscher in die Abhängigkeit politischer oder gesellschaftlicher Partikulärinteressen geraten.

*4* Die Berücksichtigung einer langfristigen Zukunftsperspektive (mindestens 50 Jahre) muß bei allen – die Interessen von Gesellschaft, Mitwelt, Umwelt und Nachwelt berührenden – Planungen und Entscheidungen gewährleistet sein.

*5* Eine ›ökologische Verpflichtung‹ ähnlich dem hippokratischen Eid als Grundlage der ärztlichen Ethik sollte von all denen gefordert werden, die in Legislative, Exekutive und Indikative eines Staates wie auch in internationalen Organisationen die Geschicke und Entwicklung der Gesellschaft bestimmen wie *auch und besonders* von denen, die sie als Wissenschaftler, Berater, Gutachter, Techniker usw. dabei beraten. Dieser Eid würde darauf verpflichten, die Erhaltungs- und Entfaltungsinteressen aller Betroffenen und Beteiligten in Mitwelt, Umwelt und Nachwelt gewissenhaft und nach dem Stand des Wissens zu berücksichtigen. Nachgewiesene Nichteinhaltung, Nachlässigkeit oder bewußt einseitige Untersuchung und Darstellung würden zu Sanktionen führen (in einfachen Fällen öffentliche Vermahnung, bei schwerwiegenderem Fehlverhalten befristetes oder unbefristetes Verbot weiterer entscheidungsrelevanter Tätigkeit auf diesem Gebiet usw.)

*6* Um auf Veränderungen in der Zukunft besser gerüstet zu sein, muß eine Alternativenforschung für alle gesellschaftlich wichtigen Bereiche etabliert werden, die bei sich verändernden Bedingungen alternative Entwürfe aus der ›Schublade‹ ziehen kann. Beispiele: alternative Energiesysteme, alternative Wirtschaftsformen, alternative Technologien, alternative Sozialstrukturen, alternative Landwirtschaft, alternative Bildung und Ausbildung.

*7* Untersuchungen zur gerechten Verteilung vorhandenen Arbeitsvolumens bei sich – auch wegen wachsender Rücksichtnahme auf Umwelt, Mitwelt, Nachwelt – ändernden wirtschaftlichen Rahmenbedingungen sollten in der nächsten Zeit vorrangig durchgeführt werden.

Diese ersten Schritte sind allesamt heute bereits gehbar. Es wären – davon bin ich überzeugt – die ersten Schritte auf einem Wege in eine bescheidenere, aber harmonischere, gewaltfreiere, glücklichere, menschenwürdigere Zukunft.

## Anmerkungen zu Kapitel 5

1 P. Kmieciak: Wertstrukturen und Wertwandel in der Bundesrepublik Deutschland, Göttingen 1976.
2 P. Kmieciak: Wertstrukturen…
3 Ebd., S. 461
4 Ebd., Tab. XI.2.

## Bibliographie

Auswahl von Veröffentlichungen zum Thema

Alternativ-Katalog 1 (1975) und 2 (1976), hrsg. von der Dezentrale, 36 rue P. Péquignat, CH 2900 Porrentruy.
Günter Altner: *Zwischen Natur und Menschengeschichte,* München 1975.
Günter Altner: *Naturwissenschaftler: Kontrolleure des Fortschritts.* Wirtschaft und Wissenschaft, 2/1977 (April–Juni).
Günter Altner: *Bekehrung der Technokraten oder vom Auftrag der Intellektuellen im Fortschrittsprozeß,* in: Evangelische Kommentare, Januar 1977, Nr. 1, S. 11.
Günter Altner: *Das Kreuz dieser Zeit – Von den Aufgaben des Christen im Streit um die Kernenergie,* München 1977.
Günter Altner (Hrsg.): *Kernenergie – Herausforderung an die Kirchen,* München 1977.
Carl Amery: *Natur als Politik – Die ökologische Chance des Menschen.* Reinbek 1976.
Rudolf Bahro: *Die Alternative.* Frankfurt a.M. 1977.
Kurt Baier, Nicholas Rescher: *Values and the Future,* New York 1969.
Stafford Beer: *Platform for Change,* London, New York, Sydney, Toronto 1975.
Daniel Bell: *Die postindustrielle Gesellschaft,* Frankfurt a.M. 1975.
Daniel Bell: *Die Zukunft der westlichen Welt,* Frankfurt a.M. 1977.
W. Biermann: *Plutonium und Polizeistaat – Großtechnologie, politische Ökologie, Bürgerinitiativen,* Berlin 1977.
D. Birnbacher, N. Hoerster (Hrsg.): *Texte zur Ethik,* München 1976.
Ernst Bloch: *Das Prinzip Hoffnung,* Frankfurt a.M. 1959/1973.
H. Bossel, U. Bossel, R. V. Denton, H. Dörner, B. Dresel, K. Grahner-Debus, D. Teufel, L. Trunkó, H.-H. Wüstenhagen: *Energie richtig genutzt,* Karlsruhe 1976.
Hartmut Bossel: *Concepts and Tools of Computer-Assisted Policy Analysis,* Basel und Stuttgart 1977, 3 Bde.
Gerhart Bruckmann, Helmut Swoboda: *Auswege in die Zukunft,* Wien, München, Zürich 1974.
R. Brun (Hrsg.): *Kleintechnologie contra Wirtschaft?* Frankfurt a.M. 1976.
Martin Buber: *Der utopische Sozialismus,* Heidelberg 1967 (früher: Pfade in Utopia, Frankfurt a.M. 1950).
Hadley Cantril: *The Pattern of Human Concerns,* New Brunswick, N.J. 1965.
Rachel Carson: *Der stumme Frühling,* München 1963.
Barry Commoner: *Wachstumswahn und Umweltkrise,* München 1973.
Ralf Dahrendorf: *Föderalismus, Regionalismus, Separatismus,* in: Internationale Politik 1976, Hamburg.
Paul R. Ehrlich: *Die Bevölkerungsbombe,* München 1971.
Paul R. Ehrlich, Anne H. Ehrlich: *Bevölkerungswachstum und Umweltkrise,* Frankfurt a.M. 1972.
Erhard Eppler: *Ende oder Wende,* Stuttgart 1975.
Amitai Etzioni: *The Active Society,* New York 1968.
Iring Fetscher: *Die Überlebensbedingungen der Menschheit,* Konstanz 1977.
Jay W. Forrester: *Der teuflische Regelkreis,* Stuttgart 1972.
William K. Frankena: *Analytische Ethik,* München 1972.
Yona Friedman: *Machbare Utopien.* Frankfurt a.M. 1977.

Bruno Fritsch: *Die Vierte Welt – Modell einer neuen Wirklichkeit,* Stuttgart 1970, München 1973.
Erich Fromm: *Revolution der Hoffnung,* Stuttgart 1971, Reinbek 1974.
Erich Fromm: *Anatomie der menschlichen Destruktivität,* Stuttgart 1974.
Erich Fromm: *Haben oder Sein,* Stuttgart 1976.
D. Gabor, U. Colombo: *Das Ende der Verschwendung – Zur materiellen Lage der Menschheit. Ein Tatsachenbericht an den Club of Rome,* Stuttgart 1976.
John Kenneth Galbraith: *Gesellschaft im Überfluß,* München 1959.
John Kenneth Galbraith: *Die moderne Industriegesellschaft,* München 1973.
Johan Galtung: *Pluralismus und die Zukunft der menschlichen Gesellschaft.* In: Kritische Friedensforschung, hrsg. von Dieter Senghaas, Frankfurt a.M. 1971.
C. Gaspari, H. Millendorfer: *Prognosen für Österreich – Fakten und Formeln der Entwicklung,* Wien 1973.
Roger Garaudy: *Das Projekt Hoffnung,* Wien 1976.
Horst von Gizycki: *Alternative Lebensformen (4), Selbsthilfekommunen in nordamerikanischen Großstädten,* in Frankfurter Hefte 6/1976.
H. Goss-Mayr, *Der Mensch vor dem Unrecht – Spiritualität und Praxis gewaltloser Befreiung,* Wien 1976.
Herbert Gruhl: *Ein Planet wird geplündert,* Frankfurt a.M. 1975, 1978.
Garreth Hardin: *Exploring New Ethics for Survival,* Baltimore, Md. 1972.
Amilcar O. Herrera, Hugo D. Scolnik: *Grenzen des Elends,* Frankfurt a.M. 1977.
Otmar Höffe: *Strategien der Humanität – Zur Ethik öffentlicher Entscheidungsprozesse,* Freiburg/Br. 1975.
G. Howe: *Gott und die Technik – Die Verantwortung der Christenheit für die wissenschaftlich-technische Welt,* Hamburg/Zürich 1971.
G. Howe, H. E. Tödt: *Frieden im wissenschaftlich-technischen Zeitalter – Ökumenische Theologie und Zivilisation,* Stuttgart 1966.
Ivan Illich: *Die Enteignung der Gesundheit,* Reinbek 1975.
Ivan Illich: *Schulen helfen nicht – Über das mythenbildende Ritual der Industriegesellschaft.* Reinbek 1974.
Ivan Illich: *Die sogenannte Energiekrise oder Die Lähmung der Gesellschaft.* Reinbek 1974.
Ivan Illich: *Die Entschulung der Gesellschaft – Entwurf eines demokratischen Bildungssystems,* München 1972, Reinbek 1973.
Ivan Illich: *Selbstbegrenzung,* Reinbek 1976.
R. Inglehart: *The Silent Revolution – Changing Values and Political Styles Among Western Publics,* Princeton, N.J. 1977.
Robert Jungk: *Der Jahrtausendmensch,* München, Gütersloh, Wien 1973, Reinbek 1976.
Robert Jungk: *Der Atomstaat*, München 1978.
Helmut Klages: *Die unruhige Gesellschaft,* München 1975.
Peter Kmieciak: *Wertstrukturen und Wertwandel in der Bundesrepublik Deutschland,* Göttingen 1976.
Christian Graf von Krockow: *Reform als politisches Prinzip,* München 1976.
Th. Leuenberger, R. Schilling: *Die Ohnmacht des Bürgers – Plädoyer für eine nachmoderne Gesellschaft,* Frankfurt a.M. 1977.
W. Lienemann u.a.: *Alternative Möglichkeiten für die Energiepolitik – ein Gutachten, Texte und Materialien der Forschungsstätte der Evangelischen Studiengemeinschaft,* Reihe A, Nr. 1, Heidelberg 1977.

Longo Mai: *Die erste europäische Kooperative,* Basel 1975.
A. H. Maslow: *Motivation and Personality,* New York 1954, 1970.
P. C. Mayer-Tasch: *Die Bürgerinitiativbewegung – Der aktive Bürger als rechts- und politikwissenschaftliches Problem,* Reinbek 1976.
D. L. Meadows, W. W. Behrens III, D. H. Meadows, R. F. Naill, J. Randers, E. K. O. Zahn: *Dynamics of Growth in a Finite World,* Cambridge, Mass. 1974.
D. Meadows, D. Meadows, E. Zahn, P. Milling: *Die Grenzen des Wachstums,* Stuttgart 1972, Reinbek 1973.
Mihajlo Mesarović, Eduard Pestel: *Menschheit am Wendepunkt,* Stuttgart 1974.
Gerhard Mensch: *Das technologische Patt,* Frankfurt a.M. 1975, 1978.
Klaus Müller: *Die präparierte Zeit – Der Mensch in der Krise seiner eigenen Zielsetzungen,* Stuttgart 1973.
Lewis Mumford: *Die Stadt,* Köln 1961.
Lewis Mumford: *Mythos der Maschine – Kultur, Technik und Macht,* Wien 1974, Frankfurt a.M. 1977.
Kurt Oeser, H. Zilleßen: *Kernenergie – Mensch – Umwelt,* Köln 1976.
A. Peccei: *Die Qualität des Menschen – Plädoyer für einen neuen Humanismus,* Stuttgart 1977.
R. W. Peter: *Ein nationaler Energiesparplan – Investitionsplanung zur Einsparung von Energie durch Nutzung eigener Abenergie und unerschöpflicher Umweltenergie für eine kurz- und langfristig ausreichende und sichere, wirtschaftliche und umweltfreundliche Energieversorgung der Schweiz,* Gottlieb Duttweiler Institut 1977.
Georg Picht: *Mut zur Utopie,* München 1969.
Arno Plack: *Die Gesellschaft und das Böse – Ohne Lüge leben,* Stuttgart 1976.
John Rawls: *A Theory of Justice,* London, Oxford, New York 1972.
H. E. Richter: *Lernziel Solidarität,* Reinbek 1974.
Milton Rokeach: *The Nature of Human Values,* New York, London 1973.
E. F. Schumacher: *Es geht auch anders,* München 1974.
E. F. Schumacher: *Die Rückkehr zum menschlichen Maß,* Reinbek 1977.
Burkhard Strümpel: *Die Krise des Wohlstands,* Stuttgart 1977.
Jan Tinbergen (Hrsg.): *Wir haben nur eine Zukunft – Der RIO-Bericht an den Club of Rome,* Opladen 1977.
Umdenken, Umschwenken: *Alternativen, Wegweiser aus den Zwängen der großtechnologischen Zivilisation.* Arbeitsgemeinschaft Umwelt (AGU), Postfach 2111, CH 8028 Zürich.
Umweltwissenschaftliches Institut des BBU eV: *Aktionskatalog des Bundesverbandes Bürgerinitiativen Umweltschutz,* Karlsruhe 1977.
Frederic Vester: *Das Überlebensprogramm,* Frankfurt a.M. 1975, 1977.
Frederic Vester: *Phänomen Streß,* Stuttgart 1976.
Frederic Vester: *Ballungsgebiete in der Krise,* Stuttgart 1976.
Fritz Vilmar: *Strategien der Demokratisierung,* Darmstadt 1973.
Klaus-B. Vollmar: *Landkommunen in Nordamerika,* Berlin 1975.
Carl-Friedrich von Weizsäcker: *Wege in der Gefahr – Eine Studie über Wirtschaft, Gesellschaft und Kriegsverhütung,* München/Wien 1976.
Ernst von Weizsäcker (Hg.): *Humanökologie und Umweltschutz, Studien zur Friedensforschung,* Bd. 8, Stuttgart/München 1972.
C. L. Wilson: *Energy: Global Prospects 1985–2000 – Report of the Workshop on Alternative Energy Strategies,* New York 1977.
W. Zapf: *Sozialindikatoren,* Reinbek 1974.